U0092702

解讀
蔣夢麟

楊照　策劃｜主編

三民書局

「展讀民國人文」總序

文／楊照

三民書局的「展讀民國人文」出版計畫特別著重「民國」作為清楚的時代標記，「民國」的前半場域是中國大陸，時間從一九一二年到一九四九年；「民國」還有後半，那是一九四九年之後搬遷到臺灣來所經歷的關鍵變化。

在大陸的前半與在臺灣的後半，共同的特色是快速的變化與動盪，時局混亂打破了所有的現成答案，以至於逼迫人人困思問題解決方案，同時卻也打開可以進行破壞性或建設性種種實驗設計的大空間。

因而「民國」是出人物的時代，尤其是出人文思想人物的時代。並不是因為那些人都吃了神藥大力丸，不是因為他們遺傳了天賦異稟，而是時代的動盪與糾結，逼出了他們的智慧與活力。他們沒有固定的位子，沒有往後看、往前看能夠有把握的軌道或方向，他們只能去找出、創造出自己的道路，往往是前人沒走過，甚至是前人認定絕對不可能走的道路。

作為「民國人物」的陳寅恪，可以自由地在歐美遊學，不顧念、不追求學位，立志要培養自己研究「西北史」的所有學術配備；然後回到中國，受到變化時局的衝激，竟然也就快速轉型，將學術重心移轉到中古史上，成為中古史的大家。而這只是陳寅恪生命中大約二、三十年間發生的事。

又例如胡適，他到上海進了學堂才開始學英文，沒多久就去了美國留學，在康乃爾念農學，才第一年，他就開始用英文寫日記，還用英文對美國人宣講、解釋「中國是什麼」。他很快放棄了農學，轉到哥倫比亞大學念哲學，沒等到完全辦好博士學位手續，就又回到中國，不到三十歲的年紀已成為北京大學最受歡迎的教授。那麼短的時間內，他的生命走出那麼多不同的風景。

這絕對不單純是陳寅恪、胡適了不起，而是他們活在「民國」，得到了如此了不起、能夠成為「人物」的機會。「民國」是考驗、是挑戰，現實的條件使得在這個動盪空間中生活的人，沒有辦法做長期計畫，沒有資源完成具體社會建設，卻也因此鼓舞、刺激了豐富的人文思想。那不是關在象牙塔裡的哲思，也不是閑靜漫步的沉穩產物，而是從再切身不過的存在困窘中逼擠出來的看法與論點。國家可能被瓜分，故鄉可能被強占，家庭可能徹底拆解，生活的最後據點明天可能就要消失……每一項都是真實的威脅，無從逃躲，非面對、非提出對自己、對群體的解釋不可。

我長期以來不斷呼籲：「民國」不該被遺忘，忽略「民國」我們就無從弄清楚臺灣歷史的來龍去脈；更重要的，拋棄「民國」也就拋棄了這由眾多人存在苦痛換來的豐富人文思想資源。

二〇二一年史家余英時先生去世後，我受「趨勢教育基金會」之邀，錄製了一系列共十五講的課程，完整講述余英時主要的史學論著；次年，又受北京「看理想」機構之託，製播了共九十集的

「溫情與敬意：錢穆學思總覽」節目，在過程中廣泛涉獵與錢穆、余英時同代的相關學者論著，產生了對於「民國人文學術」更深刻的珍視。在臺灣，三民書局是錢穆和余英時著作出版的關鍵交集機構，於是出於對時代與自身歷史背景負責的考量，對劉仲傑總經理提出了編選這套系列叢書的想法。很幸運地，我的構想獲得劉總經理的大力支持，配備了充分的編輯專業人才協助參與，得以在一年多的準備之後，到二〇二三年中實現為和讀者相見的精編選集。

「民國」的歷史狀況使得這段時期的思想，很明顯地以原創性與多樣性見長，相對地缺乏大規模系統建構的成就，因此最適合以選文的方式來呈現。系列中每一本選集基本上都是在通覽目前能找到的作者著作全集後編定的，盡量保留個別篇章的完整面貌，避免割裂斷章取義。體例上，每本選集前面附有長篇「導讀」，向讀者充分說明這位作者的時代意義，以及其思想、經歷的重點，減少閱讀隔閡，幫助大家得到更切身的體會。另外按照文章性質分若干輯，每輯之前備有「提要」，既提供文章出處背景，也連繫「導讀」內容，進一步刻畫作者的具體思想面貌。

「展讀民國人文」系列第一批共十本，提供了從一八六九年出生的章太炎，到一八八五年出生的熊十力，包括梁啟超、陳垣、呂思勉、歐陽竟無、王國維、蔣夢麟、馬一浮、張君勱等民國學術人文思想人物的作品精華，希望能讓讀者興發對這段歷史的好奇，如果得到足夠的支持，我們將會在未來擴大人物系列，期望能開創出一片「毋忘民國」的繁華勝景來。

解讀
蔣夢麟
——目次

第二輯　論教育

第三輯　談文化

第四輯 社會觀點

導讀

1

蔣夢麟最為知名、最重要的作品，是《西潮》，依照他自己的說法，那是一本「有點像自傳，有點像回憶錄，也有點像中國近代史」的書。

這本書特殊之處，第一是原本先以英文寫成，交由美國耶魯大學出版，十六年之後，才由蔣夢麟自己翻譯成為中文出版。第二，英文版寫作於一九四三年，當時蔣夢麟五十八歲，到中文版問世的一九五九年，蔣夢麟已經七十四歲了，再過五年，他就逝世於臺北榮民總醫院。一部分因為書的內容，一部分因為蔣夢麟當時的身分，《西潮》中文本自出版後，有超過二十年的時間成為臺灣學子的必讀書，不只是內容，就連帶有奇特英文腔調的文字風格，都讓許多人讀後留下了極深的印象。

回到一九四三年，種種的現實條件看起來，很難想像蔣夢麟會在這個時候靜心安坐寫一本英文書。和寫出諸多英文暢銷書的林語堂不一樣，蔣夢麟當時住在中國重慶，不在美國或英國，而且他是在一九一七年獲得美國哥倫比亞大學哲學博士學位後返回中國，從此之後並未再長期居留海外。他所在的，是戰時的重慶，經常有日軍空襲，必須「跑警報」。還有，他當時非但不是閒居在後方，甚至身兼好幾項要職。

他以前北大校長的身分擔任「西南聯大常委」，又在政府中擔任「行政院設計委員會土地組召集人」，另外還有兩個極其重要的職務——「中華教育文化基金董事會主席」及「中國紅十字總會會長」。能夠在這種情況下寫「自傳、回憶錄、中國近代史」，確實很驚人吧！

檢視蔣夢麟的生平，一九四三年他處於關鍵轉捩點上，會想回顧自己的生平，應該是有了對舊生活的厭倦，以及對可能出現新生活的想望吧！蔣夢麟的舊生活，基本上圍繞著北京大學，不過到這時候，雖然還是作為原本北大的最高代表參與和清華、南開合併組成的「西南聯大」管理團隊，他明顯倦勤了。學校於一九三八年在雲南昆明正式運作，然而蔣夢麟卻長住在重慶，讓原清華大學校長梅貽琦實際掌管日常事務，他當時和「聯大」之間的關係是：

……校長避免與教授接談，當然與學生更無關係。蔣校長絕對不看教授，教授也只極少數去看他。只有一個校務會議，起初不選舉代表，被教授逼迫多時，選出代表，但不肯開會。好像每年有兩次會，就算稀有的事。開會總設法阻止多談。校長從遠處回來，有時有個茶會，或校慶時有茶會，但在這種會中，……總做出難堪的樣子，叫人唱戲或想別種辦法鬧一陣而散。……

（江澤涵致胡適信）

而蔣夢麟在給胡適的信中則說：「聯大苦撐五載，……盛名之下，難付其實。圖書缺乏，生活困苦，在此情況之下，其退步非人力所可阻止。弟則欲求聯大之成功，故不惜犧牲一切，但精神上之不痛快總覺難免，有時不免痛責兄（胡適）與雪艇（王世杰）之創聯大之議。數月在渝（重慶），孟真（傅斯年）責我不管聯大事。我說，不管者所以管也。我發恨時很想把你們三人一人一棍打死。」

他對「聯大」採取了「不管者所以管也」的態度，在與胡適的通信中關切的，是未來的北大。北京大學才是他真正心血投注之處，北大併入了「聯大」，他無法對「聯大」有同等的愛護。他在重慶對政治介入更深，也將他的心思從教育上逐漸拉開了。一九三九年，國民政府教育部與國民黨中央組織部聯合決定要求在「聯大」建立國民黨直屬區黨部，信函寄給了蔣夢麟，而蔣夢麟也就應命積極擬定了計畫，目標是要讓「三校之健全主要分子，大部分為黨員，則以後推行黨務，如順水推舟矣」。

如此公開以黨治校，在中國教育史上是第一次，在學生中還公開設立了「三民主義青年團分團部」，出席「聯大」常委會的人都是國民黨黨員，受區黨部的「協助」。從此之後，蔣夢麟在校的主要角色，其實也就調整為負責和政府及黨的互動交涉了。

更進一步，到一九四五年六月，宋子文出任行政院長，蔣夢麟接下行政院祕書長的職務，正式從政。他一度還保留了「聯大」常委的位子，卻因而引起了校內師生不滿，發動「迎胡（適）倒蔣」，到十月十九日，蔣夢麟發表公開辭職信，不只辭去了「聯大」常委，而且因為戰勝日本，北京大學積極準備復校，他此時也必須將原本留有的北大校長名分一併辭去。

如此，蔣夢麟不只是離開了服務超過二十年的北京大學，還離開了教育領域。戰後還都，他先是兼任國民政府最高經濟委員會委員，接著辭去行政院祕書長轉任國民政府委員，到一九四八年，中美合作成立「中國農村復興聯合委員會」，蔣夢麟就任主任委員一職。

一九四九年八月，「農復會」遷到臺灣，十月九日，蔣夢麟輾轉經成都、香港抵達臺灣。

2

蔣夢麟出生於一八八六年，一九〇八年到美國留學，先入柏克萊加大農學院，再轉教育學院，一九一二年從柏克萊畢業，隨即進入紐約哥倫比亞大學念研究所，到一九一七年獲得博士學位，博士論文題目是"A Study in Chinese Principle of Education"（中國教育原則之研究）。

這年蔣夢麟三十一歲，完成學業後結束在美國居留九年的人生階段，回到中國。他以受西方完整訓練的教育專家身分，快速在新的民國時代中展露頭角，先是在一九一八年參與發起了「中華職業教育社」，然後迎來了大騷動的一九一九年。

先是這一年的四月三十日，杜威從日本抵達上海，造成大轟動，而到碼頭上迎接杜威，因而也備受矚目的，就是杜威在中國的三位學生——胡適、陶知行和蔣夢麟。沒有幾天，北京爆發了「五四運動」，當時杜威正前往蔣夢麟的家鄉浙江，當然是由蔣夢麟陪同在杭州演講、遊歷。

五月四日當天，群眾前往趙家樓曹汝霖住宅，放火焚燒，隨後軍警鎮壓，逮捕了三十二人，其中有二十人左右是北京大學的學生。當晚北洋政府做了解散北京大學、撤免北大校長蔡元培職務的決定；五月八日宣布：「一、查辦北大校長；二、法辦之前被捕已釋學生；三、整飭學風。」雖然後來第一項命令中途撤回，但為了保全北大不被解散，蔡元培主動辭職。五月九日，蔡元培留下了啟事後離京前往天津，啟事說：「我倦矣，『殺吾馬者道旁兒』，『民亦勞止，汔可小休』，我欲小休矣！北京大學校長之職，已正式辭去，其他向有關係之各學校、各集會，自五月九日起，一切脫離關係。特此聲明，惟知我者諒之。」

蔡元培辭職出走，震動了北京乃至全國，立即掀起了挽留蔡元培的拉鋸。以北大學生為首積極要求蔡元培復職，北洋政府卻想以蔡元培赴任和挽留曹汝霖、陸宗輿放在一起運作，於是衝突愈形激烈，最終妥協出折衷方案，蔡元培答應回北大，但暫時先由蔣夢麟代理。

選擇蔣夢麟最主要是因為他和蔡元培早有淵源。蔣夢麟最早在家鄉受私塾教育，他進的第一所學校，是位於紹興的「中西學堂」，一八九七年十二歲時入學，到第二年，蔡元培受戊戌變法失敗挫折棄官歸里，就受邀擔任了學堂的「監督」，雖然蔡元培只在這裡待了一年，然而從此他和蔣夢麟之間的師生關係就確立不變了。

一九一二年，中華民國臨時政府成立，蔡元培擔任了第一任的教育總長。他寫信給刻在美國加州的蔣夢麟，請蔣將他所寫的〈教育意見書〉翻譯為英文。蔣夢麟回國之初，在《教育與職業》、《教育雜誌》、《新教育》等刊物發表關於教育改革的文章，其看法也有許多呼應蔡元培主張之處。尤其是提倡「個性主義的教育」，在實踐的方案上特別凸顯：「養成精確明晰之思考力，充滿豐富的感情和活潑潑的精神，以及具有改革社會的能力」。具體方針是：「第一、發展個性以養成健全之人格；第二、注重美感教育、體育以養成健全之個人；第三、注重科學以養成真實正當之知識；第四、注重職業陶冶以養成生計之觀念；第五，注重公民訓練以養成平民政治之精神，為服務國家及社會之基礎。」這都與蔡元培的〈教育意見書〉在價值理念上一脈相承。

針對由蔣夢麟代理校長一事，蔡元培表現了同樣的開闊豁達態度，「大學生皆有自治能力者，君可為我代表到校，執行校務，一切印信皆交君帶去，責任仍由我負之。」於是蔣夢麟以蔡元培個人身分，而不是北京大學校長職務身分來代理，等於是幫蔡元培管印信、代為用印的人。

蔣夢麟低調地前往北大，出席教職員會時也很謙虛地強調：「蔡先生派我來蓋蓋章的，一切請各位主持。」北大教師評議會通過了他的教授資格，正式的職務是總務長，由此開始了他和北大既深且久的淵源，也決定了他人生的前半和民國教育，尤其和蔡元培的不解之緣。

3

一九一九年九月二十日，蔡元培正式回到北大。回校前他特別先寫了一篇文章，以北大師生與全國學生聯合會成員為訊息對象，強調：學生救國的方式，應該在於專研學術，不可以本末倒置，以救國為理由反而犧牲了學術追求。然後在北大的歡迎會上，蔡元培特別解釋：「德國大學學長、校長均每年一換，由教授會公舉，校長且由神學、醫學、法學、哲學四科之教授輪值；從未生過糾紛，完全是教授治校的成績。北大此後亦當組成健全的教授會，使學校絕不因校長一人的去留而起恐慌。」

這真是蔡元培的風範。得全校、乃至全國知識界如此推崇，在救國呼聲潮流中不只被推到最前線，而且被視為對抗大失民心的北洋政府的主力英雄，蔡元培卻仍然冷靜客觀地分析，認為一所大學的成敗繫於特定個人在或不在，絕非健全組織的表徵現象；二來又明白反對學生捲入學潮，堅持面對中國時局，大學應該扮演的是內斂的、基礎的學術、知識扎根角色。

所以他雖然回到了北大，賦予自己的任務卻是弔詭地要讓北大成為可以不需要蔡元培、不需要任何特定校長的北大，將這項計畫的實際執行交給了蔣夢麟。

蔡元培受德國學制影響甚深，相對地，蔣夢麟是在美國受的教育訓練，尤其他的思想根柢是杜威為他打下的「實用主義」，一方面他固然從實用態度上適合主導執行方案，不過另一方面，也是從實用的考量，他並不像蔡元培那麼信服於「教授治校」的原則。

蔣夢麟致力於為北大打造出一套能夠有效運作的制度系統，那就不能讓教授決定、領導。在蔡元培的架構之外，蔣夢麟設置了「教務會議」、「行政會議」、「總務處」，設定了各自的組成方式和相關職責所在，如此學校才能有比較完備的日常行政管理體系。

蔣夢麟用當時流行的觀念解釋新組織的形成與運作原則：

北大內部組織現分四部：一、評議會，司立法；二、行政會議，司行政；三、教務會議，司學術；四、總務處，司事務。教務會議仿歐洲大學制；總務處仿美國市政制；評議會、行政會議兩者，為北大所首倡。評議會與教務會議之會員，由教授互選，取德謨克拉西（民主）之義。行政會議及各委員會之會員為校長所推舉，經評議會通過，半採德謨克拉西主義，半採效能主義。總務長及總務委員為校長所委託，純採效能主義，蓋學術重德謨克拉西，事務則重效能也。

除此之外，事實上蔣夢麟又陸續主導在校內成立了「預算委員會」、「聘任委員會」、「圖書委員會」、「學生自治委員會」等，其中位階最高的「組織委員會」由蔣夢麟擔任委員長。

從外界看、在紀錄上，這段時期北大校長仍然是蔡元培，但實質上，經由新造組織，這已經進入「蔣夢麟的北大」新階段，蔣夢麟主導北大的情況，從此延展了二十年，直至前面提到的一九四五年。

4

從蔡元培到蔣夢麟，一脈相承的，是對大學的社會使命認知。一九二〇年五月四日，由胡適起草，蔣夢麟和胡適聯名發表了〈我們對於學生的希望〉。文章中分析了「五四運動」所帶來的效果：一、引起了學生的自動精神；二、引起了學生對社會國家事務的興趣；三、引出了學生作文和演說的能力、組織的能力、辦事的能力；四、使學生增進團體生活的經驗；五、引起學生求知識的慾望。

這幾點都是正面的，然而話鋒一轉，蔣、胡二人凸顯了這種情況的不正常。本來社會是用不著學生來做學校生活以外的活動，是因為社會和政府被一群成年人弄壞了，責任才會落到未成年的學生肩膀上。學生運動之起，是「在變態的社會國家裡面，政府太卑劣腐敗了，國民又沒有正式的糾正機關（如代表民意的國會之類）。那時候，干預政治的運動，一定要從青年的學生界發生的。……（然而）這種運動是非常的事，是變態的社會裡不得已的事，但是他又是很不經濟的不幸事。……

這種運動是暫時不得已的救急的辦法，卻不可長期存在。」

學生運動最主要的手段，是罷課。然而罷課會給學生自身帶來精神損失：首先是養成依賴群眾的惡心理；其次養成翹課的惡習慣；第三是養成無意識行為的惡習慣。所謂「無意識行為」指的是自己說不出來為什麼要做的行為，不知道為什麼要罷課卻罷課，便成了為罷課而罷課，本來重大的舉措，現在變得無意識隨便發動，社會又怎麼可能重視學生罷課呢？

所以對學生的希望、有所期待於學生的，是真正能持久又有功效的三種活動：學問的生活、團體的生活、社會服務的生活。而連結團體與社會的，是學生應該確切培養的兩種精神：容納反對黨意見的精神，還有負責任的精神。

胡、蔣兩人指出了他們一年間所看到的學生活動情況，學生會議場中，對於不肯迎合主流的意見，往往就有暴民式的威壓，那絕非「民治精神」，民治主義的首要條件是讓各方意見都能自由表達。

另外他們感慨：天下多少事不都是「不負責任的好人」搞壞的嗎？好人坐在家中歎氣，壞人在議場作戲，所以天下事敗壞了。不肯出頭負責任的人，是團體、社會的罪人，不配當民主國家的國民，所以人人要負責任，要尊重自己的主張，要以正當的方式傳播自己的主張，去說服別人。

大約同時，蔡元培也藉由在湖南的演講，表述了對「五四運動」的看法。「五四運動」帶來了新現象、新覺悟，刺激學生得以自己尊重自己，化孤獨為共同，有機會對自己學問能力切實了解，並進行了有計畫的運動。由此衍生出學生未來的責任：

第一是要自動求學，要隨時自己去發現求學的門徑與學問的興趣。第二，要能自己管理自己，學生要指導社會，必須先管理好自己的行為。厭惡別人干預管理，那就必須有自發的秩序，不可以一意放縱、做出種種壞事。第三，要有平等和勞動的觀念，學生倡言要和教職員平等，然而自己卻對工人橫眼厲色，這不是雙重標準嗎？

第四點，蔡元培提示的是他最為重視的「注意美的享樂」，也就是美育的重要性。這方面，蔡元培應該良有感觸，一九一七年蔡元培初接任北京大學校長時，北京大學是風氣極差的舊式學府，學生視上學為科舉中第的替代途徑，目標當然不是研究學問，而是為了升官發財，學生中抽大煙、逛妓院的大有人在。就連教員也程度參差，老師們吃花酒、上戲院、逛窯子是生活常態。蔡元培一方面引進了大批熱心教學的老師替換掉舊人，另一方面則苦口婆心推動美育，讓學校師生得以改變氣質，扭轉風氣。

三年後他重提主張：「近來學生多有為麻雀、撲克或閱讀惡劣小說等不正當之消遣，……甚有生趣索然，意興無聊，因而自殺者。所以吾人急應提倡美育，使人生美化，使人的性靈寄託於美，而將憂患忘卻。於學校中可實現者，如音樂、圖畫、旅行、遊戲、演劇等，均可去做，以之代替不好的消遣。」

蔡元培苦口婆心：

……切不要拘泥，只隨人意興所到，適情便可。如音樂一項，笛子、胡琴都可。大家看看文學書，唱唱詩歌，也可以悅性怡情。單獨沒有興會，總要有幾個人以上共同享樂，學校中要常有此種娛樂的組織。有此種組織，感情可以調和，同學間不好的意見和爭執，也要少些了。人是感情的動物，感情要好好涵養之，使活潑而得生趣。

最後還有第五項，鼓勵學生要從事社會服務，最好是去組織平民學校，進行平民講演，以及進行社會調查。蔡元培特別強調：「要講平民主義，要有真正的群眾運動，宜從各種細小的調查做起。」這既是當時最為先進又最為貼近現實狀況的教育理念，也是特別為了發洩、消解北大學生受「五四」激發難以收拾外向動力的針對性方案。蔣夢麟忠實地站在蔡元培身邊，和他組成了堅強的聯合陣線，才得以打造出足為民國傳奇之一的北京大學。

5

「北大精神」奠基於蔡元培的清晰價值觀，一開始是以負面方式表述來對抗原有的風氣──「大學學生……不當以大學為升官發財之階梯。」大學是為了研究高深學問而存在的，而且是培養學者人格的地方。

「北大精神」另外的核心是「囊括大典、網羅眾家」。對於各家學說，循思想自由原則，相容並包。無論何種學派，只要言之成理、持之有故，就應該能在這個機構中自由發展。蔡元培初步整頓教師陣容後，一九一八年的統計出現了空前或許也將絕後的紀錄——三百多位教員，平均年齡只有三十多歲，當然其中有四、五十歲資深者，但同時也有、還為數不少只有二十七、八歲的教授，拉低了平均數。

蔣夢麟的描述：

自古以來，中國的知識領域一直是由文學獨霸的，現在，北京大學卻使科學與文學分庭抗禮了。歷史、哲學和四書五經也要根據現代的科學方法來研究。為學問而學問的精神蓬勃一時。保守派、維新派和激進派都同樣有機會爭一日之短長。背後拖著長辮，心裡眷戀帝制的老先生與思想激進的新人物並坐討論，同席笑謔。教室裡、座談會上、社交場合裡，到處討論著知識、文化、家庭、社會關係和政治制度等等問題。

這種情況很像中國的先秦時代，或者古希臘蘇格拉底和亞里士多德時代的重演。蔡先生就是中國的老哲人蘇格拉底，同時，如果不是全國到處有同情他的人，蔡先生也可能遭遇蘇格拉底同樣的命運。……中國的和外國的保守人士……卻一直指責北京大學鼓吹「三無主義」——無宗教、無政府、無家庭——與蘇格拉底被古希臘人指責戕害青年心靈的情形如出一轍。爭辯不足以消除這些毫無根據的猜疑，只有歷史才能證明它們的虛妄。……

……蔡先生提倡美學以替代宗教，提倡自由研究以追求真理。北大文學院院長陳仲甫（獨秀）則提倡賽先生和德先生，認為那是使中國現代化的兩種武器。自由研究導致思想自由；科學破壞了舊信仰，民主則確立了民權的主張。同時，哲學教授胡適之（適）那時正在進行文學革命，主張以白話文代替文言作表情達意的工具。……北大是北京知識沙漠上的綠洲。知識革命的種子在這塊小小的綠洲上很快地就發育滋長。三年之中，知識革命的風氣已經遍布整個北京大學。

值得注意的，蔡元培和蔣夢麟那個時代的北大，不只是我們今天所認知的一所大學。蔡元培在一九二二年發表了〈教育獨立議〉，提出了以大學為中心創建學區的主張。具體作法是將全國分成若干大學區，每一區有一所大學，中等以上的各種專門學術都設在大學裡，更進一步，這一區內的中小學教育，還有學校以外的社會教育，從通信教育、成年教育、盲啞教育到演講團、體育會、圖書館、博物館、音樂、演劇、影戲……都由大學來辦理。大學事務由大學教授組成的教育委員會主持；大學校長也由委員會選出。再由各大學校長，組織高等教育會議，辦理各大學區互相聯繫的事務。

在那個亟待啟蒙、文化教育認知不足且資源匱乏的時代，這項以大學為中心統籌的計畫有其道理，如能推行，大學成為全區的教育文化中心，集中知識人才作多方運用，確實可以發揮甚大的作用。

當然，要能實現這個計畫，大學必須擴張、轉型，不只籌畫管理中小學教育，還要和社會有更密切的互動。

受蔡元培這種「大大學」、「廣大學」主張影響，北京大學愈來愈難以忍受北洋政府的種種管轄、箝制，到一九二五年八月，連番政局震盪中，震出了「北大脫離教育部事件」。

此一事件的導火線是北京女子師範學生抗議校長楊蔭榆，楊蔭榆對學生進行高壓制裁，當時的教育總長章士釗支持楊蔭榆作法，引發一連串學界抗議。北大評議會為反對章士釗「摧殘教育，蹂躪人權」，不承認章士釗的教長地位，只要章繼續擔任教長，北大就脫離教育部。

此議最後由蔣夢麟確認執行，過程中證明了北大自身組織鞏固，無所待於教育部，即使教育部停止撥給經費，蔣夢麟也有辦法奔走借籌款項，讓大學運作。事實上，當時政府教育部經常拖欠經費，擔任總務長、校長的蔣夢麟本來就經年煩惱經費來歷，脫離之後並未真的有太大的改變。

6

一九二七年四月，北伐打到南京後，新成立的國民政府任命蔡元培為「中央教育行政委員會常務委員」，他主導採用了「大學院制」，規定：大學院為全國最高學術機關，總攬全國學術與教育行政事宜，在地方上實行大學區制，廢止教育廳，以國立大學為該地的教育行政管理機關。

這確實是充滿理想性的教育發展計畫，意味著各地廣設國立大學，每所國立大學的校長取代了原先的行政官僚，負責全區中小學與社會教育事務。「大學院制」先在江蘇、浙江兩省試辦，浙江設立了「第三中山大學」作為「大學院」主體，蔣夢麟被任命為校長。

「第三中山大學」在一九二七年七月成立，一九二八年二月改為「浙江大學」，但也就在同一月，國民黨召開第二屆四中全會，會上就有人提案反對「大學院制」。提案中洋洋灑灑列出一大串理由——名稱不倫不類、助長學閥勢力、學術機關名人包辦地方教育行政、不合國情、形成另一政治組織蔑視黨、有「赤化」的危險、偏重學術忽視教育……。

和反對「大學院」相呼應的，是這次會議上的基本導向——強調「軍政統一」與「思想統一」，那是明顯和蔡元培教育信念相反的，難怪要攻擊蔡元培主張的制度方案。蔡元培決不戀棧，立即提出辭呈，接連三上辭呈後，國民政府准辭，宣布由蔣夢麟繼任。

蔣夢麟比蔡元培善於人際敷衍，但仍然保不住「大學院制」，接任後二十天，「大學院」被取消，改組為「教育部」，由蔣夢麟擔任教育部長。

當時的國民黨內教育人士，除了有蔡元培、蔣夢麟為首的「歐美派」之外，還有李石曾、張乃燕的「留法派」，以及「留日派」、「本土派」等，不同派系理念不同，更牽涉到權力與利益的爭奪。

雖然蔣夢麟自命「世居愈中，耳濡目染，頗知紹興師爺化大為小化小為無的訣竅」，也應付不了這麼複雜的環境，遑論在此中推動新政，先是為了節省經費下令勞動大學停招，再又遇到中央大學因學生發動學潮導致校長被撤換，蔣夢麟被迫辭職，擔任教育部長前後只有一年多的時間。

雖然有對於教育的全盤理念，蔣夢麟真能落實得到成績的，終究還是必須回到北京大學的高教領域上。

7

蔣夢麟之所以會到南方，會隨蔡元培加入新成立的國民政府，進而擔任浙江大學校長和教育部長，中間牽涉到一九二六年三月十八日發生的「三一八慘案」，魯迅曾寫文章稱這是「民國以來最黑暗的一天」。

事情緣起於日本聯合了八國公使，提出要北洋政府拆除大沽口國防設施，並限令四十八小時內回覆，否則以武力解決。消息傳來，群情激憤，在北京的國共兩黨人員（當時國共在南方密切合作）開會決定，組織學生和團體到天安門集會抗議。三月十八日，在示威遊行中，群眾遭軍警鎮壓，當場造成四十七人死亡，兩百多人受傷，死難者其中有三位北大的學生。

蔣夢麟事先得到通報，說政府已下令，如果學生包圍執政府，軍隊就開槍。他試圖勸阻學生，但當然不會有用，結果發生了慘禍。當天稍晚，北大學生會通電全國，痛斥北洋政府暴行，然而政府也不示弱，下令通緝徐謙、李大釗、易培基等人（參見《解讀陳垣・導讀》），另外將蔣夢麟、魯迅等人列入了黑名單中。

到四月，原本執政的段祺瑞因而下臺，奉系張學良與「直魯聯軍」的張宗昌率軍進入北京，四月二十六日，張宗昌下令以「宣傳赤化」罪名逮捕《京報》社長邵飄萍，隨即予以槍殺。一時間北京陷入白色恐怖中，蔣夢麟慌忙躲入租界區的「六國飯店」，待了長達三個月時間，找機會悄悄離開北京前往南方。

到一九二八年六月，國民黨北伐進入北京，將北京改名為北平，幾經人事波折，到一九三〇年底，蔣夢麟辭去教育部長職位，重回北大擔任校長。

蔣夢麟原本不願回北京大學，主要是之前主持北大奔走籌措經費的事讓他心有餘悸。不過幸好這次重掌北大，情況有了根本的不同。關鍵因素是「中華教育文化基金會」。這個基金會的經費來自美國退還的庚子賠款，早在一九二四年這個基金會剛成立時，蔣夢麟就列名在第一屆的董事名單上。國民政府取代北洋政府，這個機構在一九二九年改組，由蔡元培當選董事長，蔣夢麟則當選副董事長，而且過程中胡適扮演了重要的角色，如此當然就確立了將這些款項主要用於教育文化上的原則。

依照胡適的回憶：

那時有兩個朋友最熱心於北大的革新。一個是傅孟真（傅斯年），一個是美國人顧臨(Roger S. Greene)。顧臨是協和醫學院的院長，也是中華教育文化基金會的董事。他們找我商量，如何可以幫助孟鄰先生（蔣夢麟）改革北大，如何可以從北大的改革影響到整個北平高等教育的革新。

最主要的問題是：從哪裡捐一筆錢做改革北大的經費？當日傅孟真、顧臨和我長時間討論的結果，居然擬出了一個具體方案，寄給蔣夢麟先生，他也很感動，答應來北大主持改革的計畫。

中華教育文化基金會一九三一年一月在上海召開會議，會中通過了胡適和傅斯年所擬的援助北大方案。基金會每年和北京大學各出二十萬元，以五年為期，作為合作的特別款項，用來設立研究講座、聘專任教授及購買圖書儀器之用。三月，胡適代表基金會和北大擬定了「合作研究特款辦法」，主要項目是設立「研究教授」職位若干名，年俸自四千八百元到九千元不等，每一教授還有一千五百元以內的設備費。「研究教授」每週至少授課六小時，並擔任學術研究及指導學生研究，不得兼任校外教務或事務。

從一九三一年到三七年，中華教育文化基金會每年提供給北大二十萬元補助，對於蔣夢麟重造北大有關鍵的推動之功，另外也開啟了蔣夢麟和美國機構合作的經驗，引導向他人生下半場的農業復興委員會工作。

此外也因為美國經費的補助，讓蔣夢麟得以相當程度擺脫國民政府對北大的監控，繼續蔡元培路線，即使在反共的氣氛中，三〇年代的北大都還保留了原本就開設的一些馬克思主義與社會主義學說課程。

8

教育本位的立場，使得蔣夢麟格外重視思想自由。他尖銳地指出：在思想自由一事上，大部分的人都是膽小鬼。遇到稍有踰出本身日常習慣以外思想時，一般人很容易恐慌，就像是不會撐船的人，離開了平時習慣的途徑就害怕得不得了。他強調北大是「不怕踰出人類本身日常習慣範圍以外去運用思想的。雖然我們自己有時還覺得有許多束縛，而一般社會已送我們一個洪水猛獸的徽號。」

不過他同時也強調必須處理思想自由帶來的壞處，那就是「群治」鬆弛。回顧北大發展的歷程，他特別重視：「各種思想雖平時互相歧異，到了有某種思想受外部壓迫時，就共同來禦外侮。引外力以排除異己，是本校所不為的。」確實，北大經受了民國時期諸多政治、社會動盪變化，曾經脫離教育部，也曾經被改名「北平大學」，被併入「國立京師大學校」、「中華大學」等，每次風波都在校內引發強烈「恢復北大」的呼聲，內部的團結遠遠超過其他學校，更超過了鬆散、混亂的教育行政體系，才得以成就了不只在民國史上，甚至在整體中國史上都少見、難得的地位與名聲。

一九二三年，在北京、基本上以北大為中心，爆發了熱烈的「科學與玄學論戰」，「科學派」主將丁文江和「玄學派」主將張君勱各持己見，筆戰得不可開交（詳情參閱本系列中的《解讀張君勱》一書）。

早已習慣於思想自由的蔣夢麟得以站在更高層次上，看出這場論戰的癥結在於「科學萬能」信念的高度排他性。他當然了解科學的重要性，主張從西方引進科學精神與科學方法，追求實現科學教育與科學學術，不過他反對過度強烈、執著的科學主義，而是要有科學與人文的互動交融，也和蔡元培一樣，反覆強調美學、藝術在人生中不可或缺的作用。

「科學是心智探究自然法則的表現，藝術則是心靈對自然實體所感所觸的表現。藝術是人生的一種表現，它使人生更豐富，更美滿；科學是心智活動的產物，旨在滿足知識上的欲望，結果就創造物質文明。在現代文明裡，藝術與科學必須攜手合作，才能使人生圓滿無缺。」這是蔣夢麟的立場。

三〇年代北京大學分為理學院、文學院和法學院，運用相對較為充裕的經費，蔣夢麟聘了許多新進教授，據統計，理學院聘請的教授人數是文學院的兩倍、法學院的四倍。在各系中，蔣夢麟特別重視物理系，除了延聘教師外，又為該系建造了「放射X光實驗室」、「光學實驗室」等。

而一九三二年，北京大學增設研究院，第一次招生共收了二十五名研究生，大部分都是文科生。在那幾年間，劉復教授發表了關於中國古音韻與方言的突破研究論文，胡適等人發起了「織風謠研究會」，編輯出版了「新國風叢書」，考古研究室發掘了五千多種古器物，並且在西北考察過程中發現了一萬多件「漢簡」，是古史研究上的重大突破。

9

蔣夢麟為這個時期的北大設定了兩個清晰的方向，一是文理並重，二是積極進行科學知識本土化。他說：「我國過去之社會科學、自然科學，徒知學習國外之理論，不克以之應用於中國。於外國之政治、經濟、貨幣或瞭若指掌，而於自國之經濟、政治、貨幣，乃茫無所知，此種現象，實可痛心。希望今後北大能努力養成研究中國之科學精神。」

這段話是蔣夢麟在一九三一年北大開學日暨三十三周年校慶儀式上說的，那一天，是九月十七日。第二天，就爆發了「九一八事變」。「九一八事變」不只嚴重攪擾了蔣夢麟設定的北大整頓與發展進程，更考驗了蔣夢麟的根本大學理念，以及學術與政治間如何平衡的關鍵反應。

九月二十一日，北大學生決議組織「北大反日會」，後來又轉型為「抗日救國會」，規定凡北大學生都為會員。十一月日軍進犯錦州，國府先是欲將錦州劃為中立區，到次年一月進而將三萬餘錦州駐軍撤入山海關中，實質上將錦州不戰而讓給了日本人。

學生無法認同這樣的政策，決定南下向政府抗議，卻又在南京遭遇了軍警鎮壓、逮捕。一九三一年十二月十七日，各地學生代表與南京當地學生共三萬人遊行，在珍珠橋《中央日報》社前，遭到軍警強硬驅散，導致百餘人傷亡，另有百餘人被捕。

十二月十九日，蔣夢麟提出了辭呈。在給胡適和傅斯年的信中，他發洩了多年來累積的感歎：

學生的跋扈——背了愛國的招牌更厲害了——真使人難受。好好的一個人，為什麼要聽群眾無理的命令呢！

北平的教育，非統盤籌算，是不易辦好的。Bad money drives out good money. 沒有錢是沒法辦。這種學校每月用三十五萬來維持，也覺得太不值得。李先生說，譬如養一師兵，我說辦學如養土匪兵一樣，不如不辦。

……我當校長也當厭了。我十數年來都沒有休息，現在也應該休息一年半載，才對得住自己。

語氣極為失望、消沉，因為他針對的，不是這次學生的舉措，甚至不只是他自己所受的衝擊，毋寧是從「五四」以來，延續、繼承蔡元培的煩惱，也延續、繼承了蔡元培不願意學生將自己視為國家主人，一心上街熱衷罷課而放棄學問追求責任的態度，更是延續、繼承了蔡元培無奈的作法——宣布辭職，並即時離開北平。

不過此時的蔣夢麟，比「五四」時的蔡元培多了一份糾結。他和國民政府間有著深厚的關聯，他不只是國民政府的支持者，甚至早已取得了政府圈內人的身分，使得他更難接受學生激烈反政府的行動。

辭職離平之後，蔣夢麟到了上海，兩件衝突的事讓他更加糾結。一件是一九三二年一月，他在上海親歷了「一二八事件」：

……天空被車站附近射出來的砲火映得通紅。日本侵略似乎已經追在我腳跟後面，從北方到了南方。我所住的十餘層高樓的旅館在租界以內，日本砲火不會打過來的。我同一班旅客都做隔岸觀火。隆隆的大砲聲，啪啪的機槍聲終宵不斷。第二天早晨，我再度爬上屋頂，發現商務印書館正在起火燃燒，心裡有說不出的難過。好幾架日本轟炸機在輪番轟炸商務印書館的房子。黑煙沖天，紙片漫天飛舞，有些碎紙片上還可以看到「商務印書館」的字樣。

經過這樣幾天，如何能不生出同仇敵愾的情緒，又如何能保持反對學生示威要求抗日的立場？然而與此同時，南京國民政府因應「九一八」而改組，得知蔣夢麟辭北大校長職務，就安排他接任教育部長，將原教育部長朱家驊調為內政部長。很明顯地，蔣夢麟已經是國府的「圈內人」，他也很難公開表示和蔣介石不一樣的國策方針。

怎麼辦呢？蔣夢麟只好選擇回到北大。幾年間，在北方「救國」意識高漲，持續挑戰蔣夢麟強調大學該深研學術的態度。他提出了折衷主張：「有人謂讀書不忘救國，而我之主張，則為『讀書可以救國』，因為個人所想到的，像日人坦克車、科學戰器等，均從讀書及研究科學得來，研究時間不知費盡幾許年月，方可發明一種器具，假使我國科學發達、工業發達，所有應用東西，國人都能自造，無須以金錢向外人購買，國家當然能夠強盛，外人何敢輕侮？」

因應愈來愈濃厚的戰鬥氣氛，蔣夢麟則強調了體育的重要性。「過去……有『北大老，師大窮』之語。北大之老，亦老在外觀，穿藍布大褂非表示老，乃表示簡樸美德。所謂老者，體力方面不無缺點，今後另一方針即務使各同學體力與學歷共同發展，不致使僅獲學力之進步而體力日衰之結果。」

儘管有這些折衷表態，然而日本人在華北步步進逼，作為北大校長，蔣夢麟和愛國熱情不斷高漲的學生針對讀書與救國孰重孰輕，必然衝突不斷。到一九三七年七月，先是爆發了「盧溝橋事變」，幾天之後，日軍公然入城占領了北平，國難加劇，北京大學絕對不可能再以原有的形式、組織運作下去，這固然是蔣夢麟生涯一大挫折，但換另一個角度看，又何嘗不是一種解脫，讓他終於可以不必在戰雲密布中勉強學生還要將注意力放在學問、研究上。

10

「盧溝橋事變」發生時，蔣夢麟人在廬山，參加由蔣介石召集的「國是問題座談會」，之後局勢急轉直下，使得他回不了北平。八月，倉促決定了將北平的三所大學——北京大學、燕京大學和南開大學盡快遷離，到長沙組成臨時聯合大學。這個計畫隨後又因日軍快速進逼，將聯合大學的地點改到了雲南昆明，學校的名稱也因而訂為「西南聯合大學」。

「西南聯大」是民國高教歷史上的一頁傳奇，在這裡聚集了中國當時的知識菁英。「聯大」共有一百七十五位教授，只有二十三位不曾在外國留學。人文學科方面的知名學者有聞一多、朱自清、王力、唐蘭、劉文典、沈從文、雷海宗、陳寅恪、錢穆、吳晗、吳宓、馮至、錢鍾書、葉公超、陳序經、錢端升、潘光旦、馮友蘭、金岳霖、湯用彤等。理工科有華羅庚、江澤涵、楊武之、姜立夫、陳省身、周培源、吳有訓、趙忠堯、王竹溪、楊石先、曾昭倫、蘇國禎、李繼侗、趙九章、劉仙洲等。

身為北大校長，蔣夢麟是聯大當然的共同管理者，不過卻也就在北大加入這場民國學術傳奇時，蔣夢麟和北大的長期情緣變得愈來愈淡。表面的理由，是聯大共有三位校長，蔣夢麟必須與清華的梅貽琦、南開的張伯苓共治，他的權力只占三分之一，當然不可能像之前在北平時那樣投注校務經營。

不過仔細些看，卻會發現蔣夢麟此時放在聯大的心力，恐怕連三分之一都不到了。學校校址在昆明，蔣夢麟卻長居重慶，將日常事務都交給梅貽琦處理。原本三校中，北大成立最早、地位最高，也最有規模，然而到了昆明，師生卻倍覺委屈。錢穆《師友雜憶》中有一段生動紀錄：

> 一日，北大校長蔣夢麟……來。入夜，北大師生集會歡迎……諸教授方連續登臺競言聯大種種不公平。其時南開校長張伯苓及北大校長均留重慶，惟清華校長梅貽琦常川駐昆明。所派各

學院院長，各學系主任，皆有偏。如文學院長常由清華馮芝生（馮友蘭）連任，何不輪及北大，如湯錫予（湯用彤）豈不堪當一上選。⋯⋯一時師生群議分校，爭主獨立。⋯⋯

抗戰中原本規畫了好幾所「聯大」，最後只有「西南聯大」能夠長時間存在，到戰爭勝利後才回北平各自復校，而且創造了驚人的知識、學術成績。論起「西南聯大」的成功，若以人論，居功厥偉首推梅貽琦；然而若論機構，那麼北大打下的堅實基礎，畢竟還是發揮了最大的作用。

民國人文光彩離不開北大，講起北大的創設、發展，大家都必然提到蔡元培，不過在關鍵時刻真正長期經營北大的，其實是蔣夢麟。沒有蔣夢麟，不會有我們所認識的北大，不會有北大這樣一所大學能夠在民國史發揮的巨大影響。

11

人生的前三分之二時間，全力投注在高等教育經營上，年近六十，蔣夢麟心態轉折，表現在動筆撰寫《西潮》，後來又加寫了續篇《新潮》，兩者併合為人生回憶錄這件事上。

整六十歲那年，蔣夢麟正式離開了北大，當時他應該無法預見再來的近二十年中，自己還將展開完全不同的另一條事業道路。一九四八年，主要借重他和美國人、美國機關合作的豐富經驗，蔣夢麟被任命為「農復會」的主任委員。

那是國共內戰已經打得如火如荼的時刻，也是蔣介石領導的國民政府、國軍和美國關係緊張的時刻。美國國內有了愈來愈強大質疑蔣介石的聲浪，直接影響了美國政府援助國府的意願與力道。原本蔣介石將美國援助視為理所當然，除了二次大戰期間併肩作戰的交情外，對手是共產黨自然也應該引發美國高度警戒。為了鞏固美國的支持，蔣介石特別在軍事緊張中，還推動了立憲、成立了國民大會、舉行了第一次總統選舉，就是為了做足民主的門面，表示和美國有著同樣的政治意識形態價值。

然而照理應該引起美國政府強烈反感的中國共產黨，卻在美國以「土地改革者」的身分，和蘇共區隔開來，獲取了許多美國人的同情。再加上中共在他們統治的區域中積極推動「土改」、鬥爭地主，確實吸引了眾多農民支持，大有助於中共兵力的動員與補充。在這種情況下，中美雙方共同感受到國府也必須正視農村土地問題，進行改革。

不過「農復會」成立後不到半年，南京就失守了，再過一年，大陸徹底淪陷，「農復會」根本來不及發揮任何作用。帶著土地問題導致國府大失敗的經驗，「轉進」到臺灣之後，「農復會」並未裁撤，而是轉型為在臺灣推動土地改革的主導機構，背後仍然是和美國密切合作，並得到美國的資源投注。

年過六十，甚至到了退休年齡的蔣夢麟，在臺灣搖身一變，成了土地專家、人口專家。他先協助陳誠推動「耕者有其田」政策，接著又將土地問題和人口問題聯繫上，開始甘冒大不諱，在臺灣社會推動節育，強烈主張控制人口成長。

五〇年代，臺灣經濟相對單純，以農業生產為主，不只「農復會」是實質的農業主管機關，而且美國的資源與影響讓「農復會」具備有不完全受行政院指令的半獨立單位性質，蔣夢麟也因而成為行政院經濟委員會的必然委員，還曾經兼任石門水庫建設委員會的主任委員。

蔣夢麟正式成為政府中舉足輕重的要角，卻未曾在臺灣的教育政策或執行上有過影響。然而這個階段中，他並沒有遺忘自己更廣泛的知識身分，除了完成《西潮‧新潮》中文版外，持續關注中西文化比較問題。一九五三年，他發表了〈本國文化與外來文化的接龍〉系列文章；一九五七年寫了〈孔子學說與中國文化〉、〈基督教與中國文化〉等；去世前兩年，一九六二年，還重新整理出版了〈過渡時代之思想與教育〉。

一九六四年六月十九日，蔣夢麟病逝於臺北榮總，生前最後一次重要的活動，是主持第三十三屆「中華教育文化基金會」的董事會年會，在中美合作的事務上堅持參與到生命的最後。

第一輯

回憶錄——

《西潮》、《新潮》（選錄）

提要

蔣夢麟一生最重要的著作，當然是《西潮》及其續篇《新潮》。書名取為《西潮》反映了這本書寫作時的讀者設定——用英文撰寫，針對西方而非中國讀者，因而以西方文明如何衝擊現代中國為主軸，來整理、呈現蔣夢麟自己的人生經驗。

蔣夢麟自己描述，《西潮》「有點像自傳，有點像回憶錄，也有點像中國近代史」，其實還不只如此，應該再加上「文化論」的性質與內容，而且「文化論」——關於中國文化的定性討論、關於中西文化的異同比較——設定了整本書的基調。書最後幾章離開了蔣夢麟自身的回憶，集中討論中國文化問題；在前幾章中，蔣夢麟也都刻意挑選、凸顯自己生命中接觸、吸收西方事物的部分。

他強調：「一個中國學生如果要了解西方文明，也只能根據他對本國文化的了解。他對本國的文化的了解愈深，對西方文化的了解愈易。根據這種推理能夠吸收、消化西洋思想，完全是這些苦功的結果。」他明顯自豪於年輕時下過這樣的苦功，並將這番苦功的經驗，當成是《西潮》中向西方讀者呈現的主要內容。

《西潮》設定的時間背景，比蔣夢麟的人生長一些，從一八四二年香港割讓到一九四一年珍珠港事變，剛好是一世紀。所以《西潮》也可以有幫助外國讀者了解中國近代史梗概的作用。寫《西潮》時蔣夢麟無法準確預見未來，不過他應該隱約感受到自己的人生走完了一個重要階段，所以才如此慎重其事留存紀錄。在此之後他離開了教育事業，轉而投身在農村建設與土地改革上。這部分的經驗，他寫在後續的《新潮》書中。

《西潮》與《新潮》先以英文寫成，再由蔣夢麟自己翻譯、改寫為中文，因而有了特殊的文字風格，一種帶有幽微異國腔調的白話文。白話文很流暢，中間有著對外國讀者解說而有的體貼囉嗦，又有著不完全屬於中文的句意連結，出版之後，在臺灣的年輕讀者圈曾有過巨大的影響力，為他們示範、開展了不同的中文樣貌可能性。

《西潮》、《新潮》另有時代的轉折印記，代表了「民國」的文化承續。《西潮》寫的主要是蔣夢麟到一九四一年前的人生，不過這本書有了中文本，對中文讀者產生影響，卻是在臺灣之後的事了。等於是民國前期的記憶，隨蔣夢麟而進入了民國後期的環境中，彼此連結呼應。

滿清末年

一、鄉村生活

我出生在一個小村莊裡的小康之家。兄弟姊妹五人，我是最小的一個，三位哥哥，一位姊姊。我出生的前夕，我父親夢到一隻熊到家裡來，據說那是生男孩的徵兆。第二天，這個吉兆應驗了，託庇祖先在天之靈，我們家又添了一個兒子。

我大哥出生時，父親曾經夢到收到一束蘭花，因此我大哥就取名夢蘭，我二哥也以同樣的原因取名為夢桃。不用說，我自然取名為夢熊了。姊姊和三哥誕生時，父親卻沒有夢到什麼。後來在我進浙江高等學堂時，為了先前的學校裡鬧了事，夢熊這個名字入了黑名單，於是就改為夢麟了。

我出生在戰亂頻仍的時代裡。我出生的那一年，英國從中國拿走了對緬甸的宗主權；出生的前一年恰恰是中法戰爭結束的一年，中國對越南的宗主權就在那一年讓渡給法國。中國把宗主權一再割讓，正是外國列強進一步侵略中國本土的序幕，因為中國之保有屬國，完全是拿它們當緩衝地帶，而不是為了剝削他們，中國從來不干涉這些邊緣國家的內政。

這情形很像一只桔子，桔皮被剝去以後，微生物就開始往桔子內部侵蝕了。但是中國百姓卻懵然不覺，西南邊疆的戰爭隔得太遠了，它們不過是浩瀚的海洋上的一陣泡沫。鄉村裡的人更毫不關心，他們一向與外界隔絕，談狐說鬼的故事比這些軍國大事更能引起他們的興趣。但是中國的國防軍力的一部卻就是從這些對戰爭不感興趣的鄉村徵募而來的。

我慢慢懂得一點人情世故之後，我注意到村裡的人講起太平天國革命的故事時，卻比談當前國家大事起勁多了。我們鄉間呼太平軍為長毛，因為他們蓄髮不剃頭。凡聽到有變亂的事，一概稱之為長毛造反。大約在我出生的三十年前，我們村莊的一角曾經被太平軍破壞，一位木匠出身的蔣氏族長就參加過太平軍。人們說他當過長毛的，他自己也直認不諱。他告訴我們許多太平軍擄掠殺戮、煮吃人肉的故事，許多還是他自己親身參加的。我看他的雙目發出一種怪光，我父親說這是因為吃了人肉的緣故。我聽了這些恐怖的故事，常常為之毛骨悚然。這位族長說，太平軍裡每天要做禱告感謝天父天兄（上帝和耶穌）。有一天做禱告以後，想要討好一位老長毛，就說了幾句「天父夾天兄，長毛奪咸豐」一套吉利話，老長毛點頭稱許他。他抖了，就繼續念道「天下打不通，仍舊還咸豐」。「媽」的一聲，刀光一閃，從他頭上掠過。從此以後，他不敢再和老長毛開玩笑了。

這樣關於長毛的故事，大家都歡喜講，歡喜聽。但是村裡的人只有偶然才提到近年來的國際戰爭，而且漠不關心，其間還有些怪誕不經的勝利，後來想起來可憐亦又可笑。事實上，中國軍隊固然在某些戰役上有過良好的表現，結果卻總是一敗塗地的。

現代發明的鋒芒還沒有到達鄉村，因而這些鄉村也就像五百年前一樣地保守、原始、寧靜。但是鄉下人卻並不閒，農人忙著耕耘、播種、收穫；漁人得在運河裡撒網捕魚；女人得紡織縫補；商人忙著買賣；工匠忙著製作精巧的成品；讀書人則高聲朗誦，默記「四書」、「五經」，然後參加科舉。

中國有成千成萬這樣的村落，因為地形或氣候的關係，村莊大小和生活習慣可能稍有不同，但是使他們聚居一起的傳統、家族關係和行業卻大致相同。共同的文字，共同的生活理想，共同的文化和共同的科舉制度，則使整個國家結為一體而成為大家所知道的中華帝國（我們現在稱中華民國，在辛亥革命以前，歐美人稱我們為中華帝國）。

以上所說的那些成千成萬的村莊，加上大城市和商業中心，使全國所需要的糧食、貨品、學人、士兵，以及政府的大小官吏供應無缺。只要這些村鎮城市不接觸現代文明，中國就可以一直原封不動，如果中國能在通商口岸四周築起高牆，中國也可能再經幾百年而一成不變。但是西洋潮流卻不肯限於幾個通商口岸裡，這潮流先衝擊著附近的地區，然後循著河道和公路向外伸展。五個商埠附近的，以及交通線附近的村鎮首先被沖倒。現代文明像是移植過來的樹木，很快地就在肥沃的中國土壤上發榮滋長，在短短五十年之內就深入中國內地了。

蔣村是散布在錢塘江沿岸沖積平原上的許多村莊之一，村與村之間常是綿延一兩里的繁茂的稻田，錢塘江以風景優美聞名於世，上游有富春江的景色，江口有著名的錢塘江大潮。幾百年來，江水沿岸積留下肥沃的泥土，使兩岸逐步向杭州灣擴伸。居民就在江邊新生地上築起臨時的圍堤截留海水曬鹽，每年的鹽產量相當可觀，足以供應幾百萬人的需要。

經過若干年代以後，江岸再度向前伸展，原來曬鹽的地方鹽分漸漸消失淨盡，於是居民就在離江相當遠的地方築起堤防，保護漸趨乾燥的土地，準備在上面蓄草放牧。再過一段長時期以後，這塊土地上面就可以植棉或種桑了。要把這種土地改為稻田，也許要再過五十年，因為種稻需要大量的水，而挖池塘築圳渠來灌溉稻田是需要相當時間的，同時土地本身也需要相當時間才能慢慢變為沃土。

我童年時代的蔣村，離杭州灣約有二十里之遙。圍繞著它的還有無數的村莊，大大小小，四面八方都有，往南一直到山麓，往北到海邊，往東往西則有較大的城鎮和都市，中間有旱道或河汊相通。蔣氏族譜告訴我們，我們的祖先是從徽州遷到奉化暫駐，又從奉化遷到餘姚。徽州是錢塘江的發源地，我的祖先到餘姚來，可能就是為了開墾江邊新生地。在我幼年時，我們蔣氏家廟的前面還有古堤岸的遺跡，那家廟叫做「四勿祠」，奉祠宋朝當過御史的一位祖先，他是奉化人，名叫蔣峴。然而一般人卻慣叫「陡塘廟」，因為幾百年前廟前橫著一條堤塘。

讀者或許要問：什麼叫「四勿」呢？那就是《論語》裡的非禮勿視，非禮勿聽，非禮勿言，非禮勿動四句話。我們玩具店裡所看到的三隻猴子分別蒙起眼睛、耳朵和嘴巴，就是指的這回事。至於為什麼沒有第四隻猴子，因為那三隻猴子坐著不動，就可以代表了。但是我們那位御史公卻把這四勿改為勿欺心，勿負主，勿求田，勿問舍，人稱之為四勿先生。這些自古流傳下來的處世格言是很多的。我們利用一切可能的方法，諸如寺廟、戲院、家庭、玩具、格言、學校、歷史、故事等等，來灌輸道德觀念，使這些觀念成為日常生活中的習慣。以道德規範約束人民生活，是中國社會得以穩定的理由之一。

幾千年以來，中國的人口從北方漸漸擴展到南方，先到長江流域，繼至珠江流域，最後到了西南山區。中華民族一再南遷的理由很多，南方土地肥沃、塞外好戰部落入侵，以及人口的自然繁殖都有關係，且從宋朝以後，黃河一再氾濫，更使人們想念江南樂土。我的祖先在早期就由北而南，由南而東，最後終於在杭州灣沿岸定居下來。

蔣姓的始祖是三千多年前受封的一位公子王孫，他的名字叫做百齡，是代周成王攝政的周公的第三個兒子。他在紀元前十二世紀末期被封在黃河流域下游的一塊小地方，他的封地叫做「蔣」，他的子孫也就以蔣為氏了。蔣是茭白古名，那塊封地之所以定名為蔣，可能是那一帶地方茭白生長特別繁茂的緣故。

在三國時代，也就是公元第三世紀，我們的一位祖先曾在歷史上露了臉。他的名字叫蔣琬，住在長江流域南部的湘鄉，從蜀先主入蜀，諸葛亮稱他是社稷之才，這證明住在長江以南的蔣姓子孫在第三世紀以前就從黃河流域南遷了。從我們的始祖起到現在，所有嫡系子孫的名字，在我們的族譜上都有紀錄可考。至於確實到什麼程度，我卻不敢說，因為他們的生平事蹟很少有人知道，考證起來是很困難的。但相傳江南無二蔣，所以我們至少可以說一句：住在長江以南所有姓蔣的都是同宗同支的。究竟可以正確地追溯到多遠，我們可不知道了。不過我們確切知道：住在浙江省境的蔣姓子弟，都在徽州找到了共同的宗脈。

我在宗譜中從遷餘姚的始祖傳到我為第十七世。蔣姓首先定居在我們村裡的是五百多年前來的，那是元朝末年的事。這五百多年之中，兩個朝代是外來民族建立的，一個是漢族自己的王朝，蔣姓一族曾經看到元朝的沒落，明朝和滿清的興衰，以及幾乎推翻滿清的太平天國。朝代更換了，蔣村卻依然故我，人們還是照常地過活、做工，最後入土長眠。

太平軍到了村子裡，村中曾經有幾所房子焚毀，留在村子裡的老弱有被活活燒死的，有一處大門口殘存的石階上留有紅斑，據傳說是某位老太婆在此燒死時所流的血。大多數的老百姓都逃到山裡躲起來，但是戰事一平定，大家又像蜜蜂回巢一樣回到村裡。在我童年時代，村裡還可以看到兵燹以後留下的殘垣斷瓦。

村裡的人告訴我，滿洲人推翻明朝的消息，一直到新朝廷的聖旨到了村裡時，大家才知道。清帝聖旨到達村裡時，鄰村還正在演社戲呢。改朝換代以後，族人生活上的惟一改變是強迫留辮子，同時聖旨嚴禁男人再穿明朝式樣的衣服。大家敢怒不敢言，但是死後入殮時，男人還是穿明朝衣冠。因此我們族中流行著一句話「男投（降）女不投，活投死不投」。就是說男人投降，女人卻不投降；

活人投降，死人卻不投降。一些人一直維持這個辦法到一九一一年清家覆亡民國建立為止，中間經過兩百五十年之久。

我們村上只有六十來戶人家，人口約三百人，是個很小的村莊。它的三面環繞著河汊，南面是一條石板路，通往鄰近的村莊和城鎮。小河汊可以通到大河，再由大河可以到達杭州、蘇州和上海等大城市。

蔣村雖然小，水陸交通卻很便利。河汊上隨處是石橋，河的兩岸則滿是綠柳垂楊。河中盛產魚、蝦、鱔、鰻、龜、鱉。柳蔭之下，常有人悠閒地在垂釣。耕牛慢慢地踱著方步，繞著轉動牛車，把河水汲到水槽再送到田裡。冬天是連阡穿陌的麥穗，夏天是一片稻海，使人生四季長青之感。麥穗和稻穗隨著微風的吹拂，漾起一片漣漪，燕子就在綠波之上的藍空中穿梭翱翔。老鷹忽高忽低地繞村盤旋著，乘老母雞不備的時候就俯衝而下，攫起小雞。

這就是我童年時代的背景，也是我家族的環境。他們安定地在那裡生活了五百多年。他們很少碰到水災或旱災，在這漫長的幾百年中也不過遇上一兩次的變亂和戰爭。他們和平而滿足地生活在他們自己的世界裡，貧富之間也沒有太大的差別。富饒的稻穀、棉花、蠶絲、魚蝦、雞鴨、蔬菜使人民豐衣足食。

幾百年來，不論朝代如何更換，不論是人平盛世或戰禍頻仍，中國鄉村裡的道德、信仰和風俗習慣卻始終不變。鄉下人覺得這個世界已經很不錯，不必再求進步。生命本身也許很短暫，但是投胎轉世時可能有更大的幸福。人死以後，據說靈魂就離開肉體，轉投到初生的嬰兒身上。我自己就親眼看到過綁赴刑場處決的罪犯，對圍觀的群眾高喊：「十八年之後又是一條好漢！」這是何等的達觀！

我們村子裡的人說：一個壞人或作孽多端的人，死後要轉世為窮人，或者變馬變豬，甚至靈魂支離割裂，變為蚊蠅小蟲。好人善士的靈魂轉世時則可以享更高的福祿。這些都是隨佛教而來的印度傳說而被中國道教所採用的，佛教本身倒不大理會這些事。

善惡當然有公認的標準。「萬惡淫為首，百善孝為先」。孝道使中國家庭制度維繫不墮，貞操則使中國種族保持純淨。敬老憐貧，忠信篤敬也被認為善行。重利盤剝，奸詐謊騙則列為罪行。斥責惡行時常罵人來生變豬變犬。

商業往來上講究一諾千金，一般而論，大家都忠實可靠，欺詐的人必然要受親朋戚友一致的唾棄。婚姻是由媒妁之言、父母之命決定的。通例是男子二十而娶，女子十八而嫁。妻子死了，丈夫大概都要續弦，中上之家的女人如果死了丈夫，卻照例要守寡。守寡的可憐人算是最貞節的，死後皇帝還要給她們建貞節牌坊。這種牌坊在鄉間到處可以看見的。

村裡的事全由族長來處理，不待外界的干涉，祠堂就是衙門。「族長」不一定是老頭子，也可能是代表族中輩分最高一代的年輕人。族長們有責任監督敬先祭祖的禮儀遵奉不渝，族人中起了爭執時，他們還須負責加以評斷。沒有經過族長評理以前，任何人不許打官司。族長升堂審判叫做「開祠堂門」，全村的人都可以來參觀。祖宗牌位前面點起香燭，使得每個人都覺得祖先在天之靈就在冥冥之中監視似的，在祖先的面前，當事的兩造不能有半句謊話。一般而論，說老實話的居多。

仲裁者力求做得公平。自然，村中的輿論也是重要的因素，還有鄰村的輿論也得考慮。族長們如果評斷不公，就會玷汙祠堂的名譽。因此，爭執多半在祠堂裡得到公平的解決，大家用不到上衙門打官司。

實際上真需要「開祠堂門」來解決的事情並不多，因大家認為「開祠堂門」是件大事，只有特別嚴重的案子才需要這樣做。一般的糾紛只是在祠堂前評個理就解決了。

讀書人和紳士在地方上的權威很大。他們參加排難解紛，也參加制定村裡的規矩，他們還與鄰村的士紳成立組織，共同解決糾紛，照顧鄰近村莊的共同福利。

田賦由地主送到離村約二十里的縣庫去，糧吏從來不必到村裡來。老百姓根本不理會官府的存在，這就是所謂「天高皇帝遠」。

除了崇拜祖先之外，大家要信什麼就信什麼。上佛寺、拜神仙、供關公、祭土地，悉聽尊便。沒有宗教限制，也沒有宗教迫害。你信你的神，我拜我的佛，各不相涉，並且還有把各式各樣的神拼在一起大家來拜，這就是通常所稱的「道教」。如果基督徒肯讓基督與中國神祇並供在中國廟宇裡，我相信村裡人一定會像崇拜其他神佛一樣虔敬地崇拜基督。

一般老百姓都是很老實的，人家說什麼，他們就相信。迷信就是在這種背景下產生的，而且像滾雪球一樣愈滾愈大，幾百年積聚下來的迷信，當然是非常可觀了。

我提到過村裡的人相信靈魂輪迴之說，這似乎與散鬼遊魂之說是互相矛盾的。不過，凡關於鬼神的事，我們本來是不甚深究的，幾種矛盾的說法可以同時平行。據說靈魂與鬼是兩回事，靈魂轉入輪迴，鬼則飄遊宇宙之間。偉人聖哲的鬼就成了神，永遠存在於冥冥之中，凡夫俗子的鬼則逐漸飄散消逝，最後化為烏有。鬼能夠隨心所欲，隨時隨地出現。它可以住在祠堂裡，也可住在墳墓裡，高興怎麼樣就怎麼樣。我國不惜巨資建造富麗堂皇的墳墓和宮殿式的祠堂，大概和這些信仰不是沒有關係的。這種鬼話各地皆有，雖各有不同，但大體是一致的。

中國人對一切事物的看法都不脫人本位的色彩。如果鬼神與活人之間毫無關係或毫無接觸，那末大家就不會覺得鬼神有什麼用處，或許根本就不會相信它們真的存在。寺廟祠堂裡固然有神佛的塑像，也有祖宗的靈牌，但是這些偶像或木主雖然令人望之生畏，卻不能走出神龕直接與生人交談，除非在夢中出現。人們需要更具體更實際的表現，因此就有了巫婆、扶乩和解夢。

如果一個人懷念作古了的朋友或者去世的親戚，他可以請一位巫婆把鬼魂召了來。當巫婆的多半是遠地來的女人。被召的鬼魂來時，巫婆的耳朵就會連續抽搐三次。普通人是不能控制耳朵的脫肉的，巫婆的耳朵能夠自己動，使得大家相信她的確有鬼神附體。她說話時，壓著喉嚨像貓叫，因此她講的話可以由聽的人隨意附會。如果巫婆在談話中摸清了對方的心思，她的話也就說得更清楚點，往往使聽的人心悅誠服。

真也好，假也好，這辦法至少使活著的親戚朋友心裡得點安慰。五十年前，我自己就曾經透過巫婆與我故世的母親談過話，那種驚心動魄的經驗至今還不能忘記。

扶乩可比較高級了，扶乩的人多半是有知識的。兩個人分執一根橫木條的兩端，木條的中央接著一根木棒，木棒就在沙盤裡寫字。神佛或者名人的鬼魂可以被請降壇，寫字賜教。扶乩可以預言未來，可以預言來年的收成，也可以預告饑荒，甚至和平或戰亂，幾乎什麼問題都可以問。完全不會作詩的也能寫出詩來，寫的人也能寫出素昧平生的人的名字。懂一點心理學的人大概都能解釋，這是一種潛意識的作用。但是有好幾位外國留學的博士學士，到如今還是相信扶乩。有一位哈佛大學畢業生，於抗戰期間任鹽務某要職。扶乩報告預言，推測戰局，終被政府革職。

巫婆只能召致去世的親戚朋友的鬼魂，扶乩卻能召喚神佛。在做夢時，鬼魂和神佛都能自動地來託夢。我聽過許多關於做夢應驗的事，但是多半不記得了。我記得一個圓夢的例子是這樣的：我的一位曾叔祖到杭州去應鄉試，俗稱考舉人，他在考棚裡夢到一隻碩大無比的手伸進窗子。因為他從來沒有見過這樣大的手，這個夢就被解釋為他將獨占鰲頭的徵兆。放榜時我的曾叔祖居然中試第一名，俗稱解元。

神佛、死去的親戚朋友或者精靈鬼怪可能由託夢提出希望、請求或者警告。一位死了的母親可能要求她兒子給她修葺墳墓，死了的父親可能向兒子討紙錢。死人下葬時總要燒點紙錢，以備陰間使用。

我們村裡發生過一件事，好幾年以後，大家談起來還是娓娓不倦。一位叫阿義的青年農夫預備用船載穀子進城去。那天早上，他坐在家裡發呆，人家問他為什麼，他說前一晚他死去的母親託夢，警告他不要走近水邊。他的游泳技術很高明，他猜不透這個夢究竟是什麼意思。

黃昏時，他安然划著船回到家，用竹篙把船攏了岸。他對站在岸上的朋友開玩笑，說他自己的危險總算過去了，說罷哈哈大笑。突然間他足下一滑就跌進河裡去了。掙扎了一陣，他就沉入水底。朋友們趕緊潛水去救，但是到處找不到。半小時以後他被拖上來了，但是已經手足冰冷，一命嗚呼。原來他跌入河中以後，手足就被水邊的一棵陳年老柳的盤根纏住了。

大家說他是被水鬼抓下去的，或許那是一隻以柳樹根作窩的水猴子。好幾個游泳技術很好的人都在那個地方淹死。村裡的人常常看到那個「水鬼」在月光下坐在附近的橋上賞月，它一看到有人走近就撲通一聲鑽到水裡去。

各式各樣無法解釋的現象都使迷信的雪球愈滾愈大，錯覺、幻象、夢魘、想像、巧合、謠言都是因素。時間更使迷信愈積愈多。

村中的醫藥當然也很原始。我們得走好幾里路才能在大鎮裡找到草藥醫生，俗稱「草頭郎中」。對於通常的病痛或者某些特殊的病症，中國藥是很有效的，但是對於許多嚴重的病症，舊藥不但無效而且危險。

我自己曾經兩次病得奄奄一息，結果卻都給草藥救起了。有一次病了好幾個月，瘦得只剩皮包骨，結果是一位專精兒科的草藥醫生救了我的命。另一次我染了白喉，請了一位中國的喉科專家來醫治。他用一根細針在我喉頭附近刺了一遍，然後敷上一些白粉。我不知道那是什麼東西，只覺得喉頭涼爽舒服，很像抽過一支薄荷煙的感覺。

喉頭是舒服一點了，病狀卻起了變化。我的扁桃腺腫得像鵝蛋那麼大，兩頰鼓起像氣球，我甚至連流質的食物都無法下嚥。鼻子一直出血不止，最後連呼吸也感到困難了。正在奄奄一息的時候，我父親認為只有「死馬當作活馬醫」了。於是他就在古老的醫書裡翻尋祕方，結果真地找到一劑主治類似症候的方子。我吃了好幾服重藥，頭一劑藥就發生驗效，一兩個小時之後，病勢居然大有起色。第二天早晨我的扁桃腺腫消了許多，個把星期以後飲食也恢復正常。

我曾經親眼目睹跌斷的腿用老法子治好，傷風咳嗽、風濕和眼睛紅腫被草藥治好的例子更是多不勝舉。

中醫很早以前就發現可以從人體採取一種預防天花的「痘苗」，他們用一種草藥塞到病嬰的鼻孔裡，再把這種草藥塞到正常兒童的鼻孔裡時，就可以引起一種比較溫和的病症。這樣「種了痘」的孩子自然不免有死亡，因此我父親寧願讓孩子按現代方法種牛痘。我們兄弟姊妹以及許多親戚的子弟都用現代方法種痘，而且從來沒有出過毛病。

我們村子裡的人不知道怎樣治療痢疾，我們只好聽它自生自滅地流行幾個禮拜，甚至好幾個月。我們村子附近總算沒有發現惡性痢疾，患了病的人雖然傷了元氣，倒還沒有人因此致命。後來傳教士和商人從上海帶來奎寧粉，叫做金雞納霜，吃了很有效，於是大家才發現了西藥的妙用。

村裡有些相信神力可以治病。他們到寺廟裡焚香祝禱，然後在香爐裡取了一撮香灰作為治療百病的萬應靈丹。這是一種心理治療，在心理學應用得上的時候，也的確能醫好一些病。

我家的花園裡，每月有每月當令的花，陰曆正月是茶花，二月是杏花，三月桃花，四月薔薇，五月石榴，六月荷花，七月鳳仙，八月桂花，九月菊花，十月芙蓉，十一月水仙，十二月臘梅，每種花都有特定的花仙做代表。

最受歡迎的季節花是春天的桃花、夏天的荷花、秋天的桂花和菊花。季節到來時，村裡人就成群結隊出來賞花。

過年過節時，無論男女老幼都可以高興一陣子。最重要的年節，通常從十二月二十三日開始。灶神就在這一天上天報告這一家一年來的家庭瑣事。

中國人都相信多神主義的，在道教裡，眾神之主是玉皇大帝。據說玉皇大帝也有公卿大臣和州官吏卒，和中國的皇帝完全一樣。玉皇大帝派灶神監視家庭事務，因此灶神必須在年終歲尾提出報告。灶神是吃素的，因此在他啟程上天時，大家就預備素齋來祭送。灶神對好事壞事都要報告，因此大家一年到頭都得謹言慎行。送灶神和迎灶神時都要設家宴燒紙錢、放鞭炮。

除夕時，家家都大雞大肉地慶祝，叫做吃年夜飯。吃年夜飯時，家庭的每一個分子都得參加，如果有人遠行未歸，也得留個空坐位給他。紅燭高燒到天明，多數的大人還得「守歲」，要坐到子夜以後才睡。第二天早晨，也就是正月初一早晨，一家人都參加拜天地。祭拜時自然又免不了點香燭、焚紙錢和放鞭炮。

新年的慶祝節目之一是燈節，從正月十三開始，一直到正月十八，十八以後年節也就算結束了。燈節時家家戶戶和大街小巷到處張燈結彩，花燈的式樣很多，馬、兔、蝴蝶、蜻蜓、螳螂、蟬、蓮花，應有盡有。我們常常到大城市去看迎燈賽會，街上總是人山人海。

五月裡的端午節和八月裡的中秋節也是重要的節日。端午節有龍舟比賽，慶祝中秋節卻比較安靜，也比較富於詩意——吃過晚飯後我們就在月色下散步，欣賞團圞滿月中的玉兔在月桂下搗藥。迎神賽會很普遍，普通有好幾百人參加，沿途圍觀的則有幾千人。這些場合通常總帶點宗教色彩，有時是一位神佛出巡各村莊。神像坐在一乘木雕的裝飾華麗的轎子裡，前面由旌旗華蓋、猛龍怪獸、吹鼓手、踩高蹺的人等等開道前導。

迎神行列經過時，耍獅舞龍就在各村的廣場上舉行。踩高蹺的人，在街頭扮演戲劇中的各種角色。一面一面繡著龍虎獅子的巨幅的旗幟，由十來個人扛著遊行，前前後後則由繩索圍起來。這樣的行列在曠野的大路上移動時，看來真好威風呀！這種舉大旗遊行的起源，據說是明代倭寇入侵時老百姓以此向他們示威的。

碰到過年過節，或者慶祝神佛生日，或者其他重要時節，活動的戲班子就到村莊上來表演。戲通常在下午三點鐘左右開始，一直演到第二天早晨，中間有一段休息的時間，以便大家吃晚飯。開演時總是鑼鼓喧天，告訴大家戲正在開始。演的戲多半是根據歷史故事編的，人民也就從戲裡學習歷史。每一齣戲都包括一點道德上的教訓，因此演戲可以同時達到三重目的：教授歷史、灌輸道德、供給娛樂。

女角是由男人扮演的，這是和莎士比亞時代的英國一樣。演員塗抹形形色色的臉譜來象徵忠奸善惡。白鼻子代表奸詐、狡猾、卑鄙或小丑，在日常生活中我們也常常指這一類人為白鼻子。紅臉代表正直、忠耿等等，但是紅臉的人心地總是很厚道的。黑臉象徵鐵面無私。這種象徵性的臉譜一直到現在還被各地國劇所採用。

這就是我的童年的環境。這種環境已經很快地成為歷史陳跡。這個轉變首由外國品的輸入啟其端，繼由西方思想和兵艦的入侵加速其進程；終將由現代的科學、發明和工業化，完畢其全程。

二、童年教育

在我的童年時代，沒有學校，只有家塾。男孩子在家塾裡準備功課應付科舉，或者學點實用的知識以便經商，女孩子不能和男孩子一道上學，要讀書就得另請先生，窮苦人家的子弟請不起先生，因此也就注定了當文盲的命運。

一位先生通常教數十位學生，都是分別教授的。家塾裡沒有黑板，也不分班級。先生從清晨到薄暮都端端正正地坐在那裡，學生們自然也就不敢亂蹦亂跳。那時候時鐘是很難見到的，家塾裡當然沒有鐘。冬天白晝比較短，天黑後我們就點起菜油燈，在昏暗的燈光下念書。時間是靠日晷來計算的，碰到陰天或下雨，那就只好亂猜了。猜錯一兩個小時是常事，好在書是個別教授的，猜錯個把鐘頭也無所謂。

我在六歲時進家塾，一般小孩差不多都在這個年歲「啟蒙」的。事實上我那時才五歲零一個月的樣子，因為照我家鄉的算法，一個人一生下來就算一歲了。家塾裡的書桌太高，我的椅子下面必須墊上一個木架子之後我才夠得上書桌，因此我坐到椅子上時，兩隻腳總是懸空的。

我最先念的書叫《三字經》，每句三個字，而且是押韻的，因此小孩子記起來比較容易。事隔六十多年，我現在還能背出一大半。開頭幾句是：「人之初，性本善。性相近，習相遠。苟不教，性乃遷。」性善論是儒家人生哲學和教育原理的出發點，這種看法曾對十八世紀的大光明時代的法國學派產生過重大的影響。

雖然我現在已經懂得什麼叫「性本善」，在當時卻真莫名其妙。

我恨透了家塾裡的生活。有一天，我乘先生不注意我的時候，偷偷地爬下椅子，像一隻掙脫鎖鏈的小狗，一溜煙逃回家中，躲到母親的懷裡。

母親自然很感意外，但是她只是很慈祥地問我：「你怎麼跑回家來了，孩子？」

我答道：「家塾不好，先生不好，書本不好。」

「你不怕先生嗎？他也許會到家裡來找你呢！」母親笑著說。
「先生，我要殺了他！家塾，我要放把火燒了它！」我急著說。
母親並沒有把我送回家塾，那位先生也沒有找上門來。
第二天早上，奶媽喊醒了我，對我說了許多好話，總算把我勸回家塾。從童年時代起我就吃軟不吃硬，好好勸我，要我幹什麼都行，高壓手段可沒有用。經過奶媽一陣委婉的勸諫，我終於自動地重新去上學了。
我帶著一張自備的竹椅子，家裡一位傭人跟著我到了家塾，把竹椅子放到木架上，使我剛好夠得著書桌。先生沒有出聲，裝作不知道我曾經逃過學。但是我注意到好幾位同學對著我裝鬼臉。我討厭他們，但是裝作沒有看見。我爬上椅子坐在那裡，兩隻腳卻懸空掛著，沒有休息的地方。我的課也上了，書卻仍舊是那本《三字經》。我高聲朗誦著不知所云的課文，一遍又一遍地念得爛熟。等到太陽不偏不倚地照到我們的頭上時，我們知道那是正午了。先生讓我們回家吃午飯，吃過飯我馬上回到家塾繼續念那課同樣的書，一直到日落西山才散學。
一日又一日地過去，課程卻一成不變。一本書念完了之後，接著又是一本不知所云的書。接受訓練只是記憶力和耐心。
念書時先生要我們做到「三到」，那就是心到、眼到、口到。所謂心到就是注意力集中，不但讀書如此，做任何事情都得如此。眼到對學習中國文字特別重要，因為中國字的筆劃錯綜複雜，稍一不慎就可能讀別字。所謂口到就是把一段書高聲朗誦幾百遍，使得句子脫口而出，這樣可以減輕記憶力的負擔。先生警告我們，念書不能取巧強記，因為勉強記住的字句很容易忘記。如果我們背書時有些疙瘩，先生就會要我們一遍又一遍地再念，甚至念上一兩百遍。碰上先生心情不好，腦袋上就會吃栗子。天黑放學時，常常有些學生頭皮上帶著幾個大疙瘩回家。

不管學生願意不願意，他們必須守規矩，而且要絕對服從。我們根本不知道什麼叫禮拜天，每逢陰曆初一、十五，我們就有半天假。碰到節慶，倒也全天放假，例如端午節和中秋節。新年的假期比較長，從十二月二十一到正月二十。

在家塾裡念了幾年之後，我漸漸長大了，也記得不少的字。這時先生才開始把課文的意思解釋給我聽，因此念起書來也不再像以前那樣吃力了。從「四書」、「五經」裡，我開始慢慢了解像人的道理。按照儒家的理想，做人要先從修身著手，其次齊家，然後治國、平天下，其中深義到後來我才完全體會。

在最初幾年，家塾生活對我而言簡直像監獄，惟一的區別是：真正監獄裡的犯人沒有希望，而家塾裡的學生們都有著前程無限的憧憬。所有的學者名流、達官貴人不是都經過寒窗苦讀的煎熬嗎？

吃得苦中苦，方為人上人。
天子重英豪，文章教爾曹。

萬般皆下品，惟有讀書高。
別人懷寶劍，我有筆如刀。

這些成語驅策著我向學問之途邁進，正如初春空氣中的芳香吸引著一匹慵懶的馬兒步向碧綠的草原，否則我恐怕早已丟下書本跑到上海做生意去了。理想、希望和意志可說是決定一生榮枯的最重要的因素。教育如果不能啟發一個人的理想、希望和意志，單單強調學生的興趣，那是捨本逐末的辦法。只有以啟發理想為主，培養興趣為輔時，興趣才能成為教育上的一個重要因素。

在老式私塾裡死背古書似乎乏味又愚蠢，但是背古書倒也有背古書的好處。一個人到了成年時，常常可以從背得的古書裡找到立身處世的南針。在一個安定的社會裡，一切守舊成風，行為的準則也很少變化。因此我覺得我國的老式教學方法似乎已足以應付當時的實際需要。自然，像我家鄉的那個私塾當然是個極端的例子，那只有給小孩子添些無謂的苦難。我怕許多很有前途的孩子，在未發現學問的重要以前就給嚇跑了。

在我的家塾裡，課程裡根本沒有運動或體育這個項目。小孩子們不許拔步飛跑，他們必須保持「體統」一步一步慢慢地走。吃過中飯以後，我們得馬上練字。我們簡直被磨得毫無朝氣。

話雖如此，小孩子還是能夠自行設法來滿足他們嬉戲的本能。如果先生不在，家塾可就是我們的天下了。有時候我們把書桌搬在一起，拼成一個戲臺在上面演戲，椅子板凳就成了舞臺上的道具。

有時候我們就玩捉迷藏。有一次，我被蒙上眼睛當瞎子，剛巧先生回來了，其餘的孩子都偷偷地溜了，我輕而易舉地就抓到一個人——我的先生。當我發現闖了禍時，我簡直嚇昏了。到現在想起這件事尚有餘悸。

春天來時，放了學後我們就去放風箏，風箏都是我們自己做的。風箏的形式不一，有的像蜈蚣，有的像蝴蝶。夜晚時，我們把一串燈籠隨著風箏送到天空，燈籠的數目通常是五個、七個或九個。比較小的孩子就玩小風箏，式樣通常是蜻蜓、燕子，或老鷹。「燕子」風箏設計得最妙，通常是成對的，一根細竹片的兩端各紮一隻「燕子」，然後把竹片擺平在風箏繩子上。送上天空以後，一對對的「燕子」隨風擺動，活像比翼雙飛的真燕子。有一次，我還看到好幾隻真的燕子在一隻「燕子」風箏附近盤旋，大概是在找伴兒。

滿天星斗的夏夜，村子裡的小孩子們就捉螢火蟲玩兒，有些小孩子則寧願聽大人們講故事。講故事的大人手中總是搖著一柄大蒲扇，一方面為了驅暑，一方面也是為了驅逐糾纏不清的蚊子。口中銜著旱煙桿，旁邊放著小茶壺，慢條斯理地敘述歷史人物的故事，改朝換代的情形，以及村中的掌故。

大人告訴我們，大約二百五十年前，清兵入關推翻了明朝，盜賊蜂起，天下大亂，但是我們村中卻安謐如恆。後來聖旨到了村裡，命令所有的男人按照滿洲韃子的髮式，剃去頭頂前面的頭髮，而在後腦勺上留起辮子。男人聽了如同晴天霹靂，女人們則急得哭了。剃頭匠奉派到村子裡強制執行，他們是奉旨行事，如果有人抗旨不肯剃頭，就有殺頭的危險。留頭究竟比留髮重要，二者既然不可得兼，大家也就只好乖乖地伸出脖子，任由剃頭匠剃髮編辮了。當然，後來大家看慣了，也就覺得無所謂，但是初剃髮留辮子的時候，那樣子看起來一定是很滑稽的。

從這位講故事的長者口中，我們總算學到了一點歷史，那是在家塾中學不到的。此外，我們還得到一點關於人類學的傳說。故事是這樣的：

幾萬年以前，我們的祖先也像猴子一樣長著尾巴，那時的人可說介於人與猿猴之間。人猿年歲長大以後，他的尾巴就漸漸變為黃色。人猿的尾巴共有十節，十節中如有九節變黃，他就知道自己快要死了。於是他就爬到窯洞裡面深居簡出，結果就死在窯洞裡。再經過幾千年以後，人的尾巴掉了，所以現在的人都沒有尾巴，但是尾巴的痕跡仍舊存在。不信，你可以順著背脊骨往下摸，尾巴根兒還是可以摸得到的。

下面是一則關於技擊的故事：

一位學徒在一家米店門前賣米。在沒有生意的時候，這位學徒就抓著米粒玩兒，他一把一把地把米抓起來，然後又一把一把地把米擲回米筐裡。有一天，一位和尚來化米，那位學徒不但沒有拿米給和尚，反而抓了幾顆米擲到和尚臉上。想不到那幾顆米竟然顆顆深陷到和尚的皮肉裡面去了。和尚似乎不生氣，反而向那位學徒深深一鞠躬，雙手合什，念了一聲「南無阿彌陀佛」就走了。

七天之後，一位拳師經過村裡，他看到米店學徒臉色蒼白，就問學徒究竟是怎麼回事。學徒把和尚化米的事說了，拳師聽了不禁搖頭歎息：「啊呀，你怎麼可得罪他呢？他是當今武林首屈一指的人物呀！他在向你鞠躬的時候，你已經受了致命的內傷，不出七七四十九天，你就活不成了！幸好我還有藥可以給你醫治，不過你要趕快躲開，永遠不要再撞上這位和尚。四十九天之後他還會再來的。趕快備口棺木，放幾塊磚頭在棺材裡，假裝你已經死了入殮待葬就是了。」四十九天之後，和尚果然又來找學徒了。人們告訴他學徒已經死了。和尚歎口氣說：「可憐，可憐！」和尚要看看棺材，大家就帶他去看，他用手指輕輕地把棺蓋從頭至尾撫摸一遍，念了一聲「南無阿彌陀佛」就走了。和尚走了之後，大家打開棺蓋一看，裡面的磚頭已經全部粉碎。

小孩們全都豎起耳朵聽這些故事，這些故事就是我們課外知識的主要來源之一。

我們家塾裡的先生，前前後後換了好幾個。其中之一是位心地仁厚然而土頭土腦的老學究。他命運多舛，屢次參加府試都沒有考上秀才，最後只好死心塌地教私塾。他的臉圓圓如滿月，身材矮胖，一副銅框眼鏡老是低低地滑到鼻梁上，兩隻眼睛就打從眼鏡上面看人。他沒有留鬚，鼻子下面卻養著一撮蓬鬆的灰色鬍子。碰上喝蛋花湯的日子，他的鬍子上常常掛著幾片黃蛋花。他的故事多得說不盡，簡直是一部活的百科全書，但是他的文才很差，我想這或許就是他屢試不中的緣故。不過人很風趣，善於笑謔。他在有些事情上非常健忘，看過朋友回家塾時，不是忘了雨傘，就是丟下扇子。老是這樣丟三落四究竟不是事，於是他就把他出門時必帶的東西開了個清單：煙管、雨傘、毛巾、扇。每當他告辭回家時，他就念一遍：「煙管、雨傘、毛巾、扇。」冬天不需要帶扇子的時候，他也照樣要按清單念到扇子。有時候他也記得根本沒有帶扇子出門，有時卻仍然到處找扇子，他的朋友和學生就在暗中竊笑。

我童年時的知識範圍可以說只局限於「四書」、「五經」以及私塾先生和村中長輩所告訴我的事。我背得出不少的古書，也記得很多的故事，因此我的童年教育可以說主要的是記憶工作。幸而我生長在鄉村，可以從大自然獲得不少的知識和啟發。有一次，我注意到生長在皂莢樹上的甲蟲頭上長著鹿角一樣的角，這些角和枝上的刺長得一模一樣。人家告訴我，這些甲蟲是樹上長出來的，因此也就和母體長得很像，不過我總覺得有點相信不過。我心裡想，如果一棵樹真能生下甲蟲，那麼甲蟲產下的卵也就應該可以作皂莢樹的種子了。甲蟲卵既然種不出皂莢樹，那末甲蟲的角和皂莢樹的刺這樣相像一定另有緣故。後來我看到一隻鳥在皂莢樹上啄蟲吃，但是這隻鳥對於身旁長著鹿角的甲蟲卻視而不見。於是我恍然大悟，原來甲蟲的角是摹擬著刺而生的，目的是保護自己以免被鳥兒啄死。

河汊的兩岸長著許多柏樹，柏子可以榨油製蠟燭，因此柏樹的土名就叫蠟燭樹。冬天裡農夫們用稻草把樹幹裹起來，春天到了，就把稻草取下燒掉。一般人相信這種辦法可以產生一種神祕的力量殺死寄生蟲。事實上這件事毫無神奇之處，只要我們在樹幹上紮上足夠的稻草，寄生蟲就只好在稻草上產卵，燒掉稻草等於毀掉蟲卵，寄生蟲也就無從繁殖了。

在我的童年時代裡，這類對自然的粗淺研究的例子很多，舉了前面的兩個例子，我想也就夠了。

由此可見我的童年教育共有三個來源。第一是在私塾裡念的古書，來自古書的知識，一方面是立身處世的指針，另一方面也成為後來研究現代社會科學的基礎。第二個知識來源是聽故事，這使我在欣賞現代的文學方面奠立了基礎。第三個來源是對自然的粗淺研究，不過在這種粗淺研究的根基上卻可以移接現代科學的幼苗。如果我生長在草木稀少的大城市裡，那我勢將失去非常重要的自然訓練的機會，我的一生也可能完全改觀。每一個小孩所具備的感受力、觀察力、好奇心和理解力等等天賦，都可能被我童年所受的全憑記憶的傳統訓練所窒息。

我得承認，我並沒有像某些同學那樣用功讀書，因為我不喜歡死記，我願意觀察、觸摸、理解。我的先生們認為這是我的不幸，我的個性上的禍根。

我喜歡玩，喜歡聽故事。我喜歡打破砂鍋問到底，使大人感到討厭。我喜歡看著稻田裡的青蛙捉蚱蜢，或者鵝鴨在河裡戲水。我欣賞新篁解籜，我的先生們認為這些癖好都是禍根。我自己也相信將來不會有出息。但是命運是不可捉摸的，我的這些禍根後來竟成為福因，而先生們認定的某些同學的福因結果都證明是禍根。那些好學生後來有的死於肺癆，有的成為書呆子，有的則在西化潮流橫掃中國時無法適應日新月異的環境而落伍了。

三、家庭影響

童年時代和青春時代的可塑性最大，因而家庭影響往往有決定性的作用。這時期中所養成的習慣，不論好壞，將來都很難根除。大致說來，我所受到的家庭影響是良好而且健全的。

我的父親是位小地主，而且是上海當地幾家錢莊的股東。祖父留給父親的遺產相當可觀，同時父親生活儉樸，因此一家人一向用不著為銀錢操心。父親為人忠厚而慷慨，蔣村的人非常敬重他，同時也受到鄰村人士的普遍崇敬。他自奉儉約，對公益事業卻很慷慨，常常大量捐款給慈善機構。

他從來沒有說過一句存心騙人的話，因此與他交往的人全部信任他的話。他相信風水和算命，同時他又相信行善積德可以感召神明，使行善者添福增壽，因此前生注定的命運也可以因善行而改變。我父親的道德人品對我的影響的確很大，我惟一的遺憾是沒有好好地學到父親的榜樣。

我的母親是位很有教養而且姿容美麗的女人。我童年時對她的印象已經有點模糊了。我記得她能夠彈七弦古琴，而且能夠撫琴幽歌。她最喜歡唱的一隻歌，叫做〈古琴引〉，詞為：「音音音，爾負心，真負心，辜負我，到如今。記得當年低低唱，千千斟，一曲值千金。如今放我枯牆陰，秋風芳草白雲深，斷橋流水無故人。淒淒切切，冷冷清清。淒淒切切，冷冷清清」。

有人說：像我母親那樣青春美貌的婦人唱這樣悲切的歌，是不吉利的。

母親彈琴的書齋，屋後長著一棵幾丈高的大樟樹。離樟樹不遠的地方種著一排竹子，這排竹子也就成為我家的籬笆。竹叢的外面圍繞著一條小河。大樟樹的樹蔭下長著一棵紫荊花和一棵香團樹，但是這兩棵樹只能在大樟樹扶疏的枝葉之間爭取些微的陽光。母親坐在客廳裡，可以諦聽小鳥的囀唱，也可以聽到魚兒戲水的聲音。太陽下山時，平射過來的陽光穿過竹叢把竹影子投映在窗簾上，隨風飄動。書齋的牆上滿是名家書畫，她的嵌著白玉的古琴則安放在長長的紅木琴几上，琴几的四足則雕著鳳凰。

她去世以後，客廳的布置一直保留了好幾年沒有變動。她的一張畫像高懸在牆的中央。但是母親已經不在了！她用過的古琴用一塊軟緞蓋著，仍舊放在紅木琴几上。我有時不禁要想像自己就是那個飲泣孤冢幽幽低訴的古琴。

我母親去世還很年輕。我看到母親穿著華麗的繡花裙襖躺在棺裡，裙襖外面罩一個長長的紅綢披風，一直蓋到足踝。披風上綴著大紅的頭兜，只有她的臉露在外面，一顆很大的珍珠襯著紅頭兜在她額頭發出閃閃的亮光。

我的繼母是位治家很能幹的主婦，待人也很和氣，但不久也去世，此後父親也就不再續弦了。

我的祖父當過上海某銀莊的經理。太平天國時（一八五一——一八六四年），祖父在上海舊城設了一個小錢攤，後來錢攤發展為小錢莊，進而成為頭等錢莊。這種錢莊是無限責任的機構，做些信用貸款的生意。墨西哥鷹洋傳到中國成為銀兩的輔幣以後，洋錢漸漸受到國人的歡迎。後來流通漸廣，假幣也跟著比例增加，但是錢莊裡的人只要在指尖上輕輕地把兩塊銀元敲敲，他們就能夠辨別哪個是真，哪個是假。我祖父的本領更使一般錢莊老闆佩服，他一眼就能看出哪個是真，哪個是假。

不幸他在盛年時傷了一條腿，後來嚴重到必須切去，祖父也就因為血液中毒離世。父親當時還只有十二歲左右，祖父給他留下了七千兩銀子，在當時說起來，這已經是一筆相當大的遺產了。父親成了無告的孤兒，就歸他未來的丈人照顧。由於投資得當，調度謹慎，這筆財產逐漸增加，三十年之後，已經合到七萬兩銀子。

從上面這一點家庭歷史裡，讀者不難想像我的家庭一定在早年就已受到西方的影響。

父親很有點發明的頭腦。他喜歡自己設計，或者畫出圖樣來，然後指示木匠、鐵匠、銅匠、農夫或篾匠按照尺寸打造。他自己設計過造房子，也實驗過養蠶、植桑、造樓（照著西方一種過時了的式樣），而且按著他的想像製造過許多別的東西。最後他想出了一個打造「輪船」的聰明辦法，但是他的「輪船」卻是不利用蒸氣的。父親為了視察業務，常常需要到上海去。他先坐槳划的木船到寧波，然後從寧波乘輪船到上海。他常說：「坐木船從蔣村到寧波要花三天兩夜，但是坐輪船從寧波到上海，路雖然遠十倍，一夜之間就到了。」因此他就畫了一個藍圖，預備建造一艘具體而微的輪船。

木匠和造船匠都被找來了。木匠奉命製造水輪，造船匠則按照我父親的計畫造船。隔了一個月，船已經造得差不多。小「輪船」下水的那一天，許多人跑來參觀，大家看了這艘新奇的「輪船」都讚不絕口。「輪船」停靠在我家附近的小河裡，父親雇了兩位彪形大漢分執木柄的兩端來推轉水輪。「輪船」慢慢開始在水中移動時，岸上圍觀的人不禁歡呼起來。不久這隻船的速度也逐漸增加。但是到了速度差不多和槳划的船相等時，水手們再怎樣出力，船的速度也不增加了。乘客們指手畫腳，巴不得能使船駛得快一點，有幾位甚至親自動手幫著轉水輪。但是這隻船似乎很頑固，始終保持原來的速度不增加。

四、西化運動

雖然新舊之爭仍在方興未艾，立憲與革命孰長孰短亦無定論，中國這時已經無可置疑地踏上西化之路了。日本對帝俄的勝利，更使中國的西化運動獲得新的鼓勵，這時聚集東京的中國留學生已近五萬人，東京已經成為新知識的中心。國內方面，政府也已經開始一連串的革新運動，教育、軍事、警政都已根據日本的藍圖採取新制度。許多人相信：經過日本同化修正的西方制度和組織，要比純粹的西洋制度更能適合中國的國情，因此他們主張通過日本接受西洋文明。但是也有一班人認為：既然我們必須接受西洋文明，何不直接向西洋學習？

我是主張直接向西方學習的，雖然許多留學日本的朋友來信辯難，我卻始終堅持自己的看法。

進南洋公學，就是想給自己打點基礎，以便到美國留學。這裡一切西洋學科的課本都是英文的，剛好合了我的心意。

南洋公學開辦時，採納了美國傳教士福開森博士[1]的許多意見。南洋公學是交通大學的前身，交通大學附近的福開森路，就是為紀念這位美國傳教士而命名的。南洋公學的預科，一切按照美國的中學學制辦理，因此南洋公學可說是升入美國大學的最好階梯。學校裡有好幾位講授現代學科的美國人。在校兩年，在英文閱讀方面已經沒有多大困難，不過講卻始終講不好。學校教的英文並不根據語音學原理，我的舌頭又太硬，始終跟不上。

課程方面分為兩類，一類是中國舊學，一類是西洋學科。我在兩方面的成績都還過得去，有一次還同時僥倖獲得兩類考試的榮譽獎。因此蒙校長召見，謬承獎勉。

校舍是根據西洋設計而建築的，主要建築的中心有一座鐘樓，數里之外就可以望見。有一排房子的前面是一個足球場，常年綠草如茵，而且打掃得很整齊。學校當局鼓勵學生玩足球和棒球，學生們對一般的運動也都很感興趣。

我生來體弱，進了南洋公學以後，開始體會到要有高深的學問，必須先有強健的體魄。除了每日的體操和輕度的運動之外，還給自己定了一套鍛鍊身體的辦法。每天早晨六點鐘光景，練習半小時的啞鈴，晚間就寢前再練一刻鐘。繼續不斷地練了三年，此後身體一直很好，而且心情也總是很

---

1 John Calvin Ferguson (1866–1945)，美國教育家，深耕中國教育，並促進中西文化交流。

愉快。

包括德、智、體三要素的斯賓塞[2]教育原則這時已經介紹到中國。為了發展德育，就溫習了「四書」，同時開始研究宋明的哲學家以及歷代中外偉人的傳記，希望借此學習他們的榜樣，碰到認為足資借鑑的言行時，就把它們摘錄在日記本上。然後仔細加以思考，試著照樣去做，同時注意其成績。這些成績也記載在日記上，以備進一步的考核。

每當發現對某些問題的中西見解非常相似，甚至完全相同時，我總有難以形容的喜悅。如果中西賢哲都持同一見解，那末照著做自然就不會錯了。當發現歧見時，就加以研究，設法找出其中的原因。這樣就不知不覺地做了一項東西道德行為標準的比較研究。這種研究工作最重要的結果是學到了如何在道德觀念中區別重要的與不重要的，以及基本的與浮面的東西。

從此以後，對於如何立身處世開始有了比較肯定、比較確切，也比較自信的見解，因為道德觀念是指導行為的準繩。

我開始了解東西方的整體性，同時也更深切地體會到宋儒陸象山所說的：「東海有聖人出焉，此心同，此理同。西海有聖人出焉，此心同，此理同」的名言。同時開始體會到紊亂中的統一，因為我發現基本道理原極有限，了解這些基本道理之間的異同矛盾正可以互相發明，互相印證，使我

2 今譯為史賓賽(Herbert Spencer, 1820–1903)，英國哲學家，提出「社會達爾文主義」，並將「適者生存」的概念運用在教育上，認為教育是為未來的生活做準備。

感到頭暈眼花的只是細微末節的紛擾而已。孟子和陸象山告訴我們，做學問要抓住要點而捨棄細節，要完全憑我們的理智辨別是非。於是我開始發展以理解為基礎的判斷能力，不再依賴傳統的信仰。這是思想上的一次大解放，像是脫下一身緊繃繃的衫褲那樣舒服而自由。

但是，理解力也不能憑空生存。想得太多，結果除失望外一無成就，這就是犯了孔子所說的「思而不學」的毛病。當然，導向正確思想的途徑還是從思想本身開始，然後從經驗中學習如何思想。你不可能教導一個根本不用腦筋的人如何去思想。後來我留美時讀到杜威[3]的《我們如何思想》，使我的信念更為加強。

儒家說，正心誠意是修身的出發點，修身則是治國、平天下的根基。因此，我想，救國必先救己。於是決心努力讀書、思考，努力鍛鍊身體，努力敦品勵行。我想，這就是修身的正確途徑，有了良好的身心修養，將來才能為國服務。

在南洋公學讀書的時候，清廷終於在一九〇五年採取了教育改革的重要步驟，毅然宣布廢止科舉，年輕一代迷戀過去的大門從此關閉。廢科舉的詔書是日本戰勝帝俄所促成的。代替科舉的是抄襲日本的一套新教育制度。日本的教育制度是模仿西方的。追本溯源，中國的新教育制度仍舊來自西方。中國現在總算不折不扣地踏上西化的途程了。

---

3 John Dewey (1859–1952)，美國哲學家、教育家，提倡實用主義，其學說對現代教育學影響重大。主要的教育思想為「連續性」以及「做中學」。

在這以前，上海曾經是我國革命分子文化運動的中心。中國的知識分子和革命領袖，躲在上海公共租界和法租地，可以享受言論自由和出版自由。政治犯和激烈分子在租界裡討論、發表他們的見解，思想自由而且蓬勃一時，情形足與古希臘的城邦媲美。

我自己除了在南洋公學接受課本知識之外，也參加了各式各樣的活動，但是學習的性質居多，談不到積極工作。到禮拜六和禮拜天時，常常到福州路的奇芳茶館去坐坐。那時候，上海所有的學生都喜歡到「奇芳」去吃茶，同時參加熱烈的討論。茶館裡有一位叫「野雞大王」的，每日在那裡兜售新書，他那副樣子，去過「奇芳」的人沒有一個會忘記的。他穿著一身破爛的西裝，頭上戴著一頂灰色的滿是油垢的鴨舌頭帽。他專門販賣革命書刊給學生，他的貨色當中還包括一本叫《性學新論》的小冊子，據他解釋，那只是用來吸引讀者的。誰也不知道他的名字。吳稚暉先生說，他知道他是誰，並告訴了我他的名字，我卻忘記了。我們也不曉得他住在什麼地方。任何革命書刊都可以從他那裡買得到，這些書因租界當局應中國政府之請，在名義上是禁止販賣的。

科舉廢止的同一年，孫中山先生在東京組織同盟會，參加的學生有好幾百人，中山先生被選為主席。這一年也就是日本和俄國簽訂《樸茨茅斯條約》，結束日俄戰爭的一年。日本在擊敗西方列強之一的俄國以後，正蠢蠢欲動，預備侵略中國。十年之後，日本向中國提出著名的二十一條要求，十六年以後，發動九一八瀋陽事變，最後終於在民國二十六年與中國發生全面戰爭。

當時，上海正在熱烈展開抵制美貨運動，抗議美國國會通過《排華法案》。學生和商人聯合挨戶勸告中國商店店主不要售賣美國貨。店主亟於賣掉被抵制的貨品，只好削價脫售，有許多顧客倒也樂於從後門把貨色買走。群眾大會中，大家爭著發表激烈演說，反對《排華法案》。有一次會中，一位慷慨激昂的演說者捶胸頓足，結果把鞋跟頓掉了。鞋跟飛到聽眾頭上，引得哄堂大笑。

翌年也發生一件重要的事情。江浙兩省的紳士和上海的學生和商人聯合起來反對英國人投資建築蘇杭甬鐵路。示威的方式包括群眾大會、發通電、街頭演說等等，同時開始招股準備用本國資金建築這條鐵路，路線要改為由上海經杭州到寧波。以上海代替蘇州的理由很奇怪，說蘇州是個內陸城市，鐵路不經過蘇州，可以使蘇州免受外國的影響。英國人對路線讓步了，鐵路也在第二年動工興建。

那幾年裡，全國各校的學生倒是都能與學校當局相安無事，一方面是因為他們對校外活動的興趣提高，另一方面是因為他們對於給學校當局找些無謂的麻煩已經感到厭倦。不過，他們卻把注意力轉移到為他們做飯的廚子身上去了。當時上海學生的伙食費是每月六塊錢，在內地，只要三塊錢，因此飯菜不會好到哪裡去。但是學生對伙食很不滿意，不是埋怨米太粗糙，就是埋怨菜蔬質地太差，因此常常要求加菜——通常是加炒蛋，因為炒蛋最方便。當時雞蛋也很便宜，一塊錢可以買五、六十個。有時候，學生們就砸碎碗碟出氣，甚至把廚子揍一頓。幾乎沒有一個學校沒有「飯廳風潮」。

一九〇七年，安徽省城安慶發生了一次曇花一現的革命。革命領袖是徐錫麟，我們在前面曾提起他過。他是安徽省警務督辦，曾在紹興中西學堂教過書。我們在前面也曾經提及（中西學堂就是我最初接觸西方學問的地方，我在那裡學到地球是圓的）。他中過舉人，在中西學堂教過幾年書以後，又到日本留學。他回國後向朋友借了五萬塊錢，捐了道臺的缺，後來被派到安慶。他控制了警察以後，親手槍殺安徽巡撫，並在安慶發動革命。他同兩名親信帶了警校學生及警察部隊占領軍械庫，在庫門口架起大砲據守。但是他們因缺乏軍事訓練，無法使用大砲，結果被官兵衝入，徐錫麟當場被捕。他的兩位親信，一位叫陳伯平的陣亡了，一位叫馬子夷的事後被捕。

馬子夷是我在浙江高等學堂的同學。他和陳伯平從日本赴安慶時，曾在上海逗留一個時期。兩個人幾乎每天都來看我，大談革命運動。他們認為革命是救中國的惟一途徑，還約我同他們一道去安慶。但是一位當錢莊經理的堂兄勸我先到日本去一趟。那年暑假，就和一位朋友去東京，順便參觀一個展覽會。我們離滬赴日的前夕，馬子夷、陳伯平和我三個人在一枝香酒樓聚餐話別。第二天我去日本，他們也搭長江輪船赴安慶。想不到一枝香酒樓一別竟成永訣。

初次乘大洋輪船，樣樣覺得新奇，抽水馬桶其妙無比，日本茶房禮貌周到。第二天早晨，我們到達長崎，優美的風景給我很深的印象。下午經過馬關，就是李鴻章在一八九五年與日本簽訂《馬關條約》的地方。我們在神戶上岸，從神戶乘火車到東京，在新橋車站落車。一位在東京讀書的朋友領我們到小石川二十三警君代館住下。東京的街道當時還沒有鋪石子，更沒有柏油，那天又下雨，結果滿地泥濘。

我到上野公園的展覽會參觀了好幾十趟，對日本的工業發展印象很深。在一個展覽戰利品的戰績博物館裡，看到中日戰爭中俘獲的中國軍旗、軍服和武器，簡直使我慚愧得無地自容。夜間整個公園被幾萬盞電燈照耀得如同白晝，興高采烈的日本人提著燈籠在公園中遊行，高呼萬歲。兩年前，他們陶醉於對俄的勝利，至今猶狂喜不已。我孤零零地站在一個假山頂上望著遊行的隊伍，觸景生情，不禁泫然涕下。

到日本後約一星期，君代館的下女在清晨拿了一份日文報紙來，從報上獲悉徐錫麟在安慶起義失敗的消息。如果我不來日本而跟那兩位朋友去安慶，恐怕我不會今日在此講《西潮》的故事了。

我對日本的一般印象非常良好。整個國家像個大花園，人民衣飾整飭，城市清潔。他們內心或許很驕傲，對生客卻很有禮貌。強迫教育使國民的一般水準遠較中國為高，這或許就是使日本成為世界強國的祕密所在。這是我在日本停留一月後帶回來的印象。後來赴美學教育學，也受這些感想的指示。但是國家興衰事情並不如此簡單，讓我等機會再談罷。

不久以後，又開始為學校功課而忙碌。第二年暑假，跑到杭州參加浙江省官費留美考試，結果未被錄取。於是向父親拿到幾千塊錢，預備到加里福尼亞州深造。

留美時期

一、負笈西行

我拿出一部分錢，買了衣帽雜物和一張往舊金山的頭等船票，其餘的錢就以兩塊墨西哥鷹洋對一元美金的比例兌取美鈔。上船前，找了一家理髮店剪去辮子。理髮匠舉起利剪，抓住我的辮子時，我簡直有上斷頭臺的感覺，全身汗毛直豎。卡嚓兩聲，辮子剪斷了，我的腦袋也像是隨著剪聲落了地。理髮匠用紙把辮子包好還給我，上船後，我把這包辮子丟入大海，讓它隨波逐浪而去。

我拿到醫生證明書和護照之後，到上海的美國總領事館請求簽證，按照移民條例第六節規定，申請以學生身分赴美。簽證後買好船票，搭乘美國郵船公司的輪船往舊金山。那時是一九〇八年八月底，同船有十來位中國同學。郵船啟碇，慢慢駛離祖國海岸，我的早年生活也就此告一段落。在上船前，我曾經練了好幾個星期的秋千，所以在二十四天的航程中，一直沒有暈船。

這隻郵船比我前一年赴神戶時所搭的那艘日本輪船遠為寬大豪華。船上最使我驚奇的事是跳舞。我生長在男女授受不親的社會裡，初初看到男女相偎相依，婆娑起舞的情形，覺得非常不順眼。旁觀了幾次之後，我才慢慢開始欣賞跳舞的優美。

船到舊金山，一位港口醫生上船來檢查健康，對中國學生的眼睛檢查得特別仔細，惟恐有人患砂眼。

我上岸時第一個印象是移民局官員和警員所反映的國家權力。美國這個共和政體的國家，她的人民似乎比君主專制的中國人民更少個人自由，這簡直弄得我莫名其妙。我們在中國時，天高皇帝遠，一向很少感受國家權力的拘束。

我們在舊金山逗留了幾個鐘頭，還到唐人街轉了一趟。我和另一位也預備進加州大學的同學，由加大中國同學會主席領路到了卜技利[1]。晚飯在夏德克路的天光餐館吃，每人付兩角五分錢，吃的有湯、紅燒牛肉、一塊蘋果餅和一杯咖啡。我租了班克洛夫路前柯爾太太的一間房子。柯爾太太已有相當年紀，但是很健談，對中國學生很關切。她吩咐我出門以前必定要關燈、洗東西以後必定要關好自來水龍頭、花生殼決不能丟到抽水馬桶裡、銀錢決不能隨便丟在桌子上、出門時不必鎖門，如果我願意鎖門，就把鑰匙留下藏在地毯下面。她說：「如果你需要什麼，你只管告訴我就是了。我很了解客居異國的心情。你就拿我的家當自己的家好了，不必客氣。」隨後她向我道了晚安才走。

1 今譯為柏克萊 (Berkeley)，美國加州的一座城市。

到卜技利時，加大秋季班已經開學，因此我只好等到春季再說。我請了加大的一位女同學給我補習英文，學費每小時五毛錢。這段時間內，我把全部精力花在英文上。每天早晨必讀《舊金山紀事報》，另外還訂了一份《展望》(*The Outlook*) 週刊，作為精讀的資料。《韋氏大學字典》一直不離手，碰到稍有疑問的字就打開字典來查，四個月下來，居然字彙大增，讀報紙雜誌也不覺得吃力了。

初到美國時，就英文而論，我簡直是半盲、半聾、半啞。如果我希望能在學校裡跟得上功課，這些障礙必須先行克服。頭一重障礙，經過四個月的不斷努力，總算大致克服了，完全克服它也不過是時間問題而已。第二重障礙要靠多聽人家談話和教授講課才能慢慢克服。教授講課還算比較容易懂，因為教授們的演講，思想有系統，語調比較慢，發音也清晰。普通談話的範圍比較廣泛，而且包括一連串互不銜接而且五花八門的觀念，要抓住談話的線索頗不容易。劇院去聽話劇對白，其難易則介於演講與談話之間。

最困難的是克服開不得口的難關。主要的原因是我在中國時一開始就走錯了路。錯誤的習慣已經根深蒂固，必須花很長的時間才能矯正過來。其次是我根本不懂語音學的方法，單憑模仿，不一定能得到準確的發音。因為口中發出的聲音與耳朵所聽到的聲音之間，以及耳與口舌之間，究竟還有很大的差別。耳朵不一定能夠抓住正確的音調，口舌也不一定能夠遵照耳朵的指示發出正確的聲音。此外，加里福尼亞這個地方對中國人並不太親熱，難得使人不生身處異地，萬事小心的感覺。我更特別敏感，不敢貿然與美國人廝混，別人想接近我時，我也很怕羞。許多可貴的社會關係都因此斷絕了。語言只有多與人接觸才能進步，我既然這樣固步自封，這方面的進步自然慢之又慢。後來我進了加大，這種口語上的缺陷，嚴重地影響了我在課內課外參加討論的機會。有人問我問題時，我常常是臉一紅，頭一低，不知如何回答。教授們總算特別客氣，從來不勉強我回答任何問題。也許他們了解我處境的窘困，也許是他們知道我是外國人，所以特別加以原諒。無論如何，他們知道，我雖然噤若寒蟬，對功課仍舊很用心，因為我的考試成績多半列在乙等以上。

日月如梭，不久聖誕節就到了。聖誕前夕，我獨自在一家餐館裡吃晚餐，菜比初到舊金山那一天晚上好得多，花的錢，不必說，也非那次可比。飯後上街閒遊，碰到沒有拉起窗簾的人家，我就從窗戶裡眺望他們歡欣的團聚的情形。每戶人家差不多都有滿飾小電燈或蠟燭的聖誕樹。

大除夕，我和幾位中國同學從卜技利渡海到舊金山。從渡輪上可以遠遠地看到對岸的鐘樓裝飾著幾千盞電燈。上岸後，發現舊金山到處人山人海。碼頭上候船室裡的自動鋼琴震耳欲聾。這些鋼琴只要投下一枚鎳幣就能自動彈奏。我隨著人潮慢慢地在大街上閒逛，耳朵裡滿是小喇叭和小聾鼓的噪音，玩喇叭和聾鼓的人特別喜歡湊著漂亮的太太小姐們的耳朵開玩笑，這些太太小姐們雖然耳朵吃了苦頭，但仍然覺得這些玩笑是一種恭維，因此總是和顏悅色地授以一笑。空中到處飄揚著五彩紙條，有的甚至纏到人們的頸上。碎花紙像彩色的雪花飛落在人們的頭上。我轉到唐人街，發現成群結隊的人在欣賞東方色彩的櫥窗裝飾。噼噼啪啪的鞭炮聲，使人覺得像在中國過新年。

午夜鐘聲一響，大家一面提高嗓門大喊「新年快樂！」一面亂撒汽車喇叭或者大搖響鈴。五光十色的紙條片更是漫天飛舞。這是我在美國所過的第一個新年。美國人的和善和天真好玩使我留下深刻的印象，在他們的歡笑嬉遊中可以看出美國的確是個年輕的民族。

那晚回家時已經很遲，身體雖然疲倦，精神卻很輕鬆，上床一直睡到第二天日上三竿起身。早飯後，我在卜技利的住宅區打了個轉。住宅多半沿著徐緩的山坡建築，四周則圍繞著花畦和草地。玫瑰花在加州溫和的冬天裡到處盛開著，卜技利四季如春，通常長空蔚藍不見朵雲，很像雲南的昆明，臺灣的臺南，而溫度較低。

新年之後，我興奮地等待著加大第二個學期在二月間開學。心中滿懷希望，我對語言的學習也加倍努力。快開學時，我以上海南洋公學的學分申請入學，結果獲準進入農學院，以中文學分抵補了拉丁文的學分。

我過去的準備工作偏重文科方面，結果轉到農科，我的動機應該在這裡解釋一下。我轉農科並非像有些青年學生聽天由命那樣的隨便，而是經過深思熟慮才慎重決定的。我想，中國既然以農立國，那末只有改進農業，才能使最大多數的中國人得到幸福和溫飽。同時我幼時在以耕作為主的鄉村裡生長，對花草樹木和鳥獸蟲魚本來就有濃厚的興趣。為國家、為私人，農業都似乎是最合適的學科。此外我還有一個次要的考慮，我在孩提時代身體一向羸弱，我想如果能在田野裡多接觸新鮮空氣，對我身體一定大有裨益。

第一學期選的功課是植物學、運動學、生理衛生、英文、德文和體育。除了體育是每週六小時以外，其餘每科都是三小時。我按照指示到大學路一家書店買教科書。我想買植物學教科書時，說了半天店員還是聽不懂，後來我只好用手指指書架上那本書，他才恍然大悟。原來植物學這個名詞的英文字 (botany) 重音應該放在第一音節，我卻把重音念在第二音節上去了。經過店員重複一遍這個字的讀音以後，我才發現自己的錯誤。買了書以後心裡很高興，既買到書，同時又學會一個英文字的正確發音，真是一舉兩得。後來教授要我們到植物園去研究某種草木，我因為不知道植物園 (botanical garden) 在哪裡，只好向管清潔的校工打聽。念到植物園的植物這個英文字時，我自作聰明把重音念在第一音節上，我心裡想，「植物學」這個英文字的重音既在第一音節上，舉一反三，「植物園」中「植物」一字的重音自然也應該在第一音節上了。結果弄得那位工友瞠目不知所答。我只好重複了一遍，工友揣摸了一會之後才恍然大悟。原來是我舉一反三的辦法出了毛病，「植物（的）」這個字的重音卻應該在第二音節上。

可惜當時我還沒有學會任何美國的俚語村言，否則恐怕「他×的」一類粗話早已脫口而出了。英文重音的捉摸不定曾經使許多學英文的人傷透腦筋。固然重音也有規則可循，但是每條規則總有許多例外，以致例外的反而成了規則。因此每個字都得個別處理，要花很大工夫才能慢慢學會每個字的正確發音。

植物學和動物學引起我很大的興趣。植物學教授在講解顯微鏡用法時曾說過笑話：「你們不要以為從顯微鏡裡可以看到大如巨象的蒼蠅。事實上，你們恐怕連半隻蒼蠅腿都看不到呢！」

我在中國讀書時，課餘之暇常常喜歡研究鳥獸蟲魚的生活情形，尤其在私塾時代，一天到晚死背枯燥乏味的古書，這種膚淺的自然研究正可調節一下單調的生活，因而也就慢慢培養了觀察自然的興趣，早年的即興觀察和目前對動植物學的興趣，有一個共通的出發點——好奇，最大的差別在於使用的工具。顯微鏡是眼睛的引伸，可以使人看到肉眼無法辨別的細微物體。使用顯微鏡的結果，使人發現多如繁星的細菌。望遠鏡是眼睛的另一種引伸，利用望遠鏡可以觀察無窮無數的繁星。我渴望到黎克天文臺去見識見識世界上最大的一具望遠鏡，但是始終因故不克遂願。後來花了二毛五分錢，從街頭的一架望遠鏡去眺望行星，發現銀色的土星帶著耀目的星環，在蔚藍的天空中冉冉移動，與學校裡天體的掛圖上所看到的一模一樣。當時的經驗真是又驚又喜。

在農學院讀了半年，一位朋友勸我放棄農科之類的實用科學，另選一門社會科學。他認為農科固然重要，但是還有別的學科對中國更重要。他說，除非我們能參酌西方國家的近代發展來解決政治問題和社會問題，那末農業問題也就無法解決。其次，如果不改修社會科學，我的眼光可能就局限於實用科學的小圈子，無法了解農業以外的重大問題。

我曾經研究過中國史，也研究過西洋史的概略，對各時代中各國國力消長的情形有相當的了解，因此對於這位朋友的忠告頗能領略。他的話使我一再考慮，因為我已再度面臨三岔路口，遲早總得有個決定。我曾經提到，碰到足以影響一生的重要關頭，我從不輕率作任何決定。

有一天清早，我正預備到農場看擠牛奶的情形，路上碰到一群蹦蹦跳跳的小孩子去上學。我忽然想起：我在這裡研究如何培育動物和植物，為什麼不研究如何作育人材呢？農場不去了，一直跑上卜技利的山頭，坐在一棵古橡樹下，凝望著旭日照耀下的舊金山灣和金門港口的美景。腦子裡思潮起伏，細數著中國歷代興衰的前因後果。忽然之間，眼前恍惚有一群天真爛漫的小孩，像凌波仙子一樣從海灣的波濤中湧出，要求我給他們讀書的學校，於是我毅然決定轉到社會科學學院，選教育為主科。

從山頭跑回學校時已近晌午，我直跑到註冊組去找蘇頓先生，請求從農學院轉到社會科學學院。經過一番詰難和辯解，轉院總算成功了。從一九〇九年秋天起，我開始選修邏輯學、倫理學、心理學和英國史，我的大學生涯也從此步入正途。

歲月平靜而愉快地過去，時間之沙積聚的結果，我的知識也在大學的學術氣氛下逐漸增長。從邏輯學裡我學到思維是有一定的方法的，換一句話說，我們必須根據邏輯方法來思考。觀察對於歸納推理非常重要，因此我希望訓練自己的觀察能力。我開始觀察校園之內，以及大學附近所接觸到的許許多多事物。母牛為什麼要裝鈴？尤加利樹的葉子為什麼垂直地掛著？加州的罌粟花為什麼都是黃的？

有一天早晨，我沿著卜技利的山坡散步時，發現一條水管正在汩汩流水。水從哪裡來的呢？沿著水管找，終於找到了水源，我的心中也充滿了童稚的喜悅。這時我已到了相當高的山頭，我很想知道山巔那一邊究竟有些什麼。翻過一山又一山，發現這些小山簡直多不勝數。愈爬愈高，而且離住處也愈來愈遠。最後只好放棄初衷，沿著一條小路回家。歸途上發現許多農家，還有許多清澈的小溪和幽靜的樹林。

這種漫無選擇的觀察，結果自然只有失望。最後我終於發現，觀察必須有固定的對象和確切的目的，不能聽憑興之所至亂觀亂察。天文學家觀察星球，植物學家則觀察草木的生長。後來我又發現另外一種稱為實驗的受控制的觀察，科學發現就是由實驗而來的。

念倫理學時，我學到道德原則與行為規律的區別。道德原則可以告訴我們，為什麼若干公認的規律切合某階段文化的需要，行為規律只要求大家遵守，不必追究規律背後的原則問題，也不必追究這些規律與現代社會的關係。

在中國，人們的生活是受公認的行為規律所規範的。追究這些行為規律背後的道德原則時，我的腦海裡馬上起了洶湧的波瀾。一向被認為最終真理的舊有道德基礎，像遭遇地震一樣開始搖搖欲墜。同時，赫利．奧佛斯屈里特[2]教授也給了我很大的啟示。傳統的教授通常只知道信仰公認的真理，同時希望他的學生們如此做。奧佛斯屈里特教授的思想卻特別敏銳，因此促使我探測道德原則的基石上的每一裂縫。我們上倫理學課，總有一場熱烈的討論。我平常不敢參加這些討論，一方面由於我英語會話能力不夠，另一方面是由於自卑感而來的怕羞心理。因為一九〇九年前後是中國現代史上最黑暗的時期，而且我們對中國的前途也很少自信。雖然不參加討論，聽得卻很用心，很像一隻

2 今譯為哈利・奧佛斯屈里特 (Harry Overstreet, 1875–1970)，美國作家講師。

聰明伶俐的小狗豎起耳朵聽牠主人說話，意思是懂了，嘴巴卻不能講。

我們必須讀的參考書包括柏拉圖、亞里士多德、《約翰福音》和奧里留士[3]等。念了柏拉圖和亞里士多德之後，使我對希臘人窮根究底的頭腦留有深刻的印象。我覺得「四書」富於道德的色彩，希臘哲學家卻洋溢著敏銳的智慧。這印象使我後來研究希臘史，並且做了一番古代希臘思想和中國古代思想的比較研究。研究希臘哲學家的結果，同時使我了解希臘思想在現代歐洲文明中所占的重要地位，以及希臘文被認為自由教育不可缺少的一部分的原因。

讀了《約翰福音》之後，我開始了解耶穌所宣揚的愛的意義。如果撇開基督教的教條和教會不談，這種「愛敵如己」的哲學，實在是最高的理想。如果一個人真能愛敵如己，那末世界上也就不會再有敵人了。

「你們能夠做到愛你們的敵人嗎？」教授向全班發問，沒有人回答。

「我不能夠。」那隻一直尖起耳朵諦聽的狗吠了。

「不能夠？」教授微笑著反問。

我引述了孔子所說的「以直報怨，以德報德」作答。教授聽了以後插嘴說：「這也很有道理啊，是不是？」同學們沒有人回答。下課後一位年輕的美國男同學過來拍拍我的肩膀說：「愛敵如己！

---

3 今譯為馬庫斯・奧理略 (Marcus Aurelius, 121–180)，羅馬皇帝，擁有「哲學家皇帝」的稱號，著有《沉思錄》。

吹牛，是不是？」

奧里留士的言論很像宋朝哲學家。他沉思默想的結果，發現理智是一切行為的準則。如果把他的著述譯為中文，並把他與宋儒相提並論，很可能使人真偽莫辨。

對於歐美的東西，我總喜歡用中國的尺度來衡量，這就是從已知到未知的辦法。根據過去的經驗，利用過去的經驗獲得新經驗，也就是獲得新知識的正途。譬如說，如果一個小孩從來沒有見過飛機，我們可以解釋給他聽，飛機像一隻飛鳥，也像一隻長著翅膀的船，他就會了解飛機是怎麼回事。如果一個小孩根本沒有見過鳥或船，使他了解飛機可就不容易了。一個中國學生如果要了解西方文明，也只能根據他對本國文化的了解。他對本國的文化的了解愈深，對西方文化的了解愈易。根據這種推理能夠吸收、消化西洋思想，完全是這些苦功的結果。我想，我今後的工作就是找出中國究竟缺少些什麼，然後向西方吸收所需要的東西。心裡有了這些觀念以後，我漸漸增加了自信，減少了羞怯，同時前途也顯得更為光明。

我對學問的興趣很廣泛，選讀的功課包括上古史、英國史、哲學史、政治學，甚至譯為英文的俄國文學。托爾斯泰的作品更是愛不釋手，尤其是《安娜．卡列尼娜》和《戰爭與和平》。我參加過許多著名學者和政治家的公開演講會，聽過桑太耶那[4]、泰戈爾、大衛、斯坦、約登、威爾遜（當時是普林斯頓校長）以及其他學者的演講。對科學、文學、藝術、政治和哲學我全有興趣。也聽過塔虎

4 今譯為喬治・桑塔亞那（George Santayana, 1863–1952），美國哲學家與文學家。

脫[5]和羅斯福[6]的演說。羅斯福在加大希臘劇場演說時，曾經說過：「我攫取了巴拿馬運河，國會要辯論，讓它辯論就是了。」他演說時的強調語氣和典型姿勢，至今猶歷歷可憶。

中國的傳統教育似乎很偏狹，但是在這種教育的範圍之內卻也包羅萬象，有如百科全書，這種表面偏狹的教育，事實上恰是廣泛知識的基礎。我對知識的興趣很廣泛，可能就是傳統思想訓練的結果。中國古書包括各方面的知識，例如歷史、哲學、文學、政治經濟、政府制度、軍事、外交等等。事實上絕不偏狹。古書之外，學生們還接受農業、灌溉、天文、數學等實用科學的知識。可見中國的傳統學者絕非偏狹的專家，相反地，他具備學問的廣泛基礎。除此之外，虛心追求真理是儒家學者的一貫目標，不過，他們的知識只限於書本上的學問，這也許是他們欠缺的地方。在某一意義上說，書本知識可能是偏狹的。

幼時曾經讀過一本押韻的書，書名《幼學瓊林》，裡面包括的問題非常廣泛，從天文地理到草木蟲魚無所不包，中間還夾雜著城市、商業、耕作、遊記、發明、哲學、政治等等題材。押韻的書容易背誦，到現在為止，我仍舊能夠背出那本書的大部分。

卜技利的小山上有滿長青苔的橡樹和芳香撲鼻的尤加利樹；田野裡到處是黃色的罌粟花；私人花園裡的紅玫瑰在溫煦的加州太陽下盛放著。這裡正是美國西部黃金世界，本地子弟的理想園地。

5 威廉・霍華德・塔虎脫 (William Howard Taft, 1857–1930)，第二十七任美國總統。

6 狄奧多・羅斯福 (Theodore Roosevelt, 1898–1919)，第二十六任美國總統，也被稱為「老羅斯福」。

我萬幸得享母校的愛護和培育，使我這個來自東方古國的遊子得以發育成長，衷心銘感，無以言宣。

加州氣候冬暖夏涼，四季如春，我在這裡的四年生活確是輕鬆愉快。加州少雨，因此戶外活動很少受影響。冬天雖然有陣雨，也只是使山上的青草變得更綠，或者使花園中的玫瑰花洗滌得更嬌豔。除了冬天陣雨之外，幾乎沒有任何惡劣的氣候影響希臘劇場的演出。劇場四周圍繞著密茂的尤加利樹。莎翁名劇、希臘悲劇、星期演奏會和公開演講會都在露天舉行。離劇場不遠是運動場，校際比賽和田徑賽就在那裡舉行。青年運動員都竭其全力為他們的母校爭取榮譽。美育、體育和智育齊頭並進。這就是古希臘格言所稱「健全的心寓於健全的身」——這就是古希臘格言的實踐。

在校園的中心矗立著一座鐘樓，睥睨著周圍的建築。通到大學路的大門口有一重大門，叫「賽色門」，門上有許多栩栩如生的浮雕裸像。這些裸體像引起許多女學生的家長抗議。我的倫理學教授說：「讓女學生們多看一些男人的裸體像，可以糾正她們忸怩作態的習慣。」老圖書館（後來拆除改建為陀氏圖書館）的閱覽室裡就有維納斯以及其他希臘女神裸體的塑像。但是男學生的家長從未有過批評。我初次看到這些希臘裸體人像時，心裡也有點疑惑，為什麼學校當局竟把這些「猥褻」的東西擺在智慧的源泉。後來，我猜想他們大概是要灌輸「完美的思想寓於完美的身體」的觀念。在希臘人看起來，美麗、健康和智慧是三位一體而不可分割的。

像樹叢中的那次《仲夏夜之夢》的演出，真是美的極致。青春、愛情、美麗、歡愉全在這次可喜的演出中活生生地表現出來了。

學校附近有許多以希臘字母像代表的兄弟會和姊妹會。聽說兄弟會和姊妹會的會員們歡聚一堂，生活非常愉快。我一直沒有機會去作客。後來有人約我到某兄弟會去作客，但是附帶一個條件——我必須投票選舉這個兄弟會的會員出任班主席和其他職員。事先，他們曾經把全班同學列一名單，碰到可能選舉他們的對頭人，他們就說這個人「要不得！」同時在名字上打上叉。

我到那個兄弟會時，備受殷勤招待，令人沒齒難忘。第二天舉行投票，為了確保中國人一諾千金的名譽，我自然照單圈選不誤，同時我也很高興能在這次競選中結交了好幾位朋友。

選舉之後不久，學校裡有一次營火會，究竟慶祝什麼卻記不清楚了。融融的火光照耀著這班青年的快樂面龐。男男女女齊聲高歌。每一支歌結束時，必定有一陣吶喊。木柴的爆烈聲，女孩子吃吃的笑聲和男孩子的呼喊聲，至今猶在耳際縈繞。我忽然在火光燭照下邂逅一位曾經受我一票之賜的同學。使我大出意外的是這位同學竟然對我視若路人，過去的那份親熱勁兒不知哪裡去了！人情冷暖，大概就是如此吧！他對我的熱情，我已經以「神聖的一票」來報答，有債還債，現在這筆賬已經結清，誰也不欠誰的。從此以後，我再也不拿選舉交換招待，同時在學校選舉中從此沒有再投票。

在「北樓」的地下室裡，有一間學生經營的「合作社」，合作社的門口掛著一塊牌子，上面寫著：「我們相信上帝，其餘人等，一律現錢交易。」合作社裡最興隆的生意是五分錢一個的熱狗，味道不錯。

學校裡最難忘的人是哲學館的一位老工友，我的先生同學們也許已經忘記他，至少我始終忘不了。他個子高面瘦削，行動循規蹈矩。灰色的長眉毛幾乎蓋到眼睛，很像一隻北京叭兒狗，眼睛深陷在眼眶裡。從眉毛下面，人們可以發現他的眼睛閃爍著友善而熱情的光輝。我和這老工友一見如故，下課以後，或者星期天有空，我常常到地下室去拜訪他，他從加州大學還是一個小規模的學校時開始，就一直住在那地下室裡。

他當過兵，曾在內戰期間在聯邦軍隊麾下參加許多戰役。他生活在回憶中，喜歡講童年和內戰的故事。我從他那裡獲悉早年美國的情形。這些情形離現在將近百年，許多情形與當時中國差不多，某些方面甚至還更糟。他告訴我，他幼年時美國流通好幾種貨幣：英鎊、法郎、還有荷幣。現代衛生設備在他看起來一文不值。有一次他指著一卷草紙對我說：「現代的人雖然有這些衛生東西，還不是年紀輕輕就死了。我們當時可沒有什麼衛生設備，也沒有你們所謂的現代醫藥。你看我，我年紀這麼大，身體多健康！」他直起腰板，挺起胸脯，像一位立正的士兵，讓我欣賞他的精神體魄。

西點軍校在他看起來也是笑話，「你以為他們能打仗呀？那才笑話！他們全靠幾套制服撐場面，遊行時他們穿得倒真整齊。但是說到打仗——差遠了！我可以教教他們。有一次作戰時，我單槍匹馬就把一隊叛軍殺得精光，如果他們想學習如何打仗，還是讓他們來找我吧！」

雖然內戰已經結束那麼多年，他對參加南部同盟的人卻始終恨之入骨。他說，有一次戰役結束之後，他發現一位敵人受傷躺在地上，他正預備去救助。「你曉得這傢伙怎麼著？他一槍就向我射過來！」他瞪著兩隻眼睛狠狠地望著我，好像我就是那個不知好歹的傢伙似的。我說：「那你怎麼辦？」

「我一槍就把這畜生當場解決了。」他回答說。

這位軍人出身的老工友，對我而論，是加州大學不可分的一部分，他自己也如此看法，因為他曾經親見加大的發育成長。

二、紐約生活

時間一年一年的過去，我的知識學問隨之增長，同時自信心也加強了。民國元年，即一九一二年，我以教育為主科，歷史與哲學為兩附科，畢業於加大教育學系，並承學校贈給名譽獎，旋赴紐約入哥倫比亞大學研究院續學。

我在哥大學到如何以科學方法應用於社會現象，而且體會到科學研究的精神。我在哥大遇到許多誨人不倦的教授，我從他們得到許多啟示，他們的教導更使我終生銘感。我想在這裡特別提一筆其中一位後來與北京大學發生密切關係的教授。他就是約翰·杜威博士。他是胡適博士和我在哥倫比亞大學時的業師，後來又曾在北京大學擔任過兩年的客座教授。他的著作、演講以及在華期間與我國思想界的交往，曾經對我國的教育理論與實踐發生重大的影響。他的實驗哲學與中國人講求實際的心理不謀而合。但是他警告我們說：「一件事若過於注重實用，就反為不切實用。」

我不預備詳談在哥大的那幾年生活，總之，在那幾年裡獲益很大。我對美國生活和美國語言已感習慣，而且可以隨時隨地從所接觸的事物汲取知識而無事倍功半之苦。

紐約給我印象較深的事物是它的摩天大樓，川流不息的地道車和高架電車，高樓屋頂上的炫目的霓虹燈廣告；劇場影院、夜總會、旅館、飯店；出售高貴商品的第五街，生活浪漫不拘的格林威治村，東區的貧民窟等等。

在社會生活方面，新英格蘭人、愛爾蘭人、波蘭人、意大利人、希臘人、猶太人等各族雜處，和睦如鄰，此外還有幾千名華僑聚居在唐人街附近。當時在這個大都會裡的中國菜館就有五百家之多。紐約市密集的人口中龍蛇混雜，包括政客、流氓、學者、藝術家、工業家、金融巨子、百萬富翁、貧民窟的貧民以及各色人等，但是基本上這些人都是美國的產物。有人說「你一走進紐約，就等於離開了美國」。事實上大謬不然，只有美國這樣的國家才能產生這樣高度工業化的大都市，也只有美國才能出現這種兼容並蓄的大熔爐。種族摩擦的事可說絕無僅有。一個人只要不太逾越法律的範圍，就可以在紐約為所欲為，只要他不太違背習俗，誰也不會干涉他的私人行動。只要能夠找到聽眾，誰都可以評論古今，臧否時政。

法律範圍之內的自由、理智領域之內的思想自由和言論自由在紐約發揮得淋漓盡致。大規模的工商業，國際性的銀行業務，發明、機械和資源的極度利用，處處顯示美國主義的精神和實例。在紐約，我們可以發現整個美國主義的縮影。我們很可能為這個縮影的炫目的外表所迷惑而忽視美國主義的正常狀態，這種正常狀態在美國其餘各地都顯而易見。

暑假裡我常常到紐約州東北部的阿地隆臺克山區[7]去避暑。有一年暑假，我和幾位中國朋友到彩虹湖去，在湖中叢山中的一個小島上露營。白天時我們就到附近的小湖去划船垂釣。釣魚的成績很不錯，常常滿載而歸，而且包括十斤以上的梭魚。我們露營的小島上，到處是又肥又大的青蛙，我幼時在我們鄉下就曾學會捉蛙，想不到到了美國之後居然有機會大顯身手。一根釣竿，一根細繩，一枚用大小適度的針屈曲而成的釣鉤，再加一塊紅布就是釣蛙的全副道具了。這些臨時裝備成績驚人，我們常常在一小時之內就捉到二十多隻青蛙，足夠我們大嚼兩餐。彩虹湖附近的居民從未吃過田雞，他們很佩服我們的捉蛙技術，但是他們的心裡一定在想：「這些野蠻的中國人真古怪！」

晚上我們常常參加附近居民的倉中舞會，隨著主人彈奏的提琴曲子婆娑起舞。我還依稀記得他們所唱的一支歌，大意是：

所有的戶樞都長了鏽，
門窗也都歪斜傾倒，
屋頂遮不住日曬雨漏，
我的惟一的朋友，

7 Adirondack Mountains，位於美國紐約東北部，是紐約第一高峰，為紐約市的渡假勝地。

是灌木叢後面的，
一隻黃色的小狗。

這支歌反映山區孤村生活的孤獨和寂寞，但是對城市居民而言，它卻刻畫了一種寧靜迷人的生活。我們有時也深入到枝葉蔽天的原始森林裡。山徑兩旁的杜松發散著芬芳的氣息。我們採擷了這些芳香的常綠枝葉來裝枕頭，把大自然帶回歸衾之中，陣陣發散的芳香更使我們的夢鄉充滿了溫馨。有時我們也會在濃密的樹林中迷途。那時我們就只好循著火車汽笛的聲音，找到鐵路軌道以後才能回來。經過幾次教訓以後，我們進森林時就帶指南針了。

在鄉下住了一段時間之後，重新回到城市，的確另有一番愉悅之感。從鄉村回到城市，城市會顯得特別清新可喜；從城市到了鄉村，鄉村卻又顯得特別迷人。原因就是環境的改變和鮮明的對照。外國人到中國時，常常迷戀於悠閒的中國生活和它的湖光山色；而中國人到了異國時卻又常常留戀外國的都市生活。因此我們常常發現許多歐美人士對中國的東西比中國人自己更喜愛。在另一方面，也有許多中國人對歐美的東西比西洋人自己更喜愛。這就是環境改換和先後對照的關係，改換和對照可以破除單調而使心神清新。但是事物的本身價值並不因心理狀態的改變而有所不同。

我在紐約求學的一段時期裡，中日關係突起變化，以致兩國以後勢成水火。日本經過約五十年的維新之後，於一八九四年一擊而敗中國，聲威漸震。中國人以德報怨，並未因戰敗而懷恨在心。

這次戰釁反而意外地引起中國人對日本的欽仰和感激——欽仰日本在短短五十年內所完成的重大革新，感激日本喚醒中國對自己前途的樂觀。甲午之戰可說燃起了中國人心中的希望。戰後一段時期中國曾力求追隨日本而發奮圖強。

每年到日本留學的學生數以千計。中國在軍事、警務、教育各方面都採取了新制度，而由留日返國的學生主其事。中國開始從日本發現西方文明的重要。日俄戰爭更使中國的革新運動獲得新動力——日本已成為中國人心中的偶像了。

中國通過她的東鄰逐漸吸收了西方文明，但是中國不久發現，日本值得效法的東西還是從歐美學習而來的。更巧的是美國退還了八國聯軍之役的庚子賠款，中國利用庚款選派了更多的留美學生。在過去，中國學生也有以官費或自費到歐美留學的，但是人數很少，現在從西洋回國的留學生人數逐漸增加，而且開始掌握政府、工商業以及教育界的若干重要位置。傳教士，尤其是美國的傳教士，透過教會學校幫助中國教育了年輕的一代。

因此，中國與日本的文化關係開始逐漸疏遠，中國人心目中的日本偶像也漸行萎縮，但是日本人卻並未意識到這種轉變。

日本利用第一次世界大戰的機會，在民國四年即一九一五年突然向袁世凱政府提出著名二十一條要求，如果中國接受這些要求，勢將成為日本的保護國。日本之所以突然提出二十一條，是因為西方列強在戰事進行中自顧不暇，同時帝俄軍事力量急劇衰退，以致遠東均勢破壞。中國既受東鄰日本的逼迫，乃不得不求助於西方國家，中日兩國從此分道揚鑣，此後數十年間的國際政治也因而改觀。如果日本具有遠大的眼光，能在中國的苦難時期協助中國，那末中日兩國也許一直和睦相處，而第二次世界大戰的情形也就完全不同了。

駐華盛頓的中國大使館經政府授意把二十一條要求的內容洩漏了，那時我正在紐約讀書。這消息使西方各國首都大為震驚。抵制日貨運動像野火一樣在中國各地迅速蔓延以示抗議，但是日本軍艦已經結集在中國的重要口岸，同時日本在南滿和山東的軍隊也已經動員。民國四年即一九一五年五月七日，也就是日本提出二十一條要求之後四個月，日本向袁世凱提出最後通牒，袁世凱終於在兩天之後接受二十一條要求。

後來情勢演變，這些要求終於化為烏有，但是中國對日本的欽慕和感激卻由此轉變為恐懼和猜疑。從此以後，不論日本說什麼，中國總是滿腹懷疑，不敢置信；不論日本做什麼，中國總是懷著恐懼的心情加以警戒。日本愈表示親善，中國愈覺得她居心叵測。

我們的東鄰質問我們：「你們為什麼不像我們愛你們一樣地愛我們？」我們回答說：「你們正在用刺刀談戀愛，我們又怎麼能愛你們？」

九一八事變前幾年，一位日本將官有一天問我：「中國為什麼要挑撥西方列強與日本作對？」

「為保持均勢，以免中國被你們併吞。」我很坦白地回答。

「日本併吞中國！我們怎麼會呢？這簡直是笑話。」

「一點也不笑話，將軍。上次大戰時列強自顧不暇，日本不是曾經乘機向中國提出二十一條要求嗎？如果這些要求條條實現，日本不是就可以鯨吞中國嗎？」

「哦，哦——？」這位將軍像是吃驚不小的樣子。

「一點不錯。」我直截了當的回答。

民國初年

一、知識分子的覺醒

我從杭州到上海以後就進當時最大的書局商務印書館當編輯。同時兼了江蘇省教育會的一名理事，膳宿就由教育會供給。但是年輕人幹不慣磨桌子的生活，一年之後我就辭職了。與商務印書館之間的銀錢往來也在翌年清結。

我與幾位朋友在國立北京大學和江蘇省教育會贊助下開始發行《新教育》月刊，由我任主編。雜誌創辦後六個月就銷到一萬份。它的主要目標是「養成健全之個人，創造進化的社會」。

那時正是歐戰後不久，自由與民主正風靡全世界，威爾遜主義已引起中國有識之士的注意。中國青年正浸淫於戰後由歐美湧至的新思想。報紙與雜誌均以巨大篇幅報導國際新聞和近代發展。中國已經開始追上世界的新思潮了。

《新青年》正在鼓吹德先生與賽先生（即民主與科學），以求中國新生。這本思想激進的雜誌原為幾年前陳獨秀所創辦，後來由北京大學的一群教授共同編輯。《新青年》在介紹新思想時，自然而然對舊信仰和舊傳統展開激烈的攻擊。有些投稿人甚至高喊「打倒孔家店」！這些激烈的言論固然招致一般讀者的強烈反感，但是全國青年卻已普遍沾染知識革命的情緒。

孫中山先生於民國七年移居上海。我們前面已經談過新誕生的民國的坎坷命運，而且一部分正受著割據各省的軍閥統治。中山先生的國民黨，最強大的據點是南方和上海。民國六年（一九一七年），國民黨成立新政府對抗北京政府，以求維護革命人士所致力的原則，並進而推廣於全國。當時廣州的南方政府是由總裁控制的，若干參加分子的政治見解非常膚淺，孫先生無法同意，乃離粵北上定居滬濱，從事中國實業計畫的研究。

他的目光遠超乎當時的政治紛爭之外，他的實業計畫如果順利實現，可以解除人民貧困，促使國家富強，並使中國躍於現代工業化國家之林。根據中山先生的計畫，中國的工業建設分為食衣住行四大類。這些都是人民生活所必需的，孫先生就根據這些因素計畫中國的工業建設。

他設計了貫串中國廣大領土內所有重要商業路線和軍運路線的鐵路網和公路網，他定下發展中國商埠和海港計畫；他也定下疏浚河流、水利建設、荒地開墾等的計畫大綱，他又設計了發展天然資源和建設輕重工業的藍圖；他鑑於中國森林砍伐過度，又定下在華中、華北造林的計畫。

他對工業發展規定了兩個原則：一、凡是可以由私人經營的就歸私人經營；二、私人能力所不及或可能造成壟斷的則歸國家經營。政府有責鼓勵私人企業，並以法律保護之；苛捐雜稅必須廢除；幣制必須改善並予統一；官方干涉和障礙必須清除；交通必須發展以利商品的流通。鐵道、公路、疏浚河流、水利、墾荒、商埠、海港等都規定由國家主持。政府並須在山西省建立大規模的煤鐵工廠。歡迎外國資本，並將雇用外國專家。

孫中山先生是中國第一位有過現代科學訓練的政治家。他的科學知識和精確的計算實在驚人。為了計畫中國的工業發展，他親自繪製地圖和表格，並收集資料，詳加核對。實業計畫中所包括的河床和港灣的深度和展次等細節他無不瞭如指掌。有一次我給他一張導淮委員會的《淮河水利圖》，他馬上把它在地板上展開，非常認真的加以研究。後來我發現這幅水利圖在他書房的壁上掛著。

在他仔細研究工業建設的有關問題和解決辦法以後，他就用英文寫下來。打字工作全部歸孫夫人負責，校閱原稿的工作則由余日章和我負責。一切資料數字都詳予核對，如果有什麼建議，孫先生無不樂予考慮。凡是孫先生所計畫的工作，無論是政治的、哲學的、科學的或其他，他都以極大的熱忱去進行。他虛懷若谷，對於任何建議和批評都樂於接受。

因為他的眼光和計畫越超了他的時代，許多與他同時代的人常常覺得他的計畫不切實際，常常引用「知之非艱，行之唯艱」的傳統觀念來答覆他。他對這些人的短視常常感到困擾。當他在四十年前倡導革命運動時，他就曾遭遇到同樣的障礙。後來他寫了一篇叫〈心理建設〉的文章，提倡知難行易的學說。中西思想重點不同的地方，其中之一就是中國人重應用，而西洋人重理知。中國人重實際，所以常常過分強調實踐過程中的困難，有時是實在的困難，有時只是想像的，以致忽視實際問題背後的原理原則。凡是經常接觸抽象原則和理論的人，或者熟悉如何由問題中找出基本原則的人，都不難了解中山先生的立論。在另一方面，凡是慣常注重近功實利而不耐深思熟慮的人，可就不容易了解中山先生的主張了。在清室式微的日子裡，中國並不缺乏銳意改革的人，但是真能洞燭病根，且能策定治本計畫的人卻很少。孫先生深知西方文化的發展過程，同時對中國的發展前途具有遠大的眼光，因此他深感超越近功近利的原理原則的重要，他知道只有高瞻遠矚的知識才能徹底了解問題的本質。

只要我們把握這種基本的知識，實踐起來就不會有不可解除的困難了。真正的困難在於發見基本的道理。事實上，不但真知灼見的事情，必能便利的推行，而在許多地方，即使所知不深，亦能推行無阻。例如水泥匠和木匠，只要他們照著建築師的吩咐去做，即使他們不懂得建築學，也照樣能執行複雜的建築藍圖。醫藥方面的情況更明顯，診斷常常比用藥困難，醫科學生知道得很清楚，在他研究醫學之前，他必須對生理學和解剖學先有相當的了解，而在研究生理學和解剖學之前則又得先行研究物理與化學等普通科學。每一種科學都是許多為學問而學問的人們經過幾百年繼續不斷研究所積聚的結果。由此可見醫學的基礎知識之獲得比行醫遠為艱難。

與孫先生同時代的人只求近功，不肯研究中國實際問題的癥結所在，希望不必根據歷史、社會學、心理學、科學等所得的知識，就把事情辦好，更不願根據科學知識來訂定國家的建設計畫。因此他們誣衊孫先生的計畫是不切實際的空中樓閣。他們的「現實的」眼光根本看不到遠大的問題，更不知道他們自己的缺點就是無知和淺見，缺乏實際能力倒在其次。以實在而論，他們自己認為知道的東西，實只限於淺薄的個人經驗或不過根據一種常識的推斷。這樣的知識雖然容易獲得，但以此為實踐基礎反常常會遭受最後的失敗。

在西洋人看起來，這些或許只是理論與實踐，或者知識與行為的哲學論爭，似乎與中國的革命和建設不生關係。但是中山先生卻把它看得很嚴重，認為心理建設是其他建設的基礎，不論是政治建設、實業建設或社會建設。有一天我和羅志希同杜威先生謁見孫先生，談到知難行易問題，杜威教授對中山先生說：「過重實用，則反不切實用。沒有人在西方相信『知』是一件容易的事。」

《新教育》月刊，一方面受到思想界革命風氣的影響，一方面因為我個人受到中山先生的啟示，所以在教學法上主張自發自動，強調兒童的需要，擁護杜威教授在他的《民主與教育》中所提出的主張。在中國的教育原理方面，《新教育》擁護孟子的性善主張，因此認為教育就是使兒童的本性得到正常的發展。事實上孔子以後，中國教育的主流一直都遵循著性善的原則。不過年代一久，所謂人性中的「善」就慢慢地變為受古代傳統所規範的某些道德教條了。因此我們的主張在理論上似很新鮮，實踐起來卻可能離本來的原則很遠很遠。所謂「發展本性」在事實上可能變為只是遵守傳統教條，中國發生的實際情形正是如此。

自從盧梭、裴斯塔洛齊[1]、福祿培[2]，以及後來的杜威等人的學說被介紹至中國思想界以後，大家對孟子學說開始有了比較清晰的認識，中國兒童應該從不合現代需要的刻板的行為規律中解放出來。我們應該誘導兒童自行思想，協助他們根據他們本身的需要——而不是根據大人的需要，來解決他們自己的問題。我們應該啟發兒童對自然環境的興趣，根據兒童心理學的原則，兒童只能看做兒童；他不是一個小大人，不能單拿知識來填，更不應拿書本來填。教育應該幫助兒童在心智、身體和團體活動各方面成長。

這些就是指導《新教育》的思想原則。讀者不難覺察，這與當時國內的革命思想是恰好符合的。《新教育》月刊與北京大學師生間知識上的密切關係，終於使我在第二年跑進這個知識革命的大漩渦，擔任了教育學教授，並於校長蔡先生請假時代理校長。

二、北京大學和學生運動

如果你丟一塊石子在一池止水的中央，一圈又一圈的微波就會從中蕩漾開來，而且愈漾愈遠，愈漾愈大。北京曾為五朝京城，歷時一千餘年，因此成為保守勢力的中心，慈禧太后就在這裡的龍

1 Johann Heinrich Pestalozzi (1746–1827)，瑞士教育家，主張全體兒童的受教權，被譽為「歐洲國民教育之父」。

2 今譯為弗里德里希・福祿貝爾 (Friedrich Fröbel, 1782–1852)，德國教育家，為現代學前教育始祖。

座上統治著全中國。光緒皇帝在一八九八年變法維新，結果有如曇花一現，所留下的惟一痕跡只是國立北京大學，當時稱為京師大學堂或直呼為大學堂。維新運動短暫的潮水已經消退而成為歷史陳跡，只留下一些貝殼，星散在這恬靜的古都裡，供人憑弔。但是在北京大學裡，卻結集著好些蘊蓄珍珠的活貝；由於命運之神的擺布，北京大學終於在短短三十年歷史之內對中國文化與思想提供了重大的貢獻。

在靜水中投下知識革命之石的是蔡子民先生（元培）。蔡先生在一九一六年（民國五年）出任北京大學校長，他是中國文化所孕育出來的著名學者，但是充滿了西洋學人的精神，尤其是古希臘文化的自由研究精神。他的「為學問而學問」的信仰，植根於對古希臘文化的透徹了解，這種信仰與中國「學以致用」的思想形成強烈的對照。蔡先生對學問的看法，基本上是與中山先生的看法一致的，不過孫先生的見解來自自然科學，蔡先生的見解則導源於希臘哲學。

這位著名的學者認為美的欣賞比宗教信仰更重要。這是希臘文化與中國文化交融的一個耐人尋味的實例。蔡先生的思想中融合著中國學者對自然的傳統愛好和希臘人對美的敏感，結果產生對西洋雕塑和中國雕刻的愛好；他喜愛中國的山水畫，也喜愛西洋油畫；對中西建築和中西音樂都一樣喜歡。他對宗教的看法基本上是中國人的傳統見解：認為宗教不過是道德的一部分。他希望以愛美的習慣來提高青年的道德觀念。這也就是古語所謂「移風易俗莫大於樂」的傳統信念。高尚的道德基於七情調和，要做到七情調和則必須透過藝術和音樂或與音樂有密切關係的詩歌。

蔡先生崇信自然科學。他不但相信科學可以產生發明、機器以及其他實益，他並且相信科學可以培養有系統的思想和研究的心理習慣，有了系統的思想和研究，才有定理定則的發現，定理定則是一切真知灼見的基礎。

蔡先生年輕鋒芒很露。他在紹興中西學堂當校長時，有一天晚上參加一個宴會，酒過三巡之後，他推杯而起，高聲批評康有為、梁啟超維新運動的不徹底，因為他們主張保存滿清皇室來領導維新。說到激烈時，他高舉右臂大喊道：「我蔡元培可不這樣。除非你推翻滿清，任何改革都不可能！」

蔡先生在早年寫過許多才華橫溢、見解精闢的文章，與當時四平八穩，言之無物的科舉八股形成強烈的對照。有一位浙江省老舉人曾經告訴我，蔡元培寫過一篇怪文，一開頭就引用《禮記》裡的「飲食男女，人之大欲存焉」一句。繳卷時間到時，他就把這篇文章繳給考官。蔡先生就在這場鄉試裡中了舉人。後來他又考取進士，當時他不過三十歲左右。以後就成為翰林。

蔡先生晚年表現了中國文人的一切優點，同時虛懷若谷，樂於推受西洋觀念。他那從眼鏡上面望出來的兩隻眼睛，機警而沉著；他的語調雖然平板，但是從容、清晰、流利而懇摯。他從來不疾言厲色對人，但是在氣憤時，他的話也會變得非常快捷、嚴厲、扼要——像法官宣判一樣的簡單明瞭，也像絨布下面冒出來的匕首那樣的尖銳。

他的身材矮小，但是行動沉穩。他讀書時，伸出纖細的手指迅速地翻著書頁，似乎是一目十行的讀，而且有過目不忘之稱。他對自然和藝術的愛好使他的心境平靜，思想崇高，趣味雅潔，態度懇切而平和，生活樸素而謙抑。他虛懷若谷，對於任何意見、批評或建議都欣然接納。

當時的總統黎元洪選派了這位傑出的學者出任北大校長。北大在蔡校長主持之下，開始一連串重大的改革。自古以來，中國的知識領域一直是由文學獨霸的，現在，北京大學卻使科學與文學分庭抗禮了。歷史、哲學和「四書」、「五經」也要根據現代的科學方法來研究。為學問而學問的精神蓬勃一時。保守派、維新派和激進派都同樣有機會爭一日之短長。背後拖著長辮，心裡眷戀帝制的老先生與思想激進的新人物並坐討論，同席笑謔。教室裡、座談會上、社交場合裡，到處討論著知識、文化、家庭、社會關係和政治制度等等問題。

這情形很像中國先秦時代，或者古希臘蘇格拉底和亞里士多德時代的重演。蔡先生就是中國的老哲人蘇格拉底，同時，如果不是全國到處有同情他的人，蔡先生也很可能遭遇蘇格拉底同樣的命運。在南方建有堅強根據地的國民黨黨員中，同情蔡先生的人尤其多。但是中國的和外國的保守人士卻一直指責北京大學鼓吹「三無主義」——無宗教、無政府、無家庭——與蘇格拉底被古希臘人指責戕害青年心靈的情形如出一轍。爭辯不足以消除這些毫無根據的猜疑，只有歷史才能證明它們的虛妄。歷史不是已經證明了蘇格拉底的清白無罪嗎？

我已經提到蔡先生提倡美學以替代宗教，提倡自由研究以追求真理。北大文學院院長陳仲甫（獨秀）則提倡賽先生和德先生，認為那是使中國現代化的兩種武器。自由研究導致思想自由；科學破壞了舊信仰，民主則確立了民權的主張。同時，哲學教授胡適之（適）那時正在進行文學革命，主張以白話代替文言作表情達意的工具。白話比較接近中國的口語，因此比較易學、易懂。它是表達思想的比較良好也比較容易的工具。在過去知識原是士大夫階級的專利品，推行白話的目的就是普及知識。白話運動推行結果，全國各地產生了無數的青年作家。幾年之後，教育部並下令全國小學校一律採用白話為教學工具。

北大是北京知識沙漠上的綠洲。知識革命的種子在這塊小小的綠洲上很快地就發育滋長。三年之中，知識革命的風氣已經遍布整個北京大學。

這裡讓我們追述一些往事。一個運動的發生，決不是偶然的，必有其前因與後果。在知識活動的蓬勃氣氛下，一種思想上和道德上的不安迅即在學生之中發展開來。我曾經談過學生如何因細故而鬧學潮的情形，那主要是受了十八世紀以自由、平等、博愛為口號的法國政治思想的影響，同時青年們認為中國的遲遲沒有進步，並且因而召致外國侵略應由清廷負其咎，因此掀起學潮表示反抗。

第一次學潮於一九〇二年發生於上海南洋公學，即所謂罷學風潮。我在前篇已經講過。幾年之後，這種學生反抗運動終至變質而流為對付學校廚子的「飯廳風潮」。最後學校當局想出「請君入甕」的辦法，把伙食交由學生自己辦理。不過零星的風潮仍舊持續了十五、六年之久。有一次「飯廳風潮」甚至導致慘劇。杭州的一所中學，學生與廚子發生糾紛，廚子憤而在飯裡下了毒藥，結果十多位學生中毒而死。我在慘案發生後去過這所中學，發現許多學生正在臥床呻吟，另有十多具棺木停放在操場上，等待死者家屬前來認領葬殮。

表現於學潮的反抗情緒固然漸成過去，反抗力量卻轉移到革命思想上的發展，而且在學校之外獲得廣大的支持，終至發為政治革命而於一九一一年推翻滿清。

第二度的學生反抗運動突然在一九一九年（民國八年）五月四日在北京爆發。此即所謂五四運動。事情經過是這樣的：消息從巴黎和會傳到中國，說歐戰中的戰勝國已經決定把山東半島上的青島送給日本。青島原是由中國租給德國的海港，歐戰期間，日本從德國手中奪取青島。中國已經對德宣戰。戰後這塊租地自然毫無疑問地應該歸還中國。消息傳來，舉國騷然。北京學生在一群北大學生領導下舉行示威，反對簽訂《凡爾賽和約》。三千學生舉行群眾大會，並在街頭遊行示威，反對接受喪權辱國的條件，高喊「還我青島！」「抵制日貨！」「打倒賣國賊！」寫著同樣的標語的旗幟滿街飄揚。

當時的北京政府仍舊在軍人的掌握之下，僅有民主政體和議會政治的外表，在廣州的中山先生的國民黨以及其餘各地的擁護者，雖然努力設法維護辛亥革命所艱辛締造的民主政制，卻未著實效。北京政府的要員中有三位敢犯眾怒的親日分子。他們的政治立場是盡人皆知的。這三位親日分子——交通總長曹汝霖，駐日公使陸宗輿，和另一位要員章宗祥——結果就成為學生憤恨的對象，群眾蜂擁到曹宅，因為傳說那裡正在舉行祕密會議。學生破門而入，滿屋子搜索這三位「賣國賊」。曹汝霖和陸宗輿從後門溜走了；章宗祥則被群眾抓到打傷。學生們以為已經把他打死了，於是一哄而散，離去前把所有的東西砸得稀爛，並且在屋子裡放了一把火。

這時武裝警察和憲兵已經趕到，把屋子圍得水泄不通。他們逮捕了六十位學生帶往司令部，其餘的一千多名學生跟在後面不肯散，各人自承應對這次事件負責，要求入獄。結果全體被關到北京大學第三院（法學院），外面由憲警嚴密駐守。

有關這次遊行示威的消息，遭到嚴密的檢查與封鎖。但是有幾個學生終於蒙過政府的耳目，透過天津租界的一個外國機構發出一通電報。這電報就是五號上海各報新聞的惟一來源。五號早晨報紙到達我手裡時，我正在吃早餐。各報的首頁都用大字標題刊登這條新聞，內容大致如下：

北京學生遊行示威反對簽訂《凡爾賽和約》。三親日要員曹汝霖、陸宗輿、章宗祥遭學生圍毆。曹汝霖住宅被焚，數千人於大隊憲警監視下拘留於北京大學第三院。群眾領袖被捕，下落不明。

除此簡短新聞外，別無其他報導。

這消息震動了整個上海市。當天下午，公共團體如教育會、商會、職業工會等紛紛致電北京政府，要求把那三位大員撤職，同時釋放被捕或被扣的學生。第二天一整天，全上海都焦急地等待著政府的答覆，但是杳無消息。於是全市學生開始罷課，提出與各團體相同的要求，同時開始進行街頭演說。

第二天早晨，各校男女學生成群結隊沿著南京路挨戶訪問，勸告店家罷市。各商店有的出於同情，有的出於懼怕，就把店門關起來了。許多人則仿照左鄰右舍的榜樣，也紛紛關門歇市。不到一個鐘頭，南京路上的所有店戶都關上大門了，警察干涉無效。

罷市風聲迅即蔓延開來，到了中午時，全上海的店都關了。成千成萬的人在街頭聚談觀望，交通幾乎阻塞。租界巡捕束手無策。男女童子軍代替巡捕在街頭維持秩序，指揮交通。由剪了短髮的女童子軍來維持人潮洶湧的大街的秩序，在上海公共租界倒真是一件新鮮的事。中國人和外國人同樣覺得奇怪，為什麼群眾這麼樂意接受這些小孩子的指揮，而對巡捕們卻大發脾氣。

幾天之內，罷課成為全國性的風潮。上海附近各城市的商店和商業機構全都關了門。上海是長江流域下游的商業中心。這個大都市的心臟停動以後，附近各城市也就隨著癱瘓，停止活動，倒不一定對學生表同情。

租界當局聽說自來水廠和電燈廠的雇員要參加罷工，大起驚慌。後來經過商會和學生代表的調停，這些人才算被勸住沒有罷工。各方壓力繼續了一個多星期，北京政府終於屈服，親日三官員辭職，全體學生釋放。

各地學生既然得到全國人士的同情與支持，不免因這次勝利而驕矜自喜。各學府與政府也從此無有寧日。北京學生獲得這次勝利以後，繼續煽動群眾，攻擊政府的腐敗以及他們認為束縛青年思想的舊傳統。學生們因為得到全國輿情的支持，已經戰勝了政府。參加遊行示威，反對簽訂《凡爾賽和約》，是每一個中國人都願意做的事。學生們因為有較好的組織，比較敢言，比較衝動，顧慮比較少，所以打了頭陣，並且因此撥動了全國人民的心弦。

親日官員辭職，被捕學生釋放，上海和其他各地的全面罷課罷市風潮歇止以後，大家以為「五四」事件就此結束，至少暫時如此。但是北京大學本身卻成了問題。蔡校長顯然因為事情鬧大而感到意外，這時已經辭職而悄然離開北京。臨行在報上登了一個廣告引《白虎通》裡的幾句話說：「殺君馬者道旁兒，民亦勞止，汔可小休。」他先到天津，然後到上海，最後悄然到了杭州，住在一個朋友的家裡。住處就在著名的西湖旁邊，臨湖依山，環境非常優美，他希望能像傳統的文人雅士，就此息影山林。雖然大家一再敦勸，他仍舊不肯回到北大。他說，他從來無意鼓勵學生鬧學潮，但是學生們示威遊行，反對接受《凡爾賽和約》有關山東問題的條款，那是出乎愛國熱情，實在無可厚非。至於北京大學，他認為今後將不易維持紀律，因為學生們很可能為勝利而陶醉。他們既然嘗到權力的滋味，以後他們的欲望恐怕難以滿足了。這就是他對學生運動的態度。有人說他隨時準備鼓勵學生鬧風潮，那是太歪曲事實了。

他最後同意由我前往北京大學代理他的職務。我因情勢所迫，只好勉強同意擔負起這付重擔。我於是在七月間偕學生會代表張國燾乘了火車，前赴北京。到了北京大學，初次遇見了當時北大學生，以後任臺大校長的傅孟真（斯年），現在臺灣任國史館長的羅志希（家倫）。兩位是北大「五四」的健將，不但善於謀略，而且各自舞著犀利的一支筆，好比公孫大娘舞劍似的，光芒四照。他們約好了好多同學，組織了個新潮社，出版了一種雜誌，叫做《新潮》，向舊思想進攻。我現在寫《西潮》，實在自從「五四」以後，中國本土已捲起了洶湧澎湃的新潮，而影響了中國將來的命運。然而

「五四」之起因，實為第一次世界大戰後，歐洲帝國主義之崩潰，以及日本帝國主義的猖狂。所以畢竟還是與西潮有關。

我到校以後，學生團體開了一個歡迎大會。當時的演說中，有如下一段：

……故諸君當以學問為莫大的任務。西洋文化先進國家到今日之地位，係累世文化積聚而成，非旦夕可幾。千百年來，經多少學問累世不斷的勞苦工作而始成今日之文化。故救國之要道，在從事增進文化之基礎工作，而以自己的學問功夫為立腳點，此豈搖旗吶喊之運動所可幾？當法國之圍困德國時，有德國學者費希德在圍城中之大學講演，而作致國民書曰：「增進德國之文化，以救德國。」國人行之，遂樹普魯士敗法之基礎。故救國當謀文化之增進，而負此增進文化之責者，惟有青年學生。……

暴風雨過去以後，烏雲漸散，霽日重現，蔡先生也於九月間重回北大復職視事。

北大再度改組，基礎益臻健全。新設總務處，由總務長處理校中庶務。原有處室也有所調整，使成為一個系統化的有機體，教務長負責教務。校中最高立法機構是評議會，會員由教授互選；教務長、總務長以及各院院長為當然會員。評議會有權制訂各項規程，授予學位，並維持學生風紀。各行政委員會則負責行政工作，北大於是走上教授治校的路。學術自由、教授治校以及無畏地追求真理，成為治校的準則。學生自治會受到鼓勵，以實現民主精神。

此後七年中，雖然政治上狂風暴雨迭起，北大卻在有勇氣、有遠見的人士主持下，引滿帆篷，安穩前進。圖書館的藏書大量增加，實驗設備也大見改善。國際知名學者如杜威和羅素，相繼應邀來校擔任客座教授。

這兩位西方的哲學家，對中國的文化運動各有貢獻。杜威引導中國青年，根據個人和社會的需要，來研究教育和社會問題。無庸諱言的，以這樣的方式來考慮問題，自然要引起許多其他的問題，在當時變化比較遲鈍的中國實際社會中自然會產生許多糾紛。國民黨的一位領袖胡漢民先生有一次對我說，各校風潮迭起，就是受了杜威學說的影響。此可以代表一部分人士，對於杜威影響的估計。他的學說使學生對社會問題發生興趣也是事實，這種情緒對後來的反軍閥運動卻有很大的貢獻。

羅素則使青年人開始對社會進化的原理發生興趣。研究這些進化的原理的結果，使青年人同時反對宗教和帝國主義。傳教士和英國使館都不歡迎羅素。他住在一個中國旅館裡，拒絕接見他本國使館的官員。我曾經聽到一位英國使館的官員表示，他們很後悔讓羅素先生來華訪問。羅素教授曾在北京染患嚴重的肺炎，醫生們一度認為已經無可救藥。他病癒後，我聽到一位女傳教士說：「他好了麼？那是很可惜的。」我轉告羅素先生，他聽了哈哈大笑。

第一次世界大戰後，中國的思想界，自由風氣非常濃厚，無論是研究社會問題或社會原理，總使慣於思索的人們難於安枕，使感情奔放的人們趨向行動。戰後歐洲的西洋思想就是在這種氣氛下介紹進來的，各式各樣的「主義」都在中國活躍一時。大體而論，知識分子大都循著西方民主途徑前進，但是其中也有一部分人受到一九一七年俄國革命的鼓勵而嚮往馬克思主義。《新青年》的主編陳獨秀辭去北大文學院院長的職務，成為中國共產主義運動的領袖。反對日本帝國主義的運動也促使知識分子普遍同情俄國革命。第三國際於一九二三年派越飛[3]到北京與中國知識分子接觸。某晚，北京擷英飯店有一次歡迎越飛的宴會。蔡校長於席中致歡迎詞時說：「俄國革命已經予中國的革命運動極大的鼓勵。」

俄國曾經一再宣布，準備把北滿的中東鐵路歸還中國，並且希望中國能夠順利掃除軍閥，驅逐侵略中國的帝國主義。蘇俄對中國的這番好意，受到所有知識分子以及一般老百姓的歡迎。這種表面上友好表示的後果之一，就是為蘇俄式的共產主義在中國鋪了一條路。

在這同時，許多留學歐美大學的傑出科學家也紛紛回國領導學生，從事科學研究。教員與學生都出了許多刊物。音樂協會、藝術協會、體育協會、圖書館學會等等紛紛成立，多如雨後春筍。教授李守常（大釗）並領導組織了一個馬克思主義研究會。當時北京報紙附欄，稱這研究會為「馬神廟某大學之牛克思研究會」，不過作為嘲笑之對象而已。馬神廟者北京大學所在地也。此時北大已經敞開大門招收女生。北大是中國教育史上第一所給男女學生同等待遇的高等學府。教員和學生在學

3 Adolph Joffe (1883–1927)，蘇聯外交官，曾任蘇聯駐華全權代表，於一九二三年與孫中山一同發表聯合宣言，之後陸續展開國共合作事宜。

術自由和自由研究的空氣裡，工作得非常和諧而愉快。

北大所發生的影響非常深遠。北京古都靜水中所投下的每一顆知識之石，餘波都會到達全國的每一角落。甚至各地的中學也沿襲了北大的組織制度，提倡思想自由，開始招收女生。北大發起任何運動，進步的報紙、雜誌和政黨無不紛起響應。國民革命的勢力，就在這種氛圍中日漸擴展，同時中國共產黨也在這環境中漸具雛形。

軍閥之間的衝突正在這古都的附近間歇進行著。在這些時斷時續的戰事中，北京各城門有一次關閉幾達一星期之久。槍砲聲通常在薄暮時開始，一直持續到第二天早晨。有一次，我們曾經跑到北京飯店的屋頂去眺望砲火，那真叫做隔岸觀火，你可以欣賞夜空中交織的火網，但是絕無被火花灼傷的危險。砲彈拖著長長的火光，在空中飛馳，像是千萬條彩虹互相交織。隆隆的砲聲震得屋頂搖搖晃晃，像是遭到輕微的地震。從黃昏到清晨，砲火一直不停。我回家上床時，根本不能把耳朵貼著枕頭睡，因為這樣砲聲顯得特別響亮。因此我只能仰天躺著睡，讓耳朵朝著天花板，同時注意到電燈罩子在微微搖晃。玻璃窗也嘎嘎作響。我有一隻德國種的狼犬，名叫狼兒，牠被砲聲吵得無法再在地板上安睡，一直哼個不停。牠的耳朵一貼到地板，牠就驚跳起來，哼唧幾聲之後，牠衝到房間旁，拼命在門上抓，牠一定以為怪聲是我臥房的地板下面發出來的。第二天早上，我罵了牠一頓，說牠前一晚不該那麼搗亂。牠似乎自知理屈，只用兩隻眼睛怯生生地望著我。早餐時我到處找不到狼兒，從此再不見牠的蹤影。大概牠跑出去想找塊安靜地，夜裡不會有惡作劇的魔鬼在地下大敲大擂，好讓牠安安穩穩的睡覺。不過，我想牠大概是很失望的。

有一天，我和一位朋友在圍城中沿著順城門大街散步。老百姓還是照常操作，毫無緊張的樣子。拉黃包車和坐黃包車的也與平常毫無異樣。我們從西單牌樓轉到西長安街，然後又轉到中央公園。皇宮前午門譙樓上的黃色琉璃瓦，在夕陽下映著澄碧的秋空閃閃發光。我們在一棵古柏的濃蔭下選了一個地方坐下。這些古老的柏樹是幾百年前清朝的開國皇帝種植的。有的排成長列，有的圍成方形。空氣中充塞著柏樹的芳香，微風帶著這些醉人的香味吹拂著我們的面龐。我們圍坐在桌子旁，靜聽著鄰座酒客的議論。大家都在議論戰事，猜測著誰會勝利，誰將入據北京。誰勝誰敗，大家好像都不在乎。操心又怎麼樣？北京已經見過不少的戰事，飽經滄桑之後，北京還不是依然故我？沉默的午門譙樓就是見證。

「城門都關了，不知道我們能不能叫個魚吃吃。」我的朋友說。

堂倌拿了一條活生生的魚來問我們：「先生們喜歡怎麼個燒法？」

「一魚兩吃。一半醋溜，一半紅燒。」

魚燒好端上來了，有一碟似乎不大新鮮。

「這是怎麼回事？這一半是死魚呀！」我的朋友質問堂倌。堂倌鞠了一躬，只是嘻嘻地笑。

「哦，我知道了！這條魚一定是從城牆跳進來的。碰到地的一邊碰死了，另一邊卻仍然活著。」我代為解釋。堂倌再度跑過來時，我的朋友從桌子上抓起一把空酒壺，翻過來給他看。「怎麼！你給我們一把空酒壺呀！」

「對不起」，堂倌笑嘻嘻地說：「酒邊跑了！」他馬上給我們重新拿了一壺。當然，兩壺酒都記在我們賬上。

我們在黃昏時回家。那天晚上，戰鬥停止了，我又想起狼兒。這一晚，牠大概可以在城裡找個地方，安靜地睡一覺了。第二天早上，我們發現政府已經易手。皇宮依然無恙。老百姓照常過活。各城門大開，成千成萬的人從鄉下挑著蔬菜、肉類、雞蛋、魚蝦湧進北京城。小孩子們在戰場上撿起廢彈殼，以幾塊錢的代價在街頭出售。許多人拿這些砲彈殼製花瓶。

城外有些人家破人亡，我亦失掉了我的狼兒。

一般而論，在這些漫長痛苦的日子裡，因戰事而喪失的生命財產並不嚴重。使中國陷於癱瘓而成為鄰邦侵略之目標的，實為人心之動盪，交通之破壞，經濟之崩潰，以及國民安定生活之遭破壞。國家陷於四分五裂，全國性的建設計畫幾乎成為不可能。中國當務之急就是統一。

蔡校長赴歐旅行時，我又再度代理北大校長。這時我接到中山先生一封信，對北大的各種運動大加獎譽，最後並勉勵我「率領三千子弟，參加革命」。

孫先生可惜未能在有生之年看到他的希望實現，不過短短數年之後，他的繼承人蔣總司令，率領革命軍從廣州北伐，所向披靡，先至長江流域，繼至黃河流域，終至底定北京。開始於北京，隨後遍及全國各階層的革命運動，已先為這次國民革命軍的新勝利奠定了心理的基礎。

三、擾攘不安的歲月

蔡校長和胡適之他們料得不錯，學生們在「五四」勝利之後，果然為成功之酒陶醉了。這不是蔡校長等的力量，或者國內的任何力量所能阻止的，因為不滿的情緒已經在中國的政治、社會和知識的土壤上長得根深蒂固。學校裡的學生竟然取代了學校當局聘請或解聘教員的權力。如果所求不遂，他們就罷課鬧事。教員如果考試嚴格或者贊成嚴格一點的紀律，學生就馬上罷課反對他們。他們要求學校津貼春假中的旅行費用，要求津貼學生活動的經費，要求免費發給講義。總之，他們向學校予取予求，但是從來不考慮對學校的義務。他們沉醉於權力，自私到極點。有人一提到「校規」，他們就會瞪起眼睛，噘起嘴巴，咬牙切齒，隨時預備揍人。

有一次，北大的評議會通過一項辦法，規定學生必須繳講義費。這可威脅到他們的荷包了。數百學生馬上集合示威，反對此項規定。蔡校長趕到現場，告訴他們，必須服從學校規則。學生們卻把他的話當耳邊風。群眾湧進教室和辦公室，要找主張這條「可惡的」規定的人算賬。蔡校長告訴他們，講義費的規定應由他單獨負責。

「你們這班懦夫！」他很氣憤地喊道，袖子高高地捲到肘子以上，兩隻拳頭不斷在空中搖晃。「有膽的就請站出來與我決鬥。如果你們哪一個敢碰教員，我就揍他。」

群眾在他面前圍了個半圓形。蔡校長向他們逼近幾步，他們就往後退幾步，始終保持著相當的距離。這位平常馴如綿羊，靜如處子的學者，忽然之間變為正義之獅了。

群眾漸漸散去，他也回到了辦公室。門外仍舊聚著五十名左右的學生，要求取消講義費的規定。走廊上擠滿了好奇的圍觀者。事情成了僵局。後來教務長顧孟余先生答應考慮延期收費，才算把事情解決。所謂延期，自然是無限期延擱。這就是當時全國所知的北大講義風潮。

鬧得最凶的人往往躲在人們背後高聲叫罵，我注意到這些搗亂分子之中有一位高個子青年，因為他個子太高，所以無法逃出別人的視線。我不認識他，後來被學校開除的一批人之中，也沒有他的名字。若干年之後，我發現他已經成為神氣十足的官兒，我一眼就認出他來。他的相貌決不會讓人認錯，他的叫罵聲仍舊縈繞在我的耳畔。他已經成為手腕圓滑的政客，而且是位手辣心黑的貪官，抗戰勝利後不久故世，留下一大堆造孽錢。

幾年之後，發生了一次反對我自己的風潮，因為我拒絕考慮他們的要求。一群學生關起學校大門，把我關在辦公室。胡適之先生打電話給我，問我願不願意找警察來解圍，但是我謝絕了。大門關閉了近兩小時。那些下課後要回家的人在裡面吵著要出去，在門外準備來上課的人則吵著要進來。群眾領袖無法應付他們自己同學的抗議，最後只好打開大門。我走出辦公室時，後面跟著一、二十人，隨跟隨罵著。我回過頭來時，發現有幾個學生緊盯在我背後。北大評議會決定開除我所能記得的以及後來查出的鬧事學生。

好幾年以後，我偶然經過昆明中央航空學校的校園。航空學校原來在杭州，戰時遷到昆明。忽然一位漂亮的青年軍官走到我面前，他向我行過軍禮告訴我，他就是被北京大學開除的一位學生。我馬上認出他那誠實的面孔和那健美的體格。鬧學潮時緊迫在我背後所表現的那付醜惡的樣子已經完全轉變了，他的眼睛閃耀著快樂的光輝，唇邊蕩漾著笑意。這次邂逅使我們彼此都很高興。航空學校的校長來告訴我，這位青年軍官是他們最優秀的飛行員和教官之一。

這些例子足以說明學生運動中包含各式各樣的分子。那些能對奮鬥的目標深信不疑，不論這些目標事實上是否正確，而且願意對他們的行為負責的人，結果總證明是好公民，而那些鬼頭鬼腦的傢伙，卻多半成為社會的不良分子。

學生們所選擇的攻擊目標，常常是政府無法解決或者未能圓滿解決的國際問題。因此，他們常能獲得國人的同情；他們的力量也就在此。中日之間的「事件」日漸增多以後，學生的示威遊行常常被日本人解釋為反日運動。糾紛的根源在於二十一條要求和《凡爾賽和約》所引起的山東問題。自從遠東均勢破壞以後，日本幾乎享有控制中國的特權。門戶開放政策已經取代瓜分中國的政策。但是門戶開放政策必須以均勢為基礎，均勢一旦破壞，中國只有兩條路可走——一條路是任由日本宰割，另一條路就是自我振作，隨時隨地與日本打個分明。

學生們決定奮起作戰，起先是遊行、示威、罷課和抵制日貨，接著就轉而攻擊北京政府，因為他們認為一切毛病都出在北京政府身上。他們發現沒有重要的國際問題或國內問題足資攻擊時，他們就與學校當局做對。原因在於青年心理上的不穩，一旦他們受到刺激而採取行動時，這種不穩的情緒就爆發了。想壓制這種澎湃的情緒是很困難的。

若干學生團體，包括青年共產黨員，開始把他們的注意力轉移到勞工運動以及工人的不穩的情緒。沿海商埠的工人正蠢蠢欲動。鐵路工人和工廠工人已開始騷動，而且蔓延各地。他們不久就與學生攜手，參加群眾大會和遊行。勞工運動是不可輕侮的武器。在廣州的國民黨政府，曾以總罷工癱瘓香港，使這個英國殖民地在工商業上成為荒漠，歷時十八月之久。

全國性的反英情緒是民國十四年的上海「五三慘案」激起的。五月三十日那一天，一群同情勞工運動的人在上海大馬路（南京路）遊行示威，公共租界當局竟然下令向群眾開槍，好幾個人中彈身死，傷者更不計其數。工人、商人和學生在國民黨及共產黨領導之下，隨即發動全面罷工、罷市、罷課，使香港也變為死城。北京英國使館的華籍雇員，在學生煽動之下，也進行同情罷工，致使這批英國外交官員很久都沒有廚子和聽差侍候。

自從工人運動與學生運動彼此呼應以後，遊行示威者人數動以萬計，北京不時有各色人等參加的群眾大會出現，街頭遊行行列常常長達數里，群眾手搖旗幟，高呼口號，無不慷慨激昂。一位白俄看到這種情形時，不覺蹴然心驚。他曾經在俄國看到不少這樣的集會，他說這是革命即將來臨的徵兆，因此他擔心是否能繼續在中國平安住下去。

學生們找不到遊行示威的機會時，曾經拿學校當局作為鬥爭的對象。工人的情形亦復如此，他們找不到示威的對象時，就把一般怨氣發洩在雇主的身上。不過，中央政府或地方政府對付罷工工人，可比對付學生簡單多了。他們有時用武力來彈壓罷工工人，有時就乾脆拿機關槍來掃射。

段祺瑞執政的政府顯然認為機關槍是對付一切群眾行動的不二法門，因此，在一群學生包圍執政府時，執政府就老實不客氣下令用機關槍掃射。我在事前曾經得到消息，說政府已經下令，學生如果包圍執政府，軍隊就開槍。因此我警告學生不可冒險，並設法阻止。他們已經在校內列隊集合，準備出發，結果不肯聽我的勸告。他們一到了執政府，子彈就像雨點一樣落到他們頭上了。

我在下午四點鐘左右得到發生慘劇的消息後馬上趕到出事地點。段執政官邸門前的廣場上，男女學生傷亡枕藉，連傷者與死者都難辨別。救護車來了以後，把所有留著一口氣的全部運走，最後留下二十多具死屍，仍舊躺在地上。許多重傷的在送往醫院的途中死去，更有許多人則在手術臺上斷了氣。我們向各醫院調查之後，發現死傷人數當在一百以上。這個數目還不包括經包紮後即行回家的人在內。

段祺瑞政府的這種行動，引起全國普遍的抗議，段政府後來終於垮臺，此為原因之一。

學生勢力這樣強大而且這樣囂張跋扈，除了我前面所談到的原因之外，另一原因是這些學生多半是當時統治階級的子女。學生的反抗運動，也可以說等於子女對父母的反抗。做父母的最感棘手的問題就是對付桀驁不馴的子女，尤其是這些子女的行為偏偏又受到鄰居們的支持。工人們的情形可就不同了，他們的父母或親戚，既不是政府大員，也不是社會聞人，因此他們命中注定要挨警察的皮鞭或軍隊的刺刀。只有在學生領導之下，或者與學生合作時，工人才能表現較大的力量。

學生的運動在校內享有教師的同情，在校外又有國民黨員和共產黨員的支持，因此勢力更見強大。此外還牽涉到其他的政治勢力。故而情形愈來愈複雜，聲勢也愈來愈浩大。學生運動自從民國八年開始以來，背後一直有教員在支持。就是滿清時代的首次學潮，也是教員支持的。

後來教員也發生罷教事件，要求北京政府發放欠薪，情勢更趨複雜。北大以及其他七個國立大專學校的教員，一直不能按時領到薪水。他們常常兩三個月才能領到半個月的薪俸。他們一罷課，通常可以從教育部擠出半個月至一個月的薪水。

有一次，好幾百位教員在大群學生簇擁之下，占據了整個教育部的辦公廳，要求發放欠薪。八個國立學校的校長也到了教育部，擔任居間調停的工作。教員與學生聯合起來，強迫馬鄰翼教育次長和八位校長一齊前往總統府，要求發薪水。這位次長走到教育部門口時，藉口天在下雨，不肯繼續往外走。一位走在他旁邊的學生汪瀚，馬上把自己的雨傘打開遞給他，並且很直率地說：「喏，這把雨傘你拿去！」於是這位次長只好無可奈何地繼續前進，後面跟著八位心裡同樣不怎麼樂意的校長。群眾走近總統府時，憲兵、警察趕緊關起大門。教員與學生在門外吵著要進去。忽然大門打開了，大群武裝憲警蜂擁而出，刺刀亂刺，槍把亂劈。上了年紀的教員和年輕的女學生紛紛跌到溝裡，有的滿身泥濘，有的一臉血跡，叫的叫，哭的哭，亂成一片。法政大學校長王家駒[4]像死人一樣

4 一八七八－一九三九年，字維白。畢業於日本早稻田大學，曾任安徽省教育廳廳長、北京法政大學校長。

躺在地上。北大政治學教授李大釗挺身與士兵理論，責備他們毫無同情心，不該欺侮餓肚皮的窮教員。北大國文系教授馬敘倫[5]額頭被打腫一大塊，鼻孔流血，對著憲兵大喊：「你們只會打自己中國人，你們為什麼不去打日本人？」

這位馬教授後來被送到法國醫院診治，政府派了一位曾任省長的要員前往慰問並致歉意。坐在病榻旁的馬教授的老母說：「這孩子是我的獨子，政府幾乎要他的命，請問這是什麼道理？」曾任省長的那位要員回答道：「老伯母請放心，小侄略知相法，我看這位老弟的相貌，紅光煥發，前途必有一步大運。老伯母福壽無疆，只管放心就是。至於這些無知士兵無法無天，政府至感抱歉。老伯母，小侄向您道歉。」

老太太居然被哄得安靜下來，病房裡其餘的人幾乎笑出聲來了。躺在醫院病床上的其他教員，也都因為這位要員的風趣而面露笑容。

這項事情總算這樣過去了。另有一次，教員們擁到財政部要求發放欠薪，部裡的人一個個從後門溜走，結果留下一所空房子。有一次學生們因為不滿政府應付某一強國的外交政策，衝進外交部打爛一面大鏡和好些精緻的坐椅。學生、教員和工人聯合起來罷工罷課，反對北京政府和侵略中國

5 一八八四—一九七〇年，字彝初，號石翁、寒香。為中國近現代知名政治人物，曾於一九四六年率眾赴南京請願停止內戰時遭國民黨特務及暴徒毆傷，是為下關慘案。後加入中國共產黨，為中華人民共和國第一任教育部部長和第一任高等教育部部長。

權益的列強。多事的那幾年裡，差不多沒有一個月不發生一兩次風潮，不是罷課就是罷工。

在那時候當大學校長真傷透腦筋。政府只有偶然發點經費，往往一欠就是一兩年。學生要求更多的行動自由，政府則要求維持秩序，嚴守紀律。出了事時，不論在校內校外，校長都得負責。發生遊行、示威或暴動時，大家馬上找到校長，不是要他阻止這一邊，就是要他幫助那一邊。每次電話鈴聲一響，他就嚇一跳。他日夜奔忙的惟一報酬，就是兩鬢迅速增加的白髮。

我講這些話，決不是開玩笑。我記下這些往事以後，又做了場噩夢，有時看到青年男女橫屍北京街頭，有時又看到憲兵包圍北京大學要求交出群眾領袖。夢中驚醒之後，輾轉反側無法安枕，一閉上眼睛，一幕幕的悲劇就重新出現。

有一天，我和一位老教授在北京中央公園的柏樹下喝茶。這位老教授曾經說過一段話，頗足代表當時擾攘不安的情形。

「這裡鬧風潮，那裡鬧風潮，到處鬧風潮——昨天罷課，今天罷工，明天罷市，天天罷、罷、罷。校長先生，你預備怎麼辦？這情形究竟到哪一天才結束。有人說，新的精神已經誕生，但是我說，舊日安寧的精神倒真是死了！」

四、反軍閥運動

學生遊行罷課鬧了好幾年，加上軍閥互相殘殺，北京政府的力量終於一蹶不振。軍閥則像印度土大王一樣統治各省。在北京的中央政府首腦，無時不需要鄰近各省的支持，如果軍閥一翻臉，隨時可以長驅直入北京城。北京政府在各省的根基愈來愈脆弱，政權本身亦隨之搖搖欲墜。某一軍閥進入北京接收政權，另一軍閥馬上陰謀取而代之。當政的人如果遭遇民意的強烈反對，例如學生遊行示威，其他軍閥便利用機會從中取利。權謀、內戰、政變，各種政治力量縱橫捭闔的結果，北京政府隨時在更換主人。我在北京的最初九年之中，所看到的變遷實在太多了，留在記憶中的是一大堆亂糟糟的悲喜劇場面。我像是埃及沙漠中的一座金字塔，淡淡遙望著行行列列來來往往的駝影，反映在斜陽籠罩著的浩浩平沙之上，駝鈴奏出哀怨的曲調，悠揚於晚紅之中。

北京政府的經濟狀況非常窘困。國庫應有的收入，都被各省軍閥扣留，用以維持他們的私人軍隊或逕入私人腰包。中央政府通常只能以極高的利息向銀行借一點錢，這一點錢之中的一部分，還得用於籠絡支持政府然而需索無厭的軍閥。我們前面已經提到教員薪水拖欠的情形。不但教員如此，就是政府官員和駐外使節的薪水，也往往一欠就是好幾個月，甚至好幾年。

「北京政府的前途究竟怎麼樣呢？」有一天，一位美國外交官這樣問我。

「它會像河灘失水的蚌，日趨乾涸，最後只剩下一個蚌殼。」我回答說。情勢一年不如一年，終至老百姓對政府的最後一點敬意也消失了。學生幫同破壞了它的威信，軍閥們則把它整個埋葬在北京的塵土裡。

數年後在美國遇見那位美國朋友，他問我是否忘了蚌殼的故事。我說沒有。

在那時候，廣州的國民革命運動則以一日千里之勢在發展，國民黨的革命運動一直享有大眾的支持，尤其是知識分子和學生，甚至連北洋軍閥中的一些開明分子也同情國民黨。一籃爛桔子裡，有時也能找出幾個好的來的。

中山先生雖然逝世了，國民黨的精神卻始終未沮喪。孫先生所建立的革命武力核心，繼續在蔣介石將軍為校長的黃埔軍校發展茁壯。短短幾年之內，蔣將軍的國民革命軍已經完成訓練，隨時可予北洋軍隊以致命的打擊。民國十六年即一九二七年，革命軍以雷霆萬鈞之勢長驅北伐，左翼直入華中而下漢口，右翼循閩浙沿海北上而達杭州，繼以鉗形攻勢會師南京。革命軍攻克南京後，遂以南京為國民政府首都。

國民革命軍開始北伐的那一年，北洋軍閥張宗昌[6]亦於同時入據北京。這位聲名狼藉的軍閥，體健如牛，腦笨如豬，性暴如虎。他的利爪隨時會伸向他不喜的任何人，或者他垂涎的任何漂亮女人。

6 一八八一—一九三二年，字效坤。北洋政府時期奉系重要軍事將領，於北伐中戰敗，逃往日本，最後於返回中國企圖東山再起時遭到暗殺。

我曾在一個治安委員會席上見過他幾面，當時我是這個委員會的委員之一。他那付尊容，真叫人望面生畏。《京報》編輯邵飄萍[7]被槍斃的那天晚上，北京政府的前總理孫寶琦告訴我，我的名字已經上了黑名單，我感覺到魔爪的影子已經向我伸過來了。剛好王亮疇（寵惠）[8]來訪，我不假思索，連忙跳上他的軍警不會盤查的紅牌汽車，直駛東交民巷使館界，在六國飯店闢室住下。第二天跑到美國使館向一位美國朋友開玩笑說：「我天天叫打倒帝國主義，現在卻投入帝國主義懷抱求保護了。」還有校長室祕書政治學教授李守常（大釗）、女生章挹蘭等六、七人先後逃入使館界舊東清鐵路辦事處躲避。他們後來被張作霖派兵捕去，處絞刑而死。我在六國飯店住了三個月，經常以寫字消遣。

同住在六國飯店的亦有幾個人，地質學教授，以後任中央研究院院長朱騮先（家驊）[9]就是其中之一。好些朋友不時探望我們，但是在那裡關了三個月，即使那是一個豪華「監獄」，也有點吃不消。我們一直在設法逃出北京，後來局勢比較鬆弛一點時，就相繼溜出來了，我的一位朋友有一位年輕能幹的太太，我之能夠逃出北京，就是她一手策劃的。她冒充我的太太，同乘一輛古老的馬車

---

7 一八八六—一九二六年，字振青、新成，號飄萍。為《京報》創辦人，一九二六年因發表批評張作霖的報導而被北洋政府處決。

8 一八八一—一九五八年，字亮疇。美國耶魯大學法學博士，曾參與《中華民國訓政時期約法草案》、《中華民國憲法草案初稿審查修正案》等多部法案起草事宜。

9 一八九三—一九六三年，字騮先。曾任中央研究院院長，也出任過多項政府要職，例如教育部長、行政院副院長等職位。

陪送我到東車站，一路上居然逃過警察的耳目。陌生人望我一眼，都會使我心驚肉跳，雖然我在外表上仍舊竭力裝作若無其事的樣子。我擠在人潮中搭上一輛去天津的火車，然後從天津搭英國商船到上海。

在船上碰到朱騮先，他正預備轉道上海赴廣州，後來他出任廣州中山大學校長。我本人則由上海轉赴杭州。當時滬杭鐵路已告中斷，因此我只好繞道赴杭。這時何敬之將軍（應欽）所率領的國民革命軍尚未到達浙江，北京政府委派的浙江省長正準備起義反抗北洋政府，向國民革命軍輸誠。我去拜訪他時，他向我透露了參加南方集團的計畫。他告訴我，他已經派了一千人沿鐵路進駐江蘇邊境，江浙之間的鐵路已告中斷。

我心裡想，他準是被別人的勝利陶醉了，否則他怎麼會企圖與實力強他十倍的敵人作戰呢？第二天早晨，我就離開杭州，繞道重回上海。幾星期以後，他的軍隊被北軍打得落花流水。北軍進杭州時，他被捕處決。

不久北洋軍閥命運逆轉，國民革命軍進占杭州。我也再度回到西子湖畔。杭州人熱烈歡迎國民革命軍。這些現代裝備的軍隊勝利進軍杭州時，成千成萬的市民滿面笑容地列隊歡迎。我站在人叢中觀望，一顆心高興得怦怦亂跳。經過十六年之後，一支現代化的中國軍隊的信譽又重新建立起來了。

大約一年之後，蔣總司令在民國十七年即一九二八年完成部署，準備繼續北伐。他指揮的軍隊渡過長江，沿津浦路向北京推進。北伐軍抵達山東濟南府緣邊時，日本人惟恐中國統一，藉口保護在山東的權益和日本皇民的生命財產，竟由青島派兵沿膠濟路向濟南推進。他們的目的是製造「事件」以破壞中國的統一計畫。所謂「事件」，自然就是中日之間公開衝突。日軍在濟南府殘殺山東交涉員及其僚屬，希望藉此激起中國的報復行動。

蔣總司令洞燭日人陰謀，深恐小不忍而亂大謀，決定暫避其鋒，把國民革命軍的前頭部隊調離山東，並以迅雷不及掩耳的手段渡過黃河，直逼北京。因而國民革命軍未遭阻撓，統一目標亦賴以實現。日本軍隊在山東終於撲了空。

國民革命軍到達後，北京隨即陷落，北京政府的紙老虎被南風一吹就倒了。

民國十六年國民革命軍進杭州時，我被任為省政府委員兼教育廳長。我在政府中擔任工作的經驗也就在杭州開始了。杭州是浙江的省會，也是我青年時代讀書的地方。省政府由省政府委員會組成。國民政府在南京成立以前，所有省府委員以及主席都是由國民革命軍總司令蔣介石將軍委派的。

省府委員之中有五位分別兼任民政廳長、財政廳長、軍事廳長、建設廳長和教育廳長。省府委員會之上則有國民黨中央政治會議浙江分會，負責全省一般政策，政策決定後即下令省政府執行。會議主席由省主席張靜江先生擔任，由我任祕書長。這是我第一次擔任國民黨要職。後來省境情勢漸趨穩定，政分會遂告撤銷。

省政府和南京的國民政府一樣充滿著改革和建設的精神。省政府的建設計畫相當龐大，但是革命之後，此項計畫難免受經費支出的限制。因此只能把工作集中在鋪築公路上面，幾年之內的確鋪了不少公路。省城本身也有許多道路經省政府指定拓寬或添建。兩年之後，杭州城內已經添築了許多寬闊的馬路。西湖沿岸和蘇堤也闢了馬路，直達西山各名勝，另有一條公路與上海銜接，招來了不少度週末的遊客。短短三年之內，杭州已經煥然一新了。市區之內，西湖之濱，以及湖邊山麓，新建洋房別墅像雨後春筍一樣出現，人口激增，商業也盛極一時。

各縣市也新建了許多電燈廠。若干鄉村裡還裝設了蒸汽幫浦灌溉稻田。因為浙江是絲織業中心，政府開始提倡科學養蠶法，以科學方法培育蠶種，然後轉售給養蠶的人。頭一年裡，科學蠶種曾經引起強烈的反對，因養蠶的人受了以傳統方法培育蠶種的人的影響，對於科學蠶種發生懷疑。但是事實勝於雄辯，第二年中，政府出產的新式蠶種已經供不應求。

為了改善田租制度，政府舉辦全省耕地調查，工作繼續了好幾年。浙江省所採用的辦法，與共產黨對農地所採的激烈手段適成對照。浙江省採取一種比較溫和的「二五減租」辦法，也就是佃農付給地主的田租普遍減低百分之二十五。佃農通常以主要作物收穫的百分之五十付給地主田租，「二五減租」以後，佃農就只要收成的百分之三七點五了。佃租的租率已經維持了幾百年，計算方法各地互有差別，實行「二五減租」以後，有些地方的佃農得到很大的利益，在另一些地方，這個減租辦法卻在地主與佃農之間引起嚴重的糾紛。減租委員會所收受的訟案多如山積，全省各地普遍發生糾紛，減租辦法終於幾年之後放棄。推行減租最力的沈玄廛（定一）被暗殺，死因迄今未明。

不久之後，掃除文盲運動開始。經過六、七年時間，除了普通的小學之外，短期的民眾識字班增加了幾千個。

省內的教育制度進行一次新試驗。國立浙江大學成立，由我擔任校長。浙大不但主持高等教育，並且主管全省公立學校。教育廳取消，浙大校長則成為省府委員。另外兩省也繼起仿效，各自成立大學。經過兩年的試驗，另外幾省發生內部糾紛和政治爭執，整個制度終於在民國十八年即一九二九年廢止，那時我任國民政府教育部長，所以培植這個制度和埋葬這個制度的都是我自己。

我在杭州整整住了一年，翌年膺任教育部長，同時兼任浙江大學校長，因此經常往返京杭之間。民國十八年，我辭去浙大校長兼職，在南京再住了一年，後以中央大學易長及勞動大學停辦兩事與元老們意見相左，被迫辭職。

我當時年壯氣盛，有決策，必貫徹到底，不肯通融，在我自以為勵精圖治，在人則等於一意孤行。我本世居越中，耳濡目染，頗知紹興師爺化大為小化小為無的訣竅。今背道而馳，自然碰壁。武力革命難，政治革命更難，思想革命尤難，這是我所受的教訓。

在我辭職的前夜，吳稚暉先生突然來教育部，雙目炯炯有光，在南京當時電燈朦朧的深夜，看來似乎更覺顯明。他老先生問我中央、勞動兩校所犯何罪，並為兩校訟冤。據吳老先生的看法，部長是當朝大臣，應該多管國家大事，少管學校小事。最後用指向我一點，厲聲說道：「你真是無大臣之風。」

我恭恭敬敬的站起來回答說：「先生坐，何至於是，我知罪矣。」

第二天我就辭了職，不日離京，回北京大學去了。劉半農教授聞之，贈我圖章一方，文曰：「無大臣之風。」

抗戰時期

一、戰雲密布

我辭卸國民政府的教育部長以後，於民國十九年（一九三〇年）十月回到北京——這時已改稱北平。但北京大學校名以歷史關係名未改。旋奉當時任行政院長的蔣委員長之命，再度承乏北京大學校務。

學生遊行示威的次數已大見減少。國都遷往南方以後，政治活動的重心已跟著轉移。學生們示威反對的對象已經不多，只有日本的侵略偶然激發學生們的示威行動。日本在東北發動侵略以後，此時已經向關內迅速擴展。

民國二十年（一九三一年）九月十九日晨，我正坐在北大校長室裡辦公，忽然電話傳來前一天發生的驚人消息：日本人已經在瀋陽發動突擊，國軍為避免衝突，已撤出瀋陽。

我在前面曾經逐點指出日本侵華的來龍去脈，概括地說起來，發展過程約略如下：

一八九四年（甲午）中日第一次戰爭以後，中國這位小姐開始崇拜日本英雄。她塗脂抹粉，希望能獲意中人的垂青。但是她所崇拜的對象卻報以鄙夷的冷笑。記得小時候曾經作過一篇短文，呈給日文教師中川先生請教。裡面提到「中日同文同種」的話，我的日文教師筆下絕對不留情隨筆批道：「不對，不對，中日兩國並非同種，你的國將被列強瓜分，可憐，可憐！」這個無情的反駁，像一把利劍刺進了我稚嫩的心靈，記得那天晚上，我不禁為國家的前途流淚。

中國固然無法獲得她意中人的愛情，但是她希望至少能與日本做個朋友。想不到日本竟出其不意地掏出匕首向她刺來，差一點就結束了她的性命。這就是大家所知道的「二十一條」要求。從此以後，她才逐漸明白，她的意中人原來是個帶著武士道假面具的歹人。後來日本倒轉頭向她示愛，她也一直不肯再理睬他了。因為這時候她已經知道得很清楚，他向她追求不過是為了她的豐厚妝奩——中國的天然資源而已。

接著來的是一幕謀財害命的慘劇。日本這個歹徒，把經濟「合作」的繩子套到她脖子上，同時又要她相信那是一條珍珠項鍊，叫做東亞共榮圈。民國二十年九月十八日晚上，正當大家都沉睡的時候，他忽然把繩圈勒緊了。

她從夢中驚醒，馬上拔腳飛逃。但是套在她脖子上的共榮圈卻始終無法擺脫，她逃得愈遠，繩子就拖得愈長，而且繩子的另一端始終掌握在歹徒魔術師的手裡。她在驚駭之餘大呼救命。美國國務卿史汀生呼籲英國與美國聯合向日本提出嚴重抗議。西蒙爵士代表英國拒絕了。弄得史汀生孤掌難鳴，日本因而得以肆無忌憚地繼續推行既定政策。

對中國並不太熱心的一班朋友，在李頓爵士[1]率領之下，懶洋洋地前來營救。他們訪問了犯罪的現場瀋陽，並且宣告日本有罪。瀋陽郵政局的意籍局長朴萊第[2]在他給李頓爵士的《備忘錄》裡明白指出：如果列強不在東北就地阻遏日本侵略，他相信不出三年，他的祖國意大利就要染指阿比西尼亞[3]。那位朴局長把《備忘錄》交我讀了一遍並且自語道：「但是我人微言輕，誰又肯理會小小一位郵政局長的話呢？」

「對不起，小姐」，中國的朋友說：「我們除了宣布對你同情之外，實在無能為力了。」

同情是有了，援助卻毫無蹤影。

幾個月以後，我因事回到南方。民國二十一年（一九三二年）一月二十八日下午，我前往上海車站，準備搭火車回北平。進車站後，發現情勢迴異平常，整個車站像個荒涼的村落。一位車站警衛是認識我的，他告訴我，已經沒有往外開的車子。「看樣子，日本人馬上要發動攻擊了」，他說：「你最好馬上離開這裡。恐怕這裡隨時要出事呢！」

---

1 Victor Bulwer Lytton (1876–1947)，於九一八事變後率領李頓調查團前往中國調查事件始末。

2 又譯佛蘭克・巴立地（原文不詳），曾任遼寧郵區郵務長，兼義大利駐瀋陽總領事。

3 今譯為衣索比亞 (Ethiopia)。

那天夜裡，我突然被一陣砲聲驚醒，接著是一陣軋軋的機槍聲。我從床上跳起來，隨著旅館裡的人跑到屋頂觀望。天空被車站附近射出來的砲火映得通紅。日本侵略似乎已經追在我腳跟後面，從北方到了南方，我所住的十餘層高樓的旅館在租界以內，日本砲火不會打過來的。我同一班旅客都作隔岸觀火。隆隆的大砲聲，拍拍的機槍終宵不斷。第二天早晨，我再度爬上屋頂，發現商務印書館正在起火燃燒，心裡有說不出的難過。好幾架日本轟炸機在輪番轟炸商務印書館的房子。黑煙沖天，紙片漫天飛舞，有些碎紙片上還可以看到「商務印書館」的字樣。

日本已經展開對上海的攻擊。結果引起一場民國二十六年（一九三七年）以前最激烈的戰事，但是中國終於被迫接受條件，準許日本在上海駐兵。

從民國十九年到民國二十六年的七年內，我一直把握著北大之舵，竭智盡能，希望把這學問之舟平穩渡過中日衝突中的驚濤駭浪。在許多朋友協助之下，尤其是胡適之、丁在君（文江）和傅孟真（斯年），北大幸能平穩前進，僅僅偶而調整帆篷而已。

科學教學和學術研究的水準提高了。對中國歷史和文學的研究也在認真進行。教授們有充裕的時間從事研究，同時誘導學生集中精力追求學問，一度曾是革命活動和學生運動漩渦的北大，已經逐漸轉變為學術中心了。七年之中只有一次值得紀錄的示威運動。當日軍迅速向長城推進時，京滬一帶的學生大聲疾呼，要求政府立即對日作戰。大規模的示威遊行不時在南京發生，北平的學生也亟欲參加此一救國運動。有一天，一大群學生聚集東火車站，準備搭乘南下的火車。軍警當局不准他們上車，這班男女青年就日夜躺在鐵軌上，不讓火車出站。最後當局只好讓幾百名學生南下，與他們在南京的同志會師。

我們頭上的烏雲愈來愈密，此後幾年中我們為了爭取時間，只好小心翼翼地在淺水裡緩緩前進，不敢闖進急流，以免正面撞上日本侵華的浪潮。但是我們的謹慎是與懦怯不同的。每當日本的第五縱隊偽裝的學者來這「文化中心」（實際上他們卻把北大看成反日運動的中心）「拜訪」時，我們總是毫無保留地表示我們的態度。記得有一位日本學者曾經對北大教授們滔滔不絕地大談中日文化關係，結果我們告訴他，除了日本的軍事野心之外，我們可看不出中日之間有什麼文化關係存在。「只要你們肯放棄武力侵略的野心，中日兩國自然就能攜手合作的。」

這些學者，包括地質學家、經濟學家、生物學家等等，不時來拜訪我們，希望爭取北大的「友誼」。他們一致埋怨我們的反日運動。我們告訴他們，我們不一定是反日，不過我們反對日本軍國主義卻是真的。但是他們一心一意要滅亡中國，除了中國完全投降，他們決不會改變方針。

這時，駐屯東三省的日本關東軍正迅速向長城之內推進。國軍先沿長城浴血奮戰，繼在河北省北部步步抵抗，最後終於撤退到北平及其近郊。傷兵絡繹於途，各醫院到處人滿。北大教職員也發動設立了一所傷兵醫院，由內子陶曾谷[4]主持院務，教職員太太和女學生們充任職員和看護。因為這醫院的關係，我與作戰部隊有了較密切的接觸，同時，獲悉他們的心理狀態。他們認為作戰失利完

4 蔣夢麟的第二任妻子，一九五八年因病去世。

全是由於缺乏現代武器，尤其是槍支，因而以血肉之軀築成的長城，終被敵人衝破了。

國軍以血肉築成長城抗禦敵人的彈雨火海，主要的憑藉就是這種不屈不撓的精神。這種精神使中國在漫長痛苦的八年之中愈戰愈勇，雖然千千萬萬的人受傷死亡，中國卻始終連哼都不哼一聲。我們雖然節節失利，卻終於贏得戰爭。

戰事正在沿長城進行時，當時的軍政部長何敬之將軍曾親至北平指揮作戰。他和我都希望能達成停戰以換取時間。我訪晤英國大使藍浦森[5]，探詢他有無出任調人之意。他說日本大使館的須磨先生曾經對他暗示，日本也希望停戰。藍浦森大使當即拍電報向倫敦請示，倫敦復電同意由他出任調人。我們經由美國駐華大使詹森先生把這件事通知華盛頓。但是這個計畫終於胎死腹中，因為當時的外交部長羅鈞任（文榦）告訴在南京的英國大使館說，除了他本人之外，誰也無權與外國辦交涉。

不久日軍突破國軍沿長城布置的防線，步步向北平進逼，北平軍民已開始準備撤退。

我當時因為割盲腸之後正躺在北京協和醫院，對外面的情形很隔膜。有一天清早，我聽到日本飛機在頭上盤旋，直覺地感到情勢不妙。我得到主治醫師的許可，忍痛步行到何敬之將軍的寓所。他見我還留在北平城內，很感意外。他告訴我日軍馬上會發動攻擊，勸我快離北平，於是我準備第二天就離開。第二天早晨，我的電話響了，是何將軍打來的。「我們已經談妥停戰，你不必走了。」我馬上打電話把這消息轉告胡適之。

5 Miles Wedderburn Lampson (1880–1964)，英國外交官，於一九二六至一九三三年擔任中國公使。

「真的嗎？日本飛機還在我們頭上盤旋呢！」他說。

「何敬之將軍剛剛打電話來這樣說的。」我所能回答的也僅此而已。後來才知道黃膺白（郛）已代表中國在午夜簽訂《塘沽協定》，根據此項協定，日軍在占領河北省北部以後，將暫時停止前進。日軍占領上述地區之後，就在當地成立「自治政府」，並催促留在河北的國軍司令官與他們合作，在北平也成立一個「自治政府」。北平城內謠言滿天飛，說河北省境內的司令宋哲元將軍即將對日本人屈服。北大教授就在這緊急關頭發表宣言，聲明誓死反對華北的所謂「自治運動」。事實上，宋哲元將軍也並沒有答應日本人的要求。

一兩個月以後的一個下午，一個日本憲兵到北大來找我。「日本在東交民巷的駐防軍請你去一趟，談談他們希望了解並且需要你加以解釋的事情。」他這樣告訴我。我答應在一小時之內就去，這位日本憲兵也就告辭回去了。

我把這件事通知家裡和幾位朋友之後，在天黑以前單獨往東交民巷日本兵營。我走進河邊將軍的辦公室以後，聽到門鎖咔嚓一聲，顯然門已下了鎖。一位日本大佐站起來對我說：「請坐。」我坐下時，用眼角掃了旁邊一眼。發現一位士官拔出手槍站在門口。

「我們司令請你到這裡來，希望知道你為什麼要進行大規模的反日宣傳。」他一邊說，一邊遞過一支香煙來。

「你說什麼？我進行反日宣傳？絕無其事！」我回答說，同時接過他的煙。

「那末，你有沒有在那個反對自治運動的宣言上簽字？」

「是的，我簽了名的。那是我們的內政問題，與反日運動毫無關係。」

「你寫過一本攻擊日本的書。」

「拿這本書出來給我看看！」

「那末你是日本的朋友嗎？」

「這話不一定對。我是日本人民的朋友，但是也是日本軍國主義的敵人，正像我是中國軍國主義的敵人一樣。」

「呃，你知道，關東軍對這件事有點小誤會。你願不願意到大連去與板垣將軍談談？」這時電話鈴響了，大佐接了電話以後轉身對我說：「已經給你準備好專車。你願意今晚去大連嗎？」

「我不去。」

「不要怕，日本憲兵要陪你去的，他們可以保護你。」

「我不是怕，如果我真的怕，我也不會單獨到這裡來了。如果你們要強迫我去，那就請便吧——我已經在你們掌握之中了。不過我勸你們不要強迫我。如果全世界人士，包括東京在內，知道日本軍隊綁架了北京大學的校長，那你們可就要成為笑柄了。」

他的臉色變了，好像我忽然成一個棘手的問題。「你不要怕呀！」他心不在焉地說。

「怕嗎？不，不。中國聖人說過，要我們臨難毋苟免，我相信你也一定知道這句話。你是相信武士道的。武士道決不會損害一個毫無能力的人。」我抽著煙，很平靜地對他說。

電話又響了，他再度轉身對我說：「好了，蔣校長，司令要我謝謝你這次的光臨。你或許願意改天再去大連——你願意什麼時候去都行。謝謝你。再見！」門鎖又是咔嚓一聲。大佐幫著我穿好大衣，陪我到汽車旁邊，還替我打開汽車門。這時夜色已經四合了。我獨自到日本兵營，也有朋友說我不應該去的。聽日本人來捕好了。他們敢麼？

第二天下午，宋哲元將軍派了一位少將來勸我離開北平，因為他怕自己無力保護我。我向他的代表致謝，不過告訴他，我將繼續留在北平負起我的責任。

不久以後，蔣委員長因陳辭修將軍北上之便，亦來代表慰問。

我繼續在北平住下來，而且居然平安無事。偶然也有些朝鮮浪人到北大來尋釁找岔，這些事曾經一一報告給我知道，但是我並未予以重視。不久日本人的策略開始轉變了。松室孝良將軍[6]受命來北平擔任日軍的特別代表。他與我交了朋友，常常到我家裡來。他大罵那位日本將軍不該在東交民巷折磨我。大概半年光景，我們私人之間一直保持非常友好的關係。他任期屆滿時，穿了全副武裝來向我辭行。他告訴我，他已奉令調往東北與西伯利亞交界的海拉爾去指揮一個騎兵師。他說戰雲愈來愈低，如果中國與日本真的發生衝突，那是很不幸的。「戰事一旦發生，」他說，「日軍勢將深入漢口。」

6 一八八六—一九六九年，曾任日本陸軍少將，一九三六年擔任支那駐屯軍司令部北平特務機關長。

「是的，將軍，我同意你的看法。兩國之間不幸而發生公開衝突，很可能會引起國際糾紛，那時整個日本艦隊都可能葬身海底，日本帝國也會縮小為太平洋地圖上的幾粒小黑點。」

他歎了一口氣說：「那當然也可能。但是日本將仍舊是獨立的國家，中國卻不免要被西方列強消滅了。」

「也可能如此。下次碰面時，希望我們不必為愚蠢的作為而抱頭痛哭。不管將來發生什麼事情，將軍，希望我們永遠是朋友。」我們就這樣懷著沉重的心情分別了。戰事結束若干年後，我經過東京偕內子陶曾谷往訪，相對話舊，不禁感慨係之。

接替他的是今井將軍[7]。他來拜訪我，我也曾去回拜。我們談得很坦白，和我跟松室孝良談話的情形大致相似。有一次，日本貴族院的兩位議員來訪，其中一位曾任臺灣總督。四顧無人之後，他低聲問我，在東交民巷日本兵營拘留我的是誰。我告訴他是高橋。他搖搖頭說：「豈有此理！」

這時候日本人已經明白，北大並無意於馬上發起反日運動，他們希望能與北大裡的主要教授建立友誼，而把北大拉到日本這一邊。雙方來往都很審慎，北大與日軍之間的緊張情勢至此已漸漸緩和了。

後來田代將軍[8]來到天津擔任當地駐軍司令。日本以及其他列強，因條約規定有權在天津駐軍，

7今井武夫（一八九八—一九八二年），曾任日本陸軍少將，於一九三五年擔任日本大使館駐外武官。

8田代皖一郎（一八八一—一九三七年），曾任日本陸軍中將，一九三六擔任支那駐屯軍司令官，一九三七

田代特地跑到北平來，設宴招待中日雙方文武要員。田代在席間發表演說，鼓吹中日經濟合作，中國官員也曾有人繼起發言，但是措詞都相當含糊。我除了吃飯時偶然說笑外，對於經濟合作問題始終不發一言，幾天之後，忽然南京來了密電，告訴我，日本大使館已經暗示外交部，說北大校長支持中日合作。

這就是日本人對付中國的手段。程序大概是：先來一套甜言蜜語，繼之挑撥陰謀，然後威脅恫嚇，接著又是甜言蜜語，最後施行閃電攻擊。先後次序可能有所改變，但是從來不離征服中國的基本方針。日本人在珍珠港事變以前對付美國的，也是這一套。

二、抗戰初期

未改名北平以前的北京是文化活動和學生運動的中心，易名以後則變為中日衝突的中心。民國二十六年（一九三七年）之初，北平附近事端迭起，戰事已如箭在弦上，不得不發。七月七日的晚上，終於發生蘆溝橋事變。日軍在夜色掩護下發動攻擊，從蘆溝橋的彼端向北平近郊進襲，城內駐軍當即予以還擊。

戰神降臨北平時，我正在廬山。當時蔣委員長在這華中避暑勝地召集了一群知識分子商討軍國

年因心臟病發去世。

大事。有一天午後，天空萬里無雲，樹影疏疏落落地點綴著綠油油的草地。蔣委員長曾經為他的客人準備了許多簡單雅潔的房子，我吃過午飯正在一幢單開間獨立的宿舍裡休息，一面眺望著窗外一棵枝葉扶疏的大樹，一面諦聽著枝頭知了的唱和。忽然《中央日報》程社長滄波[9]來敲門。告訴我日軍在前一晚對蘆溝橋發動攻擊的消息。我從床上跳起來追問詳情，但是他所知也很有限。

我們曾經討論過可能的發展。因為我剛從北平來，他問我，根據我所知道的北平情況，對時局有何看法。我告訴他，以我對當地日軍司令官的印象以及他們的保守見解來判斷，這次事變似乎仍舊是地方性事件。日本的計畫似乎還是蠶食中國，一時恐怕尚無鯨吞的準備。但是蠶食的結果，日本很可能在數年之內即根深蒂固地盤踞華北而無法撼其分毫，到那時候，長江流域也就危在旦夕了。日本已經以漸進的方式吞噬東北而進華北，將來華北對華中、華南的局勢亦復如是。同樣的方法，同樣的過程。這似乎就是日本對付中國的政策。

戰事斷斷續續相持了好幾天。十二天以後，北平城外的零星戰事仍在進行，蔣委員長在牯嶺對幾千名在廬山訓練的將領演說，認為日本即將對中國發動全面攻擊，呼籲大家準備不計代價保衛國家。他說：「全面戰爭一旦開始，我們必須隨時準備犧牲。……這次戰爭必將曠日持久，時間拖得愈久，我們的犧牲也就愈大。」

9 程中行（一九〇三－一九九〇年），字曉湘，筆名滄波。一九三二年被任命為國民黨中央機關報《中央日報》的首任社長。

在這次演說裡，我初次聽見蔣委員長呼侵華的日軍為倭寇，並表示對日問題的堅決主張。倭寇這個名詞，在一般聽眾或不甚注意，但在明代長期遭倭寇蹂躪的寧波紹興人，聽到這種稱呼，就會覺得事態嚴重。當時的聽眾之中有陳誠將軍[10]、胡宗南將軍[11]，以及其他後來在各區建立殊勳的許多將領。這次演說後不久，蔣委員長飛返南京，各將領亦分別返防。我和幾位朋友飛到南京，希望趕返北平，但是北上火車已全部停頓。

在此後的兩個星期內，戰事像洪水一樣氾濫北平附近。宋哲元將軍英勇奮戰，部下傷亡慘重。日軍司令田代對中國問題的看法一向很保守，我知道得很清楚，不幸田代忽然病倒，思想激進的少壯軍官遂得控制日本部隊。數日後田代去世。究竟是病故、自殺或被殺，雖然謠言滿天飛，誰也弄不清底細。宋哲元將軍仍舊希望把事件局部化，要求兼程北上的中央政府軍隊暫時停在保定。結果中央部隊就在保定停留下來了。

但是現由少壯軍人指揮的日軍卻並未停止前進；宋哲元將軍的部隊四面八方受到攻擊。一位高級將領並在作戰時陣亡。宋將軍不得已撤出北平，日軍未經抵抗即進入故都。

日軍已經控制北平了。華北是否會像瀋陽陷落後的東北，遭逢同樣的命運呢？日本會不會在華

10 一八九八—一九六五年，字辭修，曾任臺灣省政府主席、中華民國行政院長和副總統等職位。

11 一八九六—一九六二年，字壽山，中華民國陸軍一級上將。在中日抗戰期間擔任第一戰區司令長官、第八站區副司令長官，並領軍駐紮於陝西。

北暫時停下來，在華北等上幾年，然後再以之為攻擊南方的基地呢？日本是不是已等得不耐煩，準備一舉攻下南方而圖一勞永逸呢？二者似乎均有可能。日本的漸進政策似乎對中國更危險。南京的高級官員以及各省的軍事領袖全都贊成全面抵抗侵略。結果全國上下，包括政府官員、軍事將領和平民百姓，萬眾一心，一致奮起應付空前的國難。

這時候，日本已開始派遣軍隊循海道開抵上海，中國也在同時派軍隊沿長江東下趕到滬濱。在這小小的區域裡，已有好幾萬軍隊結集對峙著，戰事一觸即發。究竟哪一方面先發第一槍都無關宏旨，不論是一位粗心大意的士兵無意中走火，或者是掌握大權者的決策。

日軍官兵大家都知道，製造瀋陽事變的負責將領如本庄和土肥原等均曾因功而獲得最高級的勳獎。一手制造蘆溝橋事變的人，無疑地也會獲得同樣的勳獎。誰又能怪渡海而來上海的日軍將領也想一顯身手呢？

我們在南京的人都知道，密布在全國上空的烏雲勢將迸發為狂風暴雨。我離開南京循公路到杭州，在湖濱一位朋友的別墅裡住了幾天，我們沒有一天不擔心，在淞滬對壘的中日軍隊會發生衝突。我的朋友王文伯不時打長途電話到上海探問情況。八月十二日，上海方面的回答很短促：「沒有消息。明天十點鐘，十點鐘，再見！」接著電話就掛斷了。

第二天早上十點鐘，歷史性的時刻終於到臨。濃煙上沖霄漢，雙方的轟炸機交互炸射對方陣地，全面戰爭已經開始了。從此不再有地方性的事件，也不再有蠶食的機會。日本要就一口吞下中國，要就完全放棄。但是吞下去倒也不容易，放棄嗎？她又捨不得。這局面注定是一場長期戰爭。

兩天以後，一個烏雲密布的下午，我正在柳蔭下欣賞湖邊淺水中魚兒穿梭往返。城的這一邊隱隱傳來陣陣雷聲。有人打電話給我：「喂！你聽到沒有？」接著又是一陣雷聲。「是呀，在打雷。」

「不是——敵人在轟炸我們的機場！」

七架沒有戰鬥機掩護的木更津隊轟炸機已經從臺灣松山機場飛到杭州。駐紮筧橋的中國戰鬥機當即升空攔擊，並當場擊落其五架，其餘兩架奪路逃命，但是也在離杭州不遠處被迫降落，飛行員被俘。我到紹興專員公署去看一位俘虜，據他說，他們在臺灣的指揮官曾經告訴他們，中國根本沒有戰鬥機。

第二天，日軍開始轟炸南京。戰事剛開始時，日本人在一個地方只丟一個炸彈，所以他們所有的炸彈都是分散的。這種轟炸方式所造成的損害遠較集中轟炸為小。一年之後，日軍與俄軍在偽滿與西伯利亞交界處的張鼓峰發生衝突，日本人才從俄國學到集中轟炸的戰術。

我的朋友王文伯是浙江省政府委員兼建設廳廳長。戰事開始以後，他的工作自然也跟著緊張起來了。他調集了好幾百輛公路車，把軍火運給前方。有一次，大約二十輛車子結隊駛往前方，結果這隊車輛誤入敵人後方而遭圍攻。其中的一位司機跳下車子躲在田野裡，後來藉夜色掩護爬出敵人陣地而回到杭州。幾天之後，他找了另外一輛卡車，又再度上前線擔任運輸工作去了。

難民從上海像潮水一樣湧到杭州。廟宇裡住滿了婦孺老幼。山區的小茅屋也成了衣裝入時摩登小姐的臨時香閨。她們還是像以前一樣談笑，似乎根本沒發生過任何變故。我們中國人就有這點本領，即使身臨危難，也常能處之泰然。

我有一位朋友，本來是上海棉紗大王，「八一三戰事」發生後，帶著他的子女逃到杭州，暫時住在山中的一所廟宇裡。他告訴我，他預備給他的家人蓋一幢房子。

「為什麼？」我問他。

「上海作戰期間，我想在杭州住下來。」他說。

我真想不到他對這次戰爭竟有這樣的看法。我勸他最好還是遷到內地去，因為戰事必定要蔓延到杭州以及所有的沿海城市，甚至可能遠及華中的漢口。他聽到這些話，好像沒法相信似的。五年之後，我在重慶碰到他。他告訴我，他們一家人在戰火擴及杭州以前就離開西湖了。

與北方三個大學有關的人士正在南京商議學校內遷的計畫。大家有意把北平的北京大學、清華大學和天津的南開大學從北方撤退而在長沙成立聯合大學。胡適之從南京打電話給我，要我回到南京商量實施這個計畫的辦法。我經過考慮，勉強同意了這個計畫。

我曉得在戰事結束以前恐怕沒有機會再見到父親和我的老家，而且戰局前途很難逆料，因此我就向朋友借了一輛別克轎車駛回家鄉。這時父親年紀已經很大，看到我回家自然笑逐顏開。我離家重返南京時告訴父親說，中國將在火光血海中獲得新生。

「你這是什麼意思？」他目不轉睛地望著我，雙目炯炯有光。

「事情是這樣的：這次戰爭將是一次長期戰爭。千千萬萬的房屋將化為灰燼。千千萬萬的百姓將死於非命。這就是我所說的火光血海，最後中國將獲得勝利。」

當我向父親告別時，我心裡有一個感覺，怕自己從此沒有機會再見我所敬愛的父親了。父親所施於我的實在太多了。但是我所報答他的卻又如此之少。後來我的家鄉遭到轟炸時，他遷到山中，以栽花養鳥自娛，戰事發生兩年以後的一個早上，他像平常一樣起得很早。他忽然感到有點頭暈，回到臥室，即告去世，享年八十。他不過是戰爭的間接受害者之一，戰爭對老年人實在是很大的磨難。

我回南京逗留幾天之後就搭輪溯江而至漢口。碼頭附近沿江堆積著大批木箱，裡面裝著政府的檔案、中央大學圖書館的書籍和故宮博物院的古物（即現在臺中之古物）[12]。從南京至漢口途中，我們曾碰到滿載軍隊的船隻，順流東下增援上海。

我從漢口搭粵漢鐵路赴長沙，沿途碰到好幾批軍隊擠在敞篷車裡，由廣東、廣西向北開往漢口。這次戰爭現在的確是全國性的，不再像過去一樣是地方性的戰事了。士兵們的鬥志非常激昂，我問他們往哪裡去。

「打日本鬼！」他們異口同聲地說。

12 國共內戰期間，國民政府將多批來自故宮博物院等多處精選文物遷臺，暫時存放於臺中糖廠倉庫，之後於一九四九年在臺中縣霧峰鄉吉峰村北溝山麓興建庫房以保存文物。

三、戰時的長沙

長沙是個內陸城市。住在長沙的一段時期是我有生以來第一次遠離海洋。甚至在留美期間，我也一直住在沿海地區，先在加里福尼亞住了四年，後來又在紐約住了五年。住在內陸城市使我有乾燥之感，雖然長沙的氣候很潮濕，而且離洞庭湖也不遠。我心目中最理想的居所是大平原附近的山區，或者山區附近的平原，但是都不能離海太遠。離海過遠，我心目中的空間似乎就會被堅實的土地所充塞，覺得身心都不舒暢。

我到達長沙時，清華大學的梅貽琦校長已經先到那裡，在動亂時期主持一個大學本來就是頭痛的事。在戰時主持大學校務自然更難，尤其是要三個個性不同、歷史各異的大學共同生活，而且三校各有思想不同的教授們，各人有各人的意見。我一面為戰局擔憂，一面又為戰區裡或淪陷區裡的親戚朋友擔心，我的身體就有點支持不住了。「頭痛」不過是一種比喻的說法，但是真正的胃病可使我的精神和體力大受影響。雖然胃病時發，我仍勉強打起精神和梅校長共同負起責任來，幸靠同人們的和衷共濟，我們才把這條由混雜水手操縱的危舟渡過驚濤駭浪。

聯合大學在長沙成立以後，北大、清華、南開三校的學生都陸續來了。有的是從天津搭英國輪船先到香港，然後再搭飛機或粵漢鐵路火車來的，有的則由北平搭平漢路車先到漢口，然後轉粵漢路到長沙。幾星期之內，大概就有兩百名教授和一千多名學生齊集在長沙聖經學校了。聯合大學租了聖經學校為臨時校舍。書籍和實驗儀器則是在香港購置運來的，不到兩個月，聯大就初具規模了。

因為在長沙城內找不到地方，我們就把文學院搬到佛教聖地南嶽衡山。我曾經到南嶽去過兩次，留下許多不可磨滅的回憶。其中一次我和幾位朋友曾深入叢山之中暢遊三日，途中還曾經過一條山路，明朝末年一位流亡皇帝（永曆帝）在三百年前為逃避清兵追趕曾經走過這條山路。現在路旁還豎著一個紀念碑，碑上刻著所有追隨他的臣子的名字。在我們經過的一所寺廟裡，看見一棵松樹，據一位老僧說是永曆帝所手植的。說來奇怪，這棵松樹竟長得像一位佝僂的老翁，似乎是長途跋涉之後正在那裡休息。我們先後在同一的路上走過，而且暫駐在同一寺廟裡。為什麼？同是為了當北方來的異族入侵，一千多年來，中國始終為外來侵略所苦。

第一夜我們住宿在方廣寺。明朝滅亡以後，一位著名的遺老即曾在方廣寺度其餘年。那天晚上夜空澄澈，團圞明月在山頭冉冉移動，我從來沒有看到過這樣低、這樣近的月亮，好像一伸手就可以觸到它這張笑臉。

第二夜我們住在接近南嶽極峰的一個寺院裡。山峰的頂端有清泉汩汩流出，泉旁有個火神廟。這個廟頗足代表中國人通俗的想法，我們一向認為火旁邊隨時預備著水，因為水可以克火。

第二天早晨，我們在這火神廟附近看到了日出奇觀，太陽從雲海裡冉冉升起，最先透過雲層發出紫色的光輝，接著發出金黃色、粉紅和藍色的光彩，最後浮出雲端，像一個金色的鴕鳥蛋躺臥在雪白的天鵝絨墊子上。忽然之間它分裂為四個金光燦爛的桔子，轉瞬之間卻又復合為一個大火球。接著的一段短暫時刻中，它似乎每秒鐘都在變換色彩，很像電影的彩色鏡頭在轉動。一會兒它又暫時停住不動了，四散發射著柔和的金光，最後又變為一個耀目大火球，使我們不得不轉移視線。雲海中的冰山不見了，平靜的雲浪也跟著消逝，只剩下一層輕霧籠罩著腳下的山谷。透過輕霧，我們看到縷縷炊煙正在煦和的旭日照耀下裊裊升起。

來南嶽朝山進香的人絡繹於途。有的香客還是從幾百里之外步行來的。男女老幼，貧賤富貴，都來向菩薩頂禮膜拜。

長沙是湖南省的省會，湖南是著名的魚米之鄉，所產稻米養活了全省人口以外，還可以供應外省幾萬人的食用。湘江裡多的是魚、蝦、鱔、鰻和甲魚，省內所產桔子和柿子鮮紅豔麗。貧富咸宜的豆腐潔白勻淨如濃縮的牛奶。惟一的缺點是濕氣太重，一年之中雨天和陰天遠較晴天為多。

我每次坐飛機由長沙起飛時，總會想到海龍王的水晶宮。我的頭上有悠悠白雲，腳下則是輕紗樣的薄霧籠罩著全城，正像一層蛋白圍繞著蛋黃；再向上升更有一層雲擋住了陽光。在長沙天空飛行終逃不了層層遮蓋的雲。

湖南人身體健壯，個性剛強而且刻苦耐勞。他們尚武好鬥，一言不合就會彼此罵起來，甚至動拳頭。公路車站上我們常常看到「不要開口罵人，不要動手打人」的標語。人力車夫在街上慢吞吞地像散步，決不肯拔步飛奔。如果你要他們跑得快一點，他準會告訴你：「你老下來拉吧——我倒要看看你怎麼個跑法。」湖南人的性子固然急，但行動卻不和脾氣相同，一個人脾氣的緩急和行動的快慢可見並不一致的，湖南人拉黃包車就是一個例子。

他們很爽直，也很真摯，但是脾氣固執，不容易受別人意見的影響。他們要就是你的朋友，要就是你的敵人，沒有折衷的餘地。他們是很出色的軍人，所以有「無湘不成軍」的說法。曾國藩在清同治三年（一八六四年）擊敗太平軍，就是靠他的湘軍，現在的軍隊裡，差不多各單位都有湖南人，湖南是中國的斯巴達。

抗戰期間，日本人曾三度進犯長沙而連遭三次大敗。老百姓在槍林彈雨中協助國軍抗敵，傷亡慘重。

在長沙我們不斷有上海戰事的消息。國軍以血肉之軀抵禦日軍的火海和彈雨，使敵人無法越過國軍防線達三月之久。後來國軍為避免繼續作無謂的犧牲，終於撤出上海。敵軍接著包圍南京，首都人民開始全面撤退，千千萬萬的人沿公路湧至長沙。卡車、轎車成群結隊到達，長沙忽然之間擠滿了難民。從南京撤出的政府部會，有的遷至長沙，有的則遷到漢口。

日軍不久進入南京，士兵獸性大發。許多婦女被輪姦殺死，無辜百姓在逃難時遭到日軍機槍任意掃射。日軍在南京的暴行，將在人類歷史上永遠留下不可磨滅的汙點。

新年裡，日軍溯江進逼南昌。中國軍隊結集在漢口附近，日軍則似有進窺長沙模樣。湖南省會已隨時有受到敵人攻擊的危險。我飛到漢口，想探探政府對聯大續遷內地的意見。我先去看教育部陳立夫部長，他建議我最好還是去看總司令本人。因此我就去謁見委員長了。他贊成把聯大再往西遷，我建議往昆明，因為那裡可以經滇越鐵路與海運銜接。他馬上表示同意，並且提議先應派人到昆明勘尋校址。

民國二十七年（一九三八年）正月，就在準備搬遷中過去了。書籍和科學儀器都裝了箱，卡車和汽油也買了。二月間，準備工作已經大致完成，我從長沙飛到香港，然後搭法國郵船到越南的海防。我從海防搭火車到法屬越南首府河內，再由河內乘滇越鐵路火車，經過叢山峻嶺而達昆明。

四、大學逃難

中日戰爭爆發以後，原來集中在沿海省份的大學紛紛遷往內地，除了我前面提到過的北大、清華、南開三大學之外，接近戰區以及可能受戰爭影響的高等學府都逐漸向內地遷移，到抗戰快結束時，在內地重建的大學和獨立學院，數目常在二十左右，學生總數約一萬六千人。

這些學府四散在內地各省。有的借用廟宇祠堂，有的則借用當地學校的一部分校舍上課。公共建築找不到時，有的學校就租用私人宅院，也有些學校臨時搭了茅篷土屋。所有學校都已盡可能帶出來一部分圖書儀器，數量當然很有限，然而就是這一點點簡陋的設備也經常受到敵機故意而無情的轟炸。

許多學生是從淪陷區來的，父母對他們的接濟自然斷絕了；有些學生甚至與戰區裡的家庭完全音信不通。有些在淪陷區的家長，雖然明知子弟在內地讀書，遇到敵偽人員查問時，寧願把兒子報成死亡，以免招致無謂的麻煩。後來由政府撥了大筆經費來照顧這些無依無靠的學生。

因為日本侵略是從華北開始的，所以最先受到影響的大學自然是在平津區的學校。平津區陷敵以後，許多教職員和學生知道在侵略者的刺刀下絕無精神自由的希望，結果紛紛追隨他們的學校向南或其他地方轉進。當時政府尚在南京，看到這種情形，便下令在後方成立兩個聯合大學，一個在長沙，我已經談過，另一個在西北的西安。西北聯大包含過去的兩個國立大學和兩個獨立學院。它後來從西安遷到漢中，因為校舍分散，結果多少又回復了原來各單位的傳統。

戰事蔓延其他各地以後，原來還能留在原地上課的大學也步我們的後塵內遷了。結果國立中央大學從南京搬到戰時首都重慶；浙江大學從杭州搬到貴州；中山大學從廣州搬到雲南。

我想詳細地敘述一下長沙臨時大學的情形，它是怎麼聯合起來的，後來又如何從長沙遷移到昆明。這故事也許可以說明一般大學搬遷的情形。

我在前面已談到，長沙臨時大學是原在北平和天津的三個大學奉教育部之命聯合而成的。這三個大學就是國立北京大學、國立清華大學，和私立南開大學。三個大學的校長成立校務委員會，教職員和學生全部轉到臨時大學。民國二十六年（一九三七年）十一月一日在長沙復課，註冊學生有從原來三個大學來的約一千二百五十人，以及從其他大學轉來的二百二十名借讀生。雖然設備簡陋，學校大致還差強人意，師生精神極佳，圖書館圖書雖然有限，閱覽室卻經常座無虛席。但是民國二十七年年初，也就是南京失陷以後，情形可不同了。日本飛機把長沙作為轟炸目標之一，在長沙久留是很危險的，結果臨時大學在第一學期結束後，經政府核準於二十七年二月底向西南遷往昆明。

從長沙西遷昆明是分為兩批進行的：一批包括三百左右男生和少數教授，他們組織了一個徒步旅行團，從湖南長沙穿越多山的貴州省一直步行到雲南的昆明，全程三千五百里，約合一千一百六十哩，耗時兩月零十天。另外一批約有八百人，從長沙搭被炸得瘡痍滿目的粵漢路火車到廣州，由廣州坐船到香港，再由香港轉到海防，然後又從海防搭滇越鐵路到達昆明。他們由火車轉輪船，再由輪船轉火車，全程約耗十至十四天，視候車候船的時日長短而有不同。另有三百五十名以上的學生則留在長沙，參加了各種戰時機構。

搬到昆明以後「長沙臨時大學」即改名「國立西南聯合大學」，簡稱「聯大」。因為在昆明不能立即找到合適的房子容納這許多新客，聯大當局決定把文學院和法商學院設在雲南第二大城蒙自。民國二十七年五月初聯大開課時，四個學院的學生總數約在一千三百人左右。同年九月間，文學院和法商學院由蒙自遷回昆明，因為當地各中學均已遷往鄉間，原有校舍可以出租，房荒問題已不如過去那麼嚴重。這時適值聯大奉教育部之令成立師範學院，真是「雙喜臨門」。五院二十六系的學生人數也增至二千人。

二十八年九月間，聯大規模再度擴充，學生人數已達三千人。聯大過去十個月來新建造的百幢茅屋剛好容納新增的學生。抗戰結束時，我們共有五百左右的教授、助教和職員以及三千學生。多數學生是從淪陷區來的，他們往往不止穿越一道火線才能到達自由區，途中受盡艱難險阻，有的甚至到達大後方以前就喪失了性命。

我的兒子原在上海交通大學讀書，戰事發生後他也趕到昆明來跟我一起住。他在途中就曾遭遇到好幾次意外，有一次，他和一群朋友坐一條小船，企圖在黑夜中偷渡一座由敵人把守的橋梁，結果被敵人發現而遭射擊。另一次，一群走在他們前頭的學生被敵人發現，其中一人被捕，日人還殺了他的頭懸掛樹上示眾。

我有一位朋友的兒子從北平逃到昆明，在華北曾數度穿越敵人火線，好幾次都受到敵人射擊。他常常一整天吃不到一點東西，晚上還得在夜色掩護下趕好幾里路。他和他的兄弟一道離北平，但是他的兄弟卻被車站上的日本衛兵抓走送到集中營去了，因為他身上被搜出了學生身分的證件。他們是化裝商店學徒出走的，但是真正的身分被查出以後，就會遭遇嚴重的處罰。

據說北大文學院的地下室已經變為恐怖的地牢。我無法證實這些傳說，不過後來我碰到一位老學生，在他設法逃出北平到達大後方以前，曾經被捕坐了兩年牢。據他說，他曾被送到北大文學院地下室去受「招待」，那裡簡直是活地獄。敵人把冷水灌到他鼻子裡，終至使他暈過去。他醒過來時，日本憲兵上村告訴他，北大應該對這場使日本蒙受重大損害的戰爭負責，所以他理應吃到這種苦頭。上村怒不可遏地說：「沒有什麼客氣的，犯什麼罪就該受什麼懲罰！」他曾經連續三次受到這種「招待」，每次都被灌得死去活來，他在那個地牢裡還看到過其他的酷刑，殘酷的程度簡直不忍形諸筆墨。女孩子的尖叫和男孩子的呻吟，已使中國歷史最久的學府變為撒旦統治的地獄了。

留在北平的學生在敵人的酷刑下呻吟呼號，在昆明上課的聯大則受到敵機的無情轟炸。轟炸行為顯然是故意的，因為聯大的校址在城外，而且附近根本沒有軍事目標。校內許多建築都被炸毀了，其中包括總圖書館的書庫和若干科學實驗室。聯大的校舍約有三分之一被炸毀，必須盡速再建。但是敵機的轟炸並沒有影響學生的求學精神，他們都能在艱苦的環境下刻苦用功，雖然食物粗劣，生活環境也簡陋不堪。

學術機構從沿海遷到內地，對中國內地的未來發展有很大的影響，大群知識分子來到內地各城市以後，對內地人民的觀念思想自然發生潛移默化的作用。在另一面，一向生活在沿海的教員和學生，對國家的了解原來只限於居住的地域，現在也有機會親自接觸內地的實際情況，使他們對幅員遼闊的整個國家的情形有了較真切的了解。

大學遷移內地，加上公私營工業和熟練工人、工程師、專家和經理人員的內移，的確有劃時代的意義。在戰後的一段時期裡，西方影響一向無法到達的內地省份，經過這一次民族的大遷徙，未來開發的機會已遠較以前為佳。

五、戰時之昆明

北大等校內遷以後，我也隨著遷居滇緬路的終點昆明。珍珠港事變爆發以前，我曾一度去過緬甸，並曾數度赴法屬印度支那及香港，當時以上數地與昆明之間均有飛機可通。法國對德投降以後，日本不戰而下法屬印度支那，因此我們就築了滇緬路與仰光銜接。珍珠港事變以後，緬甸亦陷敵手，我國與法屬印度支那的海防以及緬甸的仰光，陸上交通均告斷絕，昆明亦陷於孤立狀態。《租借法案》下運華的軍火，只好由空運飛越隔絕中印兩國的喜馬拉雅山的「駝峰」，才免於中斷。

抗戰期間，我曾數度坐飛機去重慶，也曾一度去過四川省會成都。重慶是戰時的首都，位於嘉陵江與長江匯合之處。嘉陵江在北，長江在南，重慶就建在兩江合抱的狹長山地上，看起來很像一個半島。房子多半是依山勢高下而建的，同時利用屋後或屋基下的花崗石山地挖出防空洞，躲避空襲。日本飛機經年累月，日以繼夜地濫炸這個毫無抵抗力的山城，但是重慶卻始終屹立無恙。成千累萬的房屋被燒毀又重建起來，但是生命損失卻不算太大。敵人企圖以轟炸壓迫戰時政府遷出重慶，但是陪都卻像金字塔樣始終雄踞揚子江頭，它曾經受過千百年的磨難考驗，自然也能再經千百年的考驗。重慶可以充分代表中國抵抗日本侵略的堅韌卓絕的精神。

重慶之西約半小時航程處是平坦的成都市。成都和北平差不多一樣廣大，街道寬闊，整個氣氛也和故都北平相似。成都西北的灌縣有兩千年前建設的水利系統，至今灌溉著成都平原百萬畝以上的肥沃土地。嚴重的水災或旱災幾乎從來沒有發生過。這塊廣大豐饒的平原使四川成為「天府之國」，使重慶人民以及駐防省境和附近地區的軍隊，糧食得以供應無缺。

學校初遷昆明之時，我們原以為可以經法屬印度支那從歐美輸入書籍和科學儀器，但是廣州失陷以後，軍火供應的幹線被切斷，軍火都改經滇越線運入。滇越鐵路軍運頻繁，非軍用品根本無法擠上火車。我們運到越南的圖書儀器，只有極少一部分獲准載運入滇。

這時候，長江沿岸城市已相繼陷入敵手，日軍溯江直達宜昌，離長江三峽只是咫尺之遙。最後三峽天險也無法阻遏敵人的侵略狂潮而遭到鐵騎的蹂躪。

每當戰局逆轉，昆明也必同時受到災殃。影響人民日常生活最大的莫過於物價的不斷上漲。抗戰第二年我們初到昆明時，米才賣法幣六塊錢一擔（約五十公斤）。後來一擔米慢慢漲到四十元，當時我們的一位經濟學教授預言幾個月之內必定會漲到七十元。大家都笑他胡說八道，但是後來一擔米卻真的漲到七十元。法屬安南投降和緬甸失陷都嚴重地影響了物價。

物價初次顯著上漲，發生在敵機首次轟炸昆明以後，鄉下人不敢進城，菜場中的蔬菜和魚肉隨之減少。店家擔心存貨的安全，於是提高價格以圖彌補可能的損失。若干洋貨的禁止進口也影響了同類貨物以及有連帶關係的土貨的價格。煤油禁止進口以後，菜油的價格也隨之提高。菜油漲價，豬油也跟著上漲。豬油一漲，豬肉就急起直追。一樣東西漲了，別的東西也都跟著漲。物價不斷上漲，自然而然就出現了許多囤積居奇的商人。囤積的結果，物價問題也變得愈嚴重。鐘擺的一邊蕩得愈高，運動量使另一邊也擺得更高。

控制物價本來應該從戰事剛開始時做起，等到物價已成脫韁野馬之後，再來管制就太晚了。一位英國朋友告訴我，英國農人在第一次世界大戰時曾經大發其財，但是第二次大戰一開始，農產品就馬上受到管制了。這次戰爭在中國還是第一次大規模的現代戰爭，所以她對這類問題尚無經驗足資借鑑。

昆明的氣候非常理想，它位於半熱帶，海拔約六千尺，整個城有點像避暑勝地。但是因為它的面積大，居民並不認為它是避暑勝地。昆明四季如春，夏季多雨，陣雨剛好沖散夏日的炎暑。其他季節多半有溫煦的陽光照耀著農作密茂的田野。

在這樣的氣候之下，自然是花卉遍地，瓜果滿園。甜瓜、茄子和香櫞都大得出奇。老百姓不必怎麼辛勤工作，就可以謀生糊口，因此他們的生活非常悠閒自得。初從沿海省份來的人，常常會為當地居民慢吞吞的樣子而生氣，但是這些生客不久之後也就被悠閒的風氣同化了。

昆明人對於從沿海省份湧到的千萬難民感到相當頭痛。許多人帶了大筆錢來，而且揮霍無度，本地人都說物價就是這批人抬高的，昆明城內到處是從沿海來的摩登小姐和衣飾入時的仕女。入夜以後他們在昆明街頭與本地人一齊熙來攘往，相互摩肩接踵而過。房租迅速上漲，旅館到處客滿，新建築像雨後春筍一樣出現。被飛機炸毀的舊房子，迅速修復，但是新建的房子究竟還是趕不上人口增加的速度。

八年抗戰，昆明已變得面目全非。昔日寧靜的昆明城，現已滿街是卡車司機、發國難財的商人，以及營造商、工程師和製造廠商。軍火卡車在城郊穿梭往返。

自然環境和名勝古跡卻依然如昔。昆明湖的湖水仍像過去一樣平滑如鏡，依舊靜靜地流入長江，隨著江水奔騰兩千里而入黃海。魚兒和鵝鴨仍像往昔一樣遨遊在湖中。古木圍繞的古寺雄踞山頭，俯瞰著微波蕩漾遼闊湖面。和尚還是像幾百年前的僧人一樣念經誦佛。遙望天邊水際，我常常會想入非非：如果把一封信封在瓶子裡投入湖中，它會不會隨湖水流入長江，順流經過重慶、宜昌、漢口、九江、安慶、南京而漂到吳淞江口呢？說不定還會有漁人撿起藏著信件的瓶子而轉到浙江我的故鄉呢！自然，這只是遠適異地的思鄉客的一種夢想而已。

縱橫的溝渠把湖水引導到附近田野，灌溉了千萬畝肥沃的土地。溝渠兩旁是平行的堤岸，寬可縱馬騁馳；我們可以悠閒地放馬暢遊，沿著漫長的堤防跑進松香撲鼻的樹林，穿越蒼翠欲滴的田野。

城裡有一個石碑，立碑處據說就是明朝最後的一位流亡皇帝被縊身死的故址。石碑立在山坡上，似乎無限哀怨地凝視著路過的行人。這位可憐的皇帝曾經逃到緬甸，結果卻被叛將吳三桂劫持押回中國。吳三桂原來奉命防守長城抗禦清兵，據傳說他是為了從闖王李自成手中援救陳圓圓，終於倒戈降清。他為了鎮壓西南的反抗被派到雲南，已經成為他階下囚的永曆帝被帶到他的面前受審。

「你還有什麼話要說沒有？」據說吳三桂這樣問。

「沒有，」明代的末朝皇帝回答說：「惟一我想知道的事是你為什麼背叛我的祖上？你受明室的恩澤不能不算深厚吧？」

吳三桂聞言之下，真是心驚膽戰，他馬上下令絞死這位皇帝。後人在那裡立了紀念碑，上刻：「明永曆帝殉國處」。

離城約十公里處有個黑龍潭。春天裡，澄澈的潭水從潭底徐徐滲出，流入小溪淺澗。黑龍潭周圍還有許多古寺和長滿青苔的大樹。明朝末年曾有一位學者和他的家人住在這裡。崇禎帝殉國和明朝滅亡的消息傳來以後，他就投身潭中自殺了。他的家屬和僕人也都跟著跳入潭中。全家人都以身殉國，後來一齊葬在黑龍潭岸旁。西洋人是很難了解這件事的，但是根據中國的哲學，如果你別無辦法拯救國家，那末避免良心譴責的惟一方法就是以死殉國。抗戰期中，中國軍人以血肉之軀抵抗敵人的彈雨火海，視死如歸；他們的精神武裝就是這種人生哲學。

這個多少依年份先後記述的故事到此暫告段落。後面幾章將討論中國文化上的若干問題，包括過去的、現在的和未來的；同時我們將討論若干始終未能解決的全國性問題，這些問題在未來的年月裡也將繼續存在。

從一八四二年香港割讓到一九四一年珍珠港事變，恰恰是一世紀。《西潮》所講的故事，主要就是這一段時期內的事情。英國人用大砲轟開了中國南方的門戶，開始向中國輸入鴉片和洋貨，但同時也帶來了西方的思想和科學的種子，終於轉變了中國人對人生和宇宙的看法。中國曾經抵抗、掙扎，但是最後還是吸收了西方文化，與一千幾百年前吸收印度文化的過程如出一轍。英國是命運之神的工具，她帶領中國踏入國際社會。

中國所走的路途相當迂曲，正像曲折的長江，但是她前進的方向卻始終未變，正像向東奔流的長江，雖然中途迂迴曲折，但是終於經歷二千多里流入黃海。它日以繼夜，經年累月地向東奔流，在未來的無窮歲月中也將同樣地奔騰前進。不屈不撓的長江就是中國生活和文化的象徵。

新潮

一

我國自民國二十六年（一九三七年）始，經八年之長期抗戰，敵軍鐵騎所至，毀壞了廣大鄉村之生產組織，又因政府在西南西北大後方區域內徵兵徵糧，窒息了人力和物力。戰事終了後數年，中美兩同盟國政府，想把蕭條而生產落後之中國農村，用近代科學方法重新建設起來，於是合組了一個委員會，叫做中國農村復興聯合委員會，簡稱農復會。這個委員會的委員們，為了要了解農村的實際狀況和問題，便包了飛機，計畫了一個旅程，以南京為中心，分向全國各地作穿梭似的飛行。在考察的過程，我們經常碰見我的學生來幫我們的忙。

有一次我們的包機臨時在漢中降落；漢中據漢水上游，是盆地中心，故物產豐富，昔漢高祖因之以成帝業。我們一時心血來潮，想在這裡推行農村建設工作。站在機場中矚目四望，但見阡陌縱橫，麥浪迎風，極視線而無際，當年諸葛亮便是屯軍於此，北伐中原的。

因為是臨時降落，事先未曾與當局接洽。正在徘徊之際，有一妙齡女郎迎面走來問我：「校長，您為什麼到這兒來？」

「你是哪一位？我們要找胡宗南將軍。」

「我是您的學生，我們有好幾個同學在機場裡服務。聽說胡宗南將軍正在開軍事會議，今天恐怕找不到他。」

於是有幾位學生引導我們到一個小飯店。菜餚十分可口，餐後頗有齒頰留香之感。等到算帳的時候，胡將軍的副官已先付了賬，使那幾位學生因未做成東道而大為掃興。

飯後即直飛蘭州，大家因目的未達，不免失望，以後胡將軍雖曾派代表來廣州請我們再去，但我們已鼓不起勇氣，婉辭謝絕了。

農復會的同人們，尤其是美國的朋友們，覺得很奇怪，何以一個當過校長的人，有這麼多的學生，幾乎在全國各地的城市或鄉間到處都會碰到。

另一次在飛機上，一位美國朋友同我開玩笑說：「你在天空裡難道還會碰見學生嗎？」

「那是不會有的了！」我回答。話未說完，有一位制服整潔，身材高大的飛行員，走來向我恭恭敬敬的行了一個軍禮，對著我叫了一聲「校長」。

「你是哪一位？」我問。

「我是您的學生啊！」他回答。
「你怎會在這裡？」
「我是副駕駛員。」
「你是幾時學了飛行的？」
「是很早以前，校長保送我學航空的。」
這時我可抖了，我就很自豪地對機內同人們說：「你們瞧，幾十年苦校長不是白當的吧，苦有苦的報酬啊！」
談笑間，飛機已接近臺灣的上空了。
我們向窗外望去，但見海天一色，清波蕩漾，雲朵在晚霞中向後飛渡，使我不覺順口吟出李商隱的兩句詩：「夕陽無限好，只是近黃昏！」
因為當時大陸情形，已夠使人擔心了！
正在沉思的時候，在斜陽普照的一幅美景裡，松山機場已經在望。映入眼簾的，一邊是叢林蓊鬱的山巒，一邊是阡陌縱橫的田壠。雖然眼前風景如畫，但當時我們所想的只是如何工作的問題。美麗的寶島風光，只有留待將來再欣賞了。
回溯抗戰初期，從臺灣松山機場起飛的日本木更津飛機隊，曾到杭州轟炸筧橋飛機場。他們派去五架轟炸機，卻沒有驅逐機保護。到了杭州以後，我們筧橋的防禦人員當即迎戰。五架敵機竟打下了四架，另一架狼狽逃去，飛到紹興附近，終於墜毀。我曾經到那邊去看過，見到那跳傘降落的日本飛行員。我問他，他不肯說什麼。以後他才跟管理他的我方人員說了，當五架日機從臺灣起飛的時候，日方的司令官說：「杭州方面沒有高射砲，也沒有驅逐機，你們放膽去炸好了。」

這時見到當年日軍轟炸機基地的松山機場，不禁勾起我那段回憶；那時在杭州我還是第一次領教敵機轟炸的滋味，那恐怖的經驗，竟使我永生難忘。

下機後，便有省政府派來接我們的人上前寒暄，然後登車駛入市區。我坐的那一部車子裡，也有一位我以前的學生，他告訴我，這是省政府最好的一部汽車，專給我用的。他並很幽默地說：「這部汽車，是以前的省主席夫人的座車，我們把它保留起來，今天給校長坐。」我笑了笑說：「那位主席夫人是我的老朋友。」他聽了謙恭地一笑，也便不講什麼話了。

汽車不久便到了圓山橋附近的一個政府招待所，我們就在那裡安頓下來。當時已經有幾位農業人員等在那裡，報告臺灣農業的近況，並討論應該用什麼方法來推行工作。後來我們到省政府去見省主席陳辭修先生，我們對他說，農復會的工作方針是兩方面的，好像一把兩面快的劍，一面用之於社會，以推行公平的分配；一面則運用近代的科學方法來增產。因為我們相信，只講生產而不講公平的分配，那麼增加生產以後，會使富者愈富，貧者愈貧，結果必會造成社會的糾紛，不但於事無補，恐怕對整個社會而論，反而有害。如果只講公平分配而不講生產呢？結果等於分貧或均貧，而不是均富。我們的目的是要均富；均富並不是說平均分配，而是公平分配，使大家得到合乎公道的一份，不是使人人得到大小一樣，輕重相等的一份。我們一方面講公道，一方面講生產，這就是我們的兩邊鋒利的一把寶劍。這個政策經我代表農復會說明之後，辭修先生聽了非常贊成，說：「好啊，我們很歡迎。」

我們又說，公平分配最要緊的是土地改革，那便是耕者有其田。要講生產，就必須用近代的科學方法，否則生產量不會增加的。陳辭修先生說，他贊成這個辦法，當他任湖北省政府主席時，也曾經作過土地改革，收效很大，所以他也想在臺灣做。不過目前的臺灣百廢待舉，單憑他一個人與政府的力量，恐不易做到。經費既不夠，技術人材也不足，是不是農復會願意幫忙？我當時就代表農復會說：「只要省政府有推行土地改革的決心，農復會一定盡量幫忙。」主席說：「好，我們就這樣辦吧！」

經我們在全國好多地方視察之後，深覺最重要的首推水利問題。土地必須有水，才能生產。至於其他各種生產方法，當然也應注意：臺灣是亞熱帶地方，容易發生蟲害，而且傳布極速，應加強防治；還要注意肥料，改良舊品種，介紹新品種。不過，要增加生產，單靠技術和物質是不夠的，組織農民也是不能忽視的一件事。我們曾經派人調查過，臺灣有個日治時代留存的農會制度。不過這個農會掌握在地主手中，它的宗旨並非替農民謀福利，只是為以前的殖民政府在臺灣調度糧食供給日本之用。實際上那只是政府收購糧食的一個機關。我們建議把這種農會改組，主席對我們的建議都很贊成。商討結果，決定一方面將農會改組為真正農民的農會；一方面推行耕者有其田的政策。

關於生產方面，一則著重水利建設，注意施肥，因為臺灣土地是沒有大陸肥沃的。其餘像防除病蟲害，改良品種，以及各式各樣的生產辦法，我們都詳盡地研究過，務求達到改善國民生活的目的。離開省政府後，大家都覺得很愉快，感到這位省主席決斷力很大，看來他的行政經驗很豐富，我們可儘量和他合作，以推行土地改革和耕者有其田的計畫。

由於這幾個月的經驗，我們深知政府方面如沒有決心，那就什麼事也不能做。現在省主席既然有此重大決心，我們對於在臺灣實行土地改革的計畫，和統籌的農業計畫，都抱著很大的信心。

於是我們到各處調查了一下臺灣的情形，又看了幾個試驗場，並與農業界人士會談過，才乘飛機到了廈門。在鼓浪嶼一個西式的旅館裡，我們開會討論改進臺灣農業與推行土地改革的辦法。這時候我們的工作人員正在離廈門不遠的龍岩縣幫助土地改革的工作，已經有了相當的時間。據該縣出來的人以及我們派去視察的人說，那裡自土地改革以後，生產的能力增加了，農民的耕作興趣也提高了，社會上忽然繁榮起來。因為人民有了屬於自己的土地之後，都加倍努力耕作。農民們豐衣足食地顯得很高興，連土匪也沒有了，熙熙攘攘的很太平。從這小地方看來，臺灣若能夠把土地改革辦成功，也會一樣的安定而富庶。目前臺灣農村的進步和農民的快樂，在當時的龍岩縣就已經看見具體而微的一部分；也因此增強了我們當時主張土地改革的信心，知道土地改革的政策，對國民的水準的確可以提高。

我們在鼓浪嶼開會後，正預備到龍岩去看一趟，共產黨得了消息，竟將公路車搶劫，龍岩之行，因此作罷。同時在地方上發現「推行偽土地改革者，殺、殺、殺！」的標語。因為我們是一個國際團體，不得不終止前去。經開會討論後，我們就飛往廣州，又轉飛成都，在那裡研究四川土地改革的問題。當時的省主席王陵基先生，對於這件事情也相當熱心，贊成在那裡進行土地改革。臺灣做的是三七五減租，那兒做的是二五減租。二五減租與三七五減租，相差甚微。但今日臺灣所實行的耕者有其田政策，就比較減租還要進一步了。那時候會裡有兩種意見：一部分人主張非土地改革不能振興農村，還有一部分人卻不贊成用土地改革的方式來改良農村。彼此雖然並未公開辯論，但對於解決中國農村問題卻各有主張。至於美國委員方面的意見，似乎以為這個問題還是讓中國委員們自己決定為是，故未公開表示贊成與否。不過在談論之間，還是贊成土地改革的。中國委員們雖然無人公開表示反對土地改革，但積極主張非如此不能復興農村的卻只有我們少數幾個人。大概這少數人在那時候的言論舉動過於積極，所以有一位委員在背後批評我們說：「唉，那些人發神經病了，一天到晚，只知道講土地改革。」後來在臺灣時，有人對我說，因為我在廣東中央政治會議中曾代表那少數人說過：「你們廣東地主們，現在不肯推行土地改革，將來共產黨來了，不但你們的土地被奪去，連你們的頭也會被殺下來。」所以有某君批評我說：「糟了，這老頭兒也變了。」

這老頭兒的確是變了，他生長在擁有數百畝良田的小地主家庭裡，但遠在民國十七年的時候，他在浙江就跟在人家後面推行「二五」減租運動了。變了，時代變了。

我們少數人那樣瘋瘋癲癲的言論和舉動，畢竟感動了全體委員，都願合力來推動土地改革。於是我們就包了飛機，飛到重慶，謁見張岳軍長官請他幫忙。繼飛回成都，勸王陵基主席從速推行「二五」減租。

王主席慷慨的說：「好，我們就這樣做罷，我先把我所有的一千多畝田，實行『二五』減租，不過問題在某巨公，他有好幾千畝田呢。」他想了一會兒，就繼續說道：「有法子了，我自己實行後，就對他說，咱們先幹了，老兄請你照辦。不然，我就幫助你們的佃戶，向你要求減租。他現在沒有槍桿兒，不敢不贊成。」我們聽了這番話，心裡覺得好痛快。

有一天我們在四川鄉下，坐了幾頂轎子，視察農村情形。我和轎夫邊走邊談。四川人都健談，雖是販夫走卒，也不例外，這就是所謂擺龍門陣。當時我問他們：

「你們這裡減租了沒有？」

「哦，聽說有這回事，看見有告示，說要減租的。」

「減了沒有？」

「啊！先生，政府的話，哪裡靠得住？」

「要是真能減租，好不好？」

「那當然好極了！」

由於這一段短短的談話，足證一般農民是多麼擁護土地改革的政策！

到達目的地時，我的耳朵裡似乎充滿了人民微弱的呼聲：「那——好——極——了。」這使我立下了一個志願，一定要貫徹我們少數人的意志，把「二五」減租做成功。

於是我們留下一部分人在成都計畫減租的辦法。我則乘飛機自成都經桂林、廣州到香港，停了一晚，第二天便飛向臺灣。

那時臺灣的土地改革政策，已完成了立法的程序。陳主席對省議會說：「我一切事都聽從民意，惟有這『三七五』減租案及聯帶的法案，務必請大家幫忙通過。」當然，握軍政大權的主席，說那些話，到底含有幾分「先禮後兵」的意義。

於是，省議會果然好好地通過了主席的提案。十幾年後，回想起來，這個法案真正帶來了臺灣的安定與繁榮。

我在農復會臺灣辦事處，曾親自擬了一張電稿，給成都王主席。我記得稿裡有「吾兄當不讓辭修兄專美於前」的一句話。

這是一個「請將不如激將」的辦法。

第二天成都回電來了，其中有「一切當遵命辦理」的一句謙虛話。

天下事只有少數人肯發神經病，把一件事似瘋如狂的向前推進，終有達到目的的一天！

二

前面所說的土地改革的情形，足證少數人瘋狂似的熱忱，是促使一件事情成功的重要關鍵。但專靠熱忱仍舊不夠，還要明白所做的事與歷史的關係。歷史是無形的、看不見的。但它對個人、家庭、社會、國家都具有很大的影響力。所以我們要做一件事，尤其是比較重大的事情，一定要先弄清楚我們所負的使命是什麼？看清楚這點，才不致失之毫釐，謬以千里。

我們對本身所擔負的工作，先要有一種基本的看法，或者說應該根據一種基本的哲學。這就是全盤問題裡最重要的原則。這樣，不論工作或解決問題，均可循此原則進行。此外還要了解國際的大勢，能看清這一點，那末你所做的一切，就不致於違反時代的精神。若反其道而行，就會和世界的趨勢扞格難通的。

我們還該知道本身所處的環境其要求是什麼？然後設法解決，而且要用科學的技術去解決它。誰都知道近世的進步與中古世紀的落後，其主因就是近世有科學的技術。用科學技術，一兩個人在短時間內便可完成古代千百人耗費長時期才能完成的工作。所以東方的某些科學落後的國家，實應努力發展科學技術始能趕上時代！

除上述各點外，政府的態度、社會的輿論也是非常重要的。根據我這幾年做事的經驗，深感凡做一件事，如果得不到當局和社會上一般人的信任，即使成功，也是事倍功半的。反之必可事半功倍。這幾年來，臺灣農村建設的成功，這是一個主要的原因。

不過多產幾十噸米、多養幾百頭豬、多出口幾萬斤橘子等等是看得見的有形的成績，但在這些有形的成績後面，還有許多看不見但更重要的因素，我將在這本書裡，時時予以說明。

三十七年夏的一天早晨，我在南京紅十字會總會辦公室裡辦公時，來了一個電話，要我親自接聽。我拿起聽筒先說道：「我是蔣某人，你是那一位？」我講的是紹興國語。對方一聽我的紹興國語，便用他的寧波國語回答說：「這裡是委員長公館，委員長要請蔣先生中午來吃便飯。」紹興官話和寧波官話大致相似，所以這幾句話，彼此都聽得很清楚，知道沒有弄錯。到了十二點鐘，我赴約前往。進了委員長公館，招呼客人的就領我到一間飯廳裡去。這裡是我很熟悉的地方，因為委員長常在此約我們吃飯的。當時我看到桌上有兩付碗筷，一個主座，一個客座，已經安排好了。不到幾秒鐘，委員長便走出來，說：「請坐、請坐，吃點便飯吧！」我就依言坐下去了。委員長接著說：「我有一件事情，要請你去擔任。」我問：「什麼事情啊？」他說：「現在有一個中美共同組織的開發農村的委員會，請你去擔任這個會的主任委員。」我說：「委員長，我現在正在辦行政院善後事業保管委員會，這個機構很大，凡是聯合國援助我國抗戰後期所剩下來的錢和物質，都由這個委員會處理，這已經夠忙了，而且都是關於工業方面的工作，範圍很大，從上海到成都，從北方到廣州都在其內。」委員長說：「這個我都知道，我要你擔任這個農村工作，就是因為你擔任工業工作的關係，農和工是不好分開的，我就是這個意思，你兩個工作都要擔任，這兩個工作不能分離的。」我也沒有客氣，就說：「委員長要我擔任，我就擔任了。」他說：「你有什麼意見沒有？」我當即回答：「我有點意見。」於是我說道：「農村建設如果不從改革土地著手，只是維持現狀，是不會成功的。」委員長點頭道：「對了，你有什麼辦法？」我說：「我希望劃出一個地區做試驗，實行土地改革。」委員長問我：「你要劃出什麼地方？」我說：「我想劃出無錫來，因為無錫是一個已經半工業化的縣份，那個地方有資本家、有地主，而無錫的地主不一定靠土地生活，所以把他們的土地拿來做土地改革，他們也不致於激烈反對。」委員長馬上同意地說：「哦！那可以的。」我又補充道：「我指定無錫，還有一個理由，因為土地改革是要地主拿出土地來的，雖然無錫已相當工業化，但要地主們拿出土地來，總好像是與虎謀皮，不是容易辦到的事。那是可能要用兵力來打老虎。無錫與南京鄰近，容易派兵，將來我們試驗的時候，如果需用兵，不知委員長是不是可以派兵？」委員長果斷地說：「可以，要用兵的時候，當然派兵。好了，就這樣做吧！其餘的事情慢慢地想。你去負責任，要什麼人你去派，派了之後，你和行政院長商量好了，不必跟我說，我事情也忙，這件事情，就請你全權去辦吧。」

「全權去辦」這幾個字，今天回想起來，已經十二年了。這十二年之中，政府對於農復會的工作和一班負責工作的人，只有信任，沒有一點懷疑。所以我說，得到政府的信任，是最重要的事。假如政府不信任，不但土地改革的問題不能解決，其他一切事情，也都會辦不通的。

讀前文，足證促成農村建設成功的幾個重要因素，其形成絕非偶然。我們參考著歷史，根據基本哲學，採用近代科學的技術，再適應著社會的環境，隨時隨地的研究，時時與政府保持聯絡，十一年餘來，沒有一天間斷過，鬆懈過。我在本書裡，不但要寫農復會在臺灣的工作情形，同時還追溯一部分過去的事。這樣寫法，才能使讀者明白我們工作的過程，以及農復會所負的使命。

農復會的基本哲學，前面已經說過。一方面要公平解決社會分配的問題，也就是所謂社會公道的問題；一方面要採用近代的科學技術來解決各種生產問題。我們從事農村工作的目的，是為大多數人謀幸福，而不是為少數人謀利益。這個想法從何而來呢？這也是一個偶然的事。往往有好多偶然的事，會發展為一個時代的歷史。

一九四七年我在倫敦參加一個國際學會，有一天這會裡推舉兩個人出來說話，一個代表西方的，就是現在很有名的英國歷史家湯因比[1]。另一個代表東方說話的，他們推舉了我。湯因比當時說的話，我現在還記得。他把俄國與美國作了個比較，說：「現在世界上有兩個問題，一個是社會公道的問題，換句話說，就是人民福利的問題；另一個是國防問題，也就是一個國家維持軍備的費用問題。這兩個問題常常互相衝突。如著重社會公道或社會福利，就得犧牲國防的經費。反之，如著重國防，就不能不犧牲多數人民的利益。」他並舉了兩個例子說：「一個是俄國，正在拼命地建設國防，所

---

1 今譯為湯恩比（Arnold Joseph Toynbee, 1889–1975），曾於二次大戰期間於英國外交部工作。主張以文明為研究歷史的單位，其代表作《歷史研究》（*A Study of History*）中討論二十六個文明的興衰。

以不得不把人民的福利犧牲了，因此現在俄國的人民生活得很苦。可是美國就不同了，他們在大戰以後，便解散了龐大的軍隊，積極建設起各種公共事業，為大多數人民謀幸福，以徹底維持社會公道。」他又說：「現在這個世界好像一個沉下去的船，大家都想找一個比較安全的地方立足。」這個意思很明白，船沉了，哪裡都是不安全的。

湯因比講完後便讓我講。我開頭說：「如果世界像一條沉下去的船，那末中國就正在這隻船的最不安全的一面。」我說這句話的時候，大家都很注意的聽著。這話是我偶然衝口說出來的，事前並未細想。不過記得離開南京的時候，有一次我和陳果夫先生談天時說過：「果夫先生啊！現在情形真不對了，這個政府要僵掉了，什麼事情也辦不通，我們要做一件事，真吃力啊！簡直推不動。在行政院兩年的經驗，我真夠苦了。我曾經和委員長說過，好多事情辦不通，僵極了。他問我為什麼僵極了，我一時又說不出來。只覺得僵得很厲害，簡直不能動了！」後來果夫先生說：「唉！你這話是對的，我們大家再跟委員長去談談罷。」我說：「既然僵了，他也沒有辦法。不過我們再去談談，倒也不妨。」後來我即匆匆起程赴倫敦，並沒有找委員長再談過，但我心裡總想著如這個問題不能解決，就會影響整個中國的問題，這形成一團陰影，一直存在我的潛意識裡，所以當時輪到我說話的時候，便不自覺地衝口而出。

國防啊！社會公道啊！從此便常在我耳邊無聲地呼喊著，並不斷地提醒著我。以後我就把「社會公道」保留了，而將「國防」改為「科學技術」生產。但是我沒有把經過的原委向委員們說明。

農復會的委員們接受了我的建議，遂定為農復會的基本政策——即一面講公平分配，一面講生產。

三

土地問題是我國歷史上改朝換代最重要的一個原因。漢唐宋元明清歷代末期的變動，都是由農村問題引起。最早的我不講它了，讓我從漢朝講起。

漢太學生賈誼有幾句話，說明當時土地與人民的關係。他說「富者田連阡陌，貧者無立錐之地」，從這兩句話裡，可知當時田地都集中在豪富手裡，真正耕種的農民反而一點土地都沒有，這種情形到西漢末年尤為顯著。王莽知道情勢嚴重，便想把土地問題作個徹底的解決，於是擬定了一個土地政策，把天下所有的土地統統收歸國有。但這種土地國有政策很糟，無論是大地主、小地主以及佃農，群起反對，不滿的情緒日益高漲，他們說：「我要地啊！」土地被國家收去以後，人民全都沒有地，是不智之舉，所以後來人民終於起來反抗，結果造成了西漢末年的大亂。

後來到了北魏、唐，對於土地問題，有了一個相當好的解決辦法，那就是所謂授田辦法。一個人出生後，便授與一份田地，男女都有規定的數量。這樣暫時算解決了問題。但是等到人口增多，土地就不敷分配了，等到國家已沒有田再授給人民的時候，就只好讓人民自由去買賣，結果又回到「富者田連阡陌，貧者無立錐之地」的情況。

我出生於小地主家庭，家裡有幾百畝良田，雖然是祖宗積下來的，但是我們就靠祖宗的這點遺產，不勞而獲，坐享其成。在這種土地制度之下，有些人弄點鴉片抽抽，有些人讀讀書，去參加科舉考試，有些人遊蕩著無所事事。社會裡有了一個不勞而獲的階級，就會造成人心的不平，又因要保存資本的安全，土地就變為一種資本，購買土地成了保存家產的一個最好辦法。

列代的叛亂以及朝代的改變，大都是因土地問題引起的。洪楊之亂時，洪秀全的太平軍有一個號召：「跟著來，大家有田了！」大家分到田，當然誰都高興。於是大家都跟了去。不過等到大局安定了以後，土地問題就不談了。這是什麼緣故？因為起初一般百姓為了得到土地，跟了去。等到打進了城，放肆的機會來了，女子玉帛，任由大家搶掠一番。一搶就糟了，這班鄉下來的人，從此再不肯回田間去了。他們心想，何必要種地呢？鄉下老婆又醜又笨；城裡人的老婆又美又伶俐，一搶就搶來了，只要當兵，女子玉帛都有了，還種什麼地。而且每次朝代換了之後，人口減少，好多人被殺掉，地也就足夠分配了。

據說，關於湖南湘繡的來歷，還有一段有趣的故事。我們知道刺繡中最講究的是江蘇的蘇繡。湘繡的得名是因戰事而來。太平天國的時候，政府軍裡多半是湖南人，所以後來有所謂「無湘不成軍」的話。我們在大陸的時候，軍隊裡也是湖南人多。刺繡這東西，本來是蘇州人的特長。這班湖南人，脾氣憨憨的，怎會刺繡呢？但這是有道理的。當戰事結束，曾國藩把軍隊解散，這班三湘子弟也帶了搶來或娶去的蘇州老婆回去了。蘇州老婆到了湖南，把蘇繡傳開來，便成了湘繡。

譬如在浙江於潛、昌化兩地，在洪秀全戰亂以後，土地沒有人種。因為太平軍到浙江來，是從於潛、昌化進來的。沿路的農民，被太平軍掠的掠、殺的殺，以致過了好幾十年，人口還是不夠，土地因此也都荒廢了。那時候政府想了一個絕妙的辦法，就是以田地分配給犯罪的人作為刑罰。譬如一個人犯了罪，縣知事便判道：「好，你犯罪了，罰你領二十畝地去。」這個鄉下人說：「大老爺！求求你開恩，給我領兩畝吧，我不要二十畝啊！」大老爺說：「那末你拿十畝去！」這現象我們一定覺得很奇怪，為什麼給了田人家不要呢？殊不知這個田要用本錢去開闢的。試想一二十年沒有耕種過的田，已長滿了野草，要開闢當然是非常困難的，同時人民死於戰爭太多，能出勞力的人手不夠，何況有了田便要付稅，這個稅可受不了。土地問題本來是很複雜的，每次朝代變更之後，人們何以便把這個問題忘了呢？這是因為人口減少，本來要土地的人，好多已經死掉了。又等到太平若干年以後，人口日漸增多，土地的分配又發生了困難。所以農村問題，尤其是土地問題，永遠是中國禍亂循環的原因。

中山先生倡耕者有其田，就是看到歷史上這個重要問題的癥結所在，想要解決它。起初我不明白中山先生為什麼特別重視耕者有其田，後來我到廣東去工作才明白了。中國土地制度之壞莫過於中山縣。有一次我在廣州碰到孫哲生先生，我說：「哲生兄！你老太爺中山先生提倡耕者有其田，可是你們中山縣土地制度最壞了。普通的比較正常的辦法所謂『五五』，是地主得五成，佃農得五成。後來慢慢改為『三七』，地主得七成，佃農得三成，甚至『一九』都有，那就是地主得九成，佃農得一成。試問農民生活哪得不苦？他們住在茅屋裡邊，窮得連粥也沒得喝，幸虧中山縣魚產豐富，他們可以利用農閒時去捕魚，否則叫他們怎麼生活呢？」中山先生因為看見農民生活困苦，所以提倡耕者有其田，是有他的社會背景的。有一次中山先生問梁士詒先生[2]：「燕蓀先生，袁項城[3]贊成土地改革是什麼緣故？」梁士詒說：「那是當然的，因為北方土地生產力量差，而大多數農民都有他們自己的土地，所以人們認為耕者有其田是當然的。袁項城又怎麼會反對呢？」我國南方和北方的情形不同，當我們到陝西、甘肅去做工作的時候，知道這兩省本來就是耕者有其田。只有在南方土壤肥沃的地方，土地才成了買賣的商品和財富的資本。這已經不只是吃飯的問題，而且變為資本問題了。南北不同，就在這個地方。所以我們推行耕者有其田，首先著重南方。

中山先生有生之年，迄無機會實現他的耕者有其田的理想，只留下了一個主張，那是民生主義裡最重要的一部分。我國第一次試驗此一政策是北伐成功以後，在浙江開始的，那是民國十八年。我當年試行二五減租，由省黨部和省政府聯合推行。減租的結果，民間的經濟很快就繁榮起來了。我記得那一年過年的時候，爆竹聲似乎格外熱烈。農民吃得好、穿得漂亮，農村裡洋溢著一片歡樂。

2 一八六九—一九三三年，字翼夫，號燕蓀。一九一二年（民國元年）擔任總統府祕書長，並於次年組織「公民黨」，為袁世凱御用政黨，之後更為袁世凱組織請願活動，幫助其稱帝。

3 袁世凱（一八五九—一九一六年），河南項城人，故又被稱為袁項城。北洋政府領導人，中華民國首任大總統，之後試圖走向專制，宣布一九一六年更改紀元為「洪憲元年」，最終失敗，同年暴斃而亡。

但僅在浙江一省進行試驗，當地的地主們當然不高興。其所以能夠推行，是因國民軍到達杭州以後，政府的權力有了後盾，所以省政府和省黨部決定要試辦二五減租，當時是沒有法定機關或民意機構可以反對的，像現在的臺灣，那就要經省議會的通過了。那時是革命軍訓政時代，只要黨部與政府合作即可。所以一般地主即使要反對，也沒有辦法。不過他們心裡是不願意的，所以到後來，他們終於買通了職業兇手，把進行二五減租的一個領袖——沈玄廬[4]刺死了。以後，二五減租雖還繼續了一段時期，但是糾紛愈來愈多。地主想出種種的辦法來阻撓，結果還是取消了。今天在臺灣已由三七五減租改為耕者有其田。在推行過程中，政府方面要是沒有相當的毅力是行不通的，我們在上面說過臺灣的土地改革，是由政府竭力主張，經省議會的通過後才辦理的。而省議員們多是代表地主一方面的，所以要他們通過土地改革法案，不是一件容易的事。

抗戰期間，陳辭修先生任湖北省主席。因戰時有安定社會的需要，他就在湖北推行減租。眼看減租以後，民間的經濟狀況果然好轉起來了。經過這兩次試驗，並在前面說過龍岩的實例，證明減租確能夠使社會經濟繁榮，因此政府才決定在臺灣推行。若沒有湖北、浙江和龍岩的前例，或許大家還不會有這樣的信心和熱心。

有一年美國最高法院的法官道格拉士(Justice Douglas)到臺灣來研究土地改革實況。他曾問我臺

4 沈定一（一八八三—一九二八年），字叔言，號玄廬。於一九二七年組織農會，並向浙江省政府提倡「二五減租」，一九二八年在車站遇刺身亡。

灣實行土地改革有無困難？我說要地主把地拿出來，當然經過了種種阻難。我們中國有一句俗話，所謂「與虎謀皮」。和老虎講價錢要牠把皮剝下來，你想老虎肯嗎？後來我看見他所寫的一本書裡有一章叫做〈與虎謀皮〉，並未說出何人所講，只說是在臺灣時，聽到一個人說的。

有一年陳果夫先生在南京和我說，他竭力主張要把南京城裡的地，尤其是現在還沒有造房子的地，統統由政府收購，來辦土地改革。等到開會時，他把計畫提出後竟左右碰壁，大多數的人都不贊成。他不明白是什麼緣故，後來才知道南京的地多半早被政府裡的大官用很便宜的價錢收買了。所以你要他們來通過他的計畫，當然是很困難的。我那時與陳果夫先生說：「果夫先生啊！南京的地是老虎皮，你要用強力才能把老虎打倒，剝下牠的皮啊！你跟老虎商量，要想通過剝虎皮的法案，那是辦不到的。」果夫先生說：「真的，起初我不懂，後來我才懂。」

五三年美國民主黨總統候選人斯梯文生[5]來臺灣，曾到農復會來討論土地改革和農業生產問題。我代表農復會作三分鐘的致辭，在這短短時間內，要包括歡迎辭並說明建設農村的基本哲學。其意義與我們初到臺灣時省主席所講的大致相似。在此不妨譯出來重述一遍。當我寫講辭時，曾經仔細考慮過，在極短的時間內對外國上賓講話必須扼要中肯，精密簡明才好。後來斯氏在美國講演或寫作，常常引用我這歡迎辭裡的話，譯文如下：

---

5 今譯為阿德萊・史蒂文森二世（Adlai Ewing Stevenson II, 1900–1965），曾兩度競選美國總統，後擔任美國第五任常駐聯合國代表。

斯梯文生先生！

這是您第一次到自由中國麼？

答「是。」

但是我們對於您覺得有一種親密感，這親密感是以您在美國幾篇著名的講演中得來的。您的講演，能把美國人民的理想人格化，並超越黨派，透過國界，將此宣示於全世界。這種人格化的理想，如空谷傳音，撥動了全世界千千萬萬人民的心弦。

我們希望您能在這兒的農復會裡，看見與您相等的精神，雖然看起來不免渺小一點。農復會的工作，是根據兩個基本原則：1.社會的公道，換言之為公平分配。2.物質的福利，換言之為增加生產。

我們要想把這兩者達成平衡的境界。單獨的只講社會公道或公平分配，其結果是均貧。反過來說，若只講生產，其結果會使富者更富，貧者仍貧，貧富懸隔的鴻溝，因此更為加深。土地改革，為講社會公道最要緊的工作。臺灣的土地改革，在今年（一九五三年）年底可完成。土地問題自漢代以來，就是循環不已的人民叛變之源。好幾個強大的朝代，為農民革命狂潮所捲去。

增產最基本的工作，是水利、肥料和病蟲害之防治。很謹慎的能把分配與生產配合起來，在世界這角落裡，是解決農村問題的一把鑰匙。

我們的眼看著天上的星，我們的腳踏著地下的草根，我們從農民那裡學習，不以我們的幻想去教農民。

我們的理想是很高的，我們的辦法是很切實際的。

斯梯文生先生，我們想您會贊成的。

四

自從珍珠港事件發生後，我國大後方和淪陷區的一般民眾，都相信最後的勝利，必屬於我。日本不自量力，居然和美國打上了，其結果一定會失敗的，這是全國人民一致的看法。

人們都覺得很奇怪，為什麼日本人看不到這一點，難道他們自己不覺得那樣小的一個島國，就能夠打倒英美兩國聯軍的勢力？竟膽敢偷襲珍珠港呢？他們的理由是：如不把美國的海軍毀掉，日本遲早要吃虧的，與其那時候被他們打，不如現在先打他們。日本自明治維新以後，一方面採取了資本主義，一方面採取了帝國主義，雙管齊下，同時向國外發展。他們為了爭取國外市場和擴展國家的勢力，不擇手段，不顧信義地向他國侵略著，除非碰到強有力的阻止，他們是不會停止的。這就是日本突襲珍珠港的原因。只是他們軍閥的眼光短淺，太高估自己的力量！

自十九世紀的中葉，以迄二十世紀的中葉，這一百年的期間，西洋發展了一種資本主義。由於資本主義發展的結果，而造成了一種向外擴張的帝國主義。日本就是因為採取了資本主義與帝國主義，而成為一個強國。我們呢，也想照日本的維新辦法，富國強兵。日本用資本主義來發展產業，以充實國庫，然後再用以強兵，富國強兵是給他們做成功了。那末我們呢？我們想富國，但是沒有富國之道。因為我們中國人向來的思想，尤其是儒家，是講不患寡而患不均，不主張私人資本主義。所以我們那個時候的富國政策，不是要發展私人資本，而是發展國家資本。如招商局、開灤煤礦，以及鐵道、銀行（如大清銀行）等，都是國營的，私人資本向來不受重視，而且政府時時在設法阻止它的發展。因為大家相信個人資本的發達，會造成社會的不均的。這種思想實違背了十九世紀發展工商業的基本條件——私人資本主義。因為國家資本所經營的工商業，沒有同業間的競爭，則必然影響其進步與發達，國庫也就因而不豐，當然沒有錢來強兵。數十年來，我們一直希望國富兵強，而結果是國既愈搞愈窮，兵也愈養愈弱了。

珍珠港事件以後，大家都認為最後的勝利必屬於聯軍，但是在中國大陸和歐洲戰場，都還有一段艱苦的時間需要奮鬥。那時候，我剛接任紅十字會會長。由於職責的關係，我曾和一個學生，帶了許多美國紅會贈送的藥品，坐了一部美國紅會贈送的很漂亮的大救護車，到後方去視察紅十字會的工作。我們從昆明到貴陽，再到桂林，然後轉衡陽，再折回桂林，到湘西鎮遠，又回到貴陽，最後又到了重慶。因為我們紅十字會的總會在重慶，在那裡稍事勾留，即駛往昆明紅十字會的辦事處。由該地沿滇緬路西行，視察各地紅十字會的工作，到保山為止。在這幾個禮拜的視察途中，看到好多極其殘酷的事，使我心悸神傷，迄今難忘。

當時我是以紅十字會的會長資格，去視察各地壯丁收容所的。管收容所的人，見我帶了藥品，他們以為我是一位醫生，因為裡面生病的人很多，所以都讓我進去了。

在貴陽一個壯丁收容所裡，我曾經和廣州來的壯丁談話，我問：「你們從哪裡來的？」他們說：「廣東曲江來的。」「你們一共有多少人？」他們說：「我們從曲江動身的時候有七百人，可是現在只剩下十七個人了！」我說：「怎會只剩了十七個人呢？是不是在路上逃跑了？」他們說：「先生，沒有人逃跑啊！老實說，能逃跑哪裡去呢？路上好多地方荒涼極了，不但沒有東西吃，連水都沒有的喝。我們沿途來，根本沒有準備伙食，有的地方有得吃，吃一點；沒有吃的，就只好挨餓。可是路卻不能不走。而且好多地方的水啊，喝了之後，就拉肚子。拉肚子、患痢疾，又沒有藥，所以沿途大部分人都死了。」聽了這些話，我不禁為之悚然！當時那十七人中有幾個病了，有幾個仍患痢疾，我便找醫生給他們診治。照那情形看來，我相信他們的確沒有逃跑，像那荒涼的地方，不但沒有飯吃，喝的又是有傳染病菌的溪水，能逃到哪裡去呢！

我看到好多壯丁被繩子拴在營裡，為的是怕他們逃跑，簡直沒有絲毫行動的自由，動一動就得挨打了，至於吃的東西，更是少而粗糲，僅是維持活命，不令他們餓死而已。在這種殘酷的待遇下，好多壯丁還沒有到達前線就死亡了。那僥倖未死的一些壯丁在兵營裡受訓練，大多數東倒西歪地，站也站不穩。這是因為長途跋涉，累乏過度，飲食又粗劣而不潔，體力已感不支，又因西南地方惡性瘧疾流行，因此一般壯丁的健康情形都差極了！

押送壯丁的人，對於壯丁的死亡，似毫無同情心，可能因為看得太多，感覺也就麻木了。

我在湘西、廣西的路上，屢次看見野狗爭食那些因死亡而被丟掉的壯丁屍體，牠們常因搶奪一條新鮮的人腿，而紅看眼睛厲聲低吼，發出極其恐怖的叫聲，令人毛骨悚然！有的地方，壯丁們被埋起來，但埋的太草率，往往露出一條腿或一隻腳在地面上，有的似乎還在那邊抽搐著，可能還沒有完全死去，便給埋進去了！

在貴陽城外，有一塊壯丁經過的地方，因為棄屍太多，空氣裡充滿了濃烈的臭氣，令人窒息欲嘔。

有一天晚上，貴州馬場坪一個小市鎮裡，屋簷下的泥地上零零星星的躺著不少病倒的壯丁。我用手電筒向他們面部探照了一下，看見其中的一個奄奄一息。我問他怎樣了？他的眼睛微微睜開，向電光注視片刻，只哼了一聲，便又閉上，人概從此就長眠了。

在雲南一平浪，我看見一班辦兵役的人，正在賭博。因為通貨膨脹的關係，輸贏的數目很大，大堆的鈔票放在桌上，大家賭得興高采烈，根本不管那些已瀕於死亡的壯丁。有一個垂死的壯丁在旁邊，一再要求：「給我一點水喝，我口渴啊！」辦事人非但不理，反而怒聲喝罵：「你滾開去，在這裡鬧什麼？」

我沿途看見的，都是這些殘酷悲慘令人憤慨的事。辦兵役的人這樣缺乏同情心，可以說到處可見。

有一天我看見幾百個人，手與手用繩子穿成一串。他們在山上，我們的車子在山下馳過。他們正在集體小便，好像天下雨，從屋簷流下來的水一樣；他們連大便也是集體行動。到時候如果大便不出，也非大便不可。若錯過這個機會，再要大便，是不許可的。

有好多話都是壯丁親口告訴我的。因為他們不防備我會報告政府，所以我到各兵營裡去，那些辦兵役的人，都不曾注意我。

以我當時估計，在八年抗戰期內，未入軍隊而死亡的壯丁，其數不下一千四百萬人。當然，由江壯丁從七百人死剩十七個人，只是一個特殊的例子，不可作為常例。當時我曾將估計的數字向軍事高級長官們詢問意見，他們異口同聲的說：「只會多不會少。」可惜我把估計的方法忘記了。因為那時所根據的各項數字是軍事祕密，我沒有紀錄下來。現在事過境遷，為保留史實計，我在這裡寫出來，反正不是官方的公文，只可作為野史的記載看。

我在赴滇緬路視察以前，曾飛往重慶一次。把預備好的一篇致軍事最高當局的函稿，面給陳辭修將軍看了。他長歎了一聲說：「我把你的信遞上去吧。」我說：「不要，我自己會遞的，何必讓你得罪人呢？」

於是我親自將信送到軍事最高當局的收發室，取了收條，收藏起來。不料等了好久迄無消息。我就去問辭修將軍他處有無消息？他說沒有。於是我們商量了一下便去找陳布雷先生。布雷先生對此事也毫無所聞，但見許多查詢。他知道此事重要，就面詢軍事最高當局，有沒有看見紅十字會會長某某先生的信？答說沒有。查詢起來，此信還擱置在管軍事部門的祕書室裡。最高當局看了信以後，就帶一位極親信的人，跑到重慶某壯丁營裡，親自去調查，想不到調查的結果，完全證實了我的報告。於是把主持役政的某大員，交付軍事法庭。法庭不但查明了他的罪案，而且在他的住宅裡搜出了大量金條和煙土，於是依法把他判處死刑而槍斃了。

當我從滇緬路視察完畢回昆明後，因恐第一個報告不會發生作用，又預備好第二個視察報告，正準備再遞上去，杜聿明[6]長官得到某大員被捕的消息，來通知我說：「你的報告已經發生效力，那位仁兄已被捕交給軍事法庭了。」於是我就把預備好的第二報告燒了。

過了幾天，軍政部長行了一個公文，送到紅十字會昆明辦事處來。內有最高軍事當局批示給軍政部長的話。現在我所記得的為：「役政辦法如此腐敗，某之罪也。但該部所司何事，腐敗一至於此，可歎可歎。」可笑的是軍政部的報告中竟說某處患病壯丁，已送醫院治療。某處被狗吃過的壯丁屍體，已飭掩埋。這些話真是牛頭不對馬嘴，壯丁早已死了，而且那地方並無醫院，狗吃人肉也早已吃完了，還要埋什麼呢？這真是「科員政治」的徹底表現了。

天下竟有這麼湊巧的事，戰後還都以前，內子陶曾谷先飛南京去找住房。經市政府介紹了一所大宅子，她走進去一打聽，才知道那正是被槍斃的那位仁兄的產業。我太太嚇了一跳，拔腳就走，陪去的人莫名其妙，忙問其故，我太太說：「啊呀！這幢房子的原主要向我先生討命的呀！」

平心而論，兵役辦得這樣糟糕，並非完全由於人事關係。即使主持人認真辦理，好多缺點也沒

---

6 一九〇四—一九八一年，字光亭，為國民革命軍中將。一九四二年時曾率領軍隊於緬甸作戰。

法補救：交通梗阻，徒步遠行，體力消耗過甚；食物不夠且不合衛生，易起疾病；飲水含微生物，飲之易致腹瀉；蚊子肆虐，瘧疾為災。凡此種種，苟無近代科學設施，雖有賢者負責，亦無重大改進之可能。後經中美當局之研究，從事有效之措施。其最大的改革，為分區設立若干小型飛機場，將附近若干里內之壯丁，集合於機場，飛往訓練中心。自各村落至機場，沿途設有招呼站、衛生所，供給飲食醫藥。果然，此制度實行後，壯丁在途中死亡者百中不過一二而已。

附：民國三十年七月作者任中國紅十字會總會長時一篇有關兵役狀況的原視察報告

夢麟此次視察黔桂湘紅十字會醫務工作，道經貴陽至獨山，計程二百三十公里。再自貴陽至鎮遠，公路二百六十三公里，均東來壯丁必經之道。沿途所見落伍壯丁，骨瘦如柴，或臥病道旁奄奄一息，或狀若行屍，躑躅山道；或倒斃路旁，任犬大嚼。所見所聞，若隱蔽而不言，實有負鈞座之知遇。謹舉列上讀，幸賜垂鑑：

1. 落伍壯丁手持竹杖，髮長而矗立，形容枯槁，均向東行，蓋其心必念家鄉也，沿途所見者十餘人。

2. 在馬場坪見一落伍壯丁，年約二十左右，病臥街旁，詢之，則以手畫地作「吾傷風」三字，問其自何來，曰：「宣化。」繼曰：「頭痛眼看不見。」遂囑同行醫生以藥物治之，並予以法幣十元。翌晨，見其已能立起。同地又見落伍壯丁倒臥街旁，以電棒照之，但略舉目，已不能言語，翌晨死矣。

3. 在離龍里縣城一華里公路旁，午前十時左右，見一大黃狗在一死壯丁左臂大嚼。

4. 渝筑路上桐梓縣，在寓所後面院子裡見壯丁百數十人正在訓練中，面黃飢瘦。食時，見只給兩中碗。旁觀有中央軍校畢業之李上校歎曰：「天哪！這種兵怎麼打仗？唉！辦兵役的人啊！」

5. 據黃平縣長云：「有一湘人挑布擔過重安江時，遇解送壯丁隊，被執，堅拒不肯去，被毆死。即掩埋路旁，露一足，鄉人恐為犬所食，重埋之。湘人蘇，送縣署，詢之，得知其實。」

6. 黃平縣長檢得道旁臥病壯丁七人，送醫院治之，死其六，其餘一人病癒逸去。

7. 據馬場坪醫生云：「有湘人十餘人，挑布擔迤邐而行，近貴定縣，遇解送隊，數人被執，餘者逃入縣城報告。適一卡車至，持槍者擁湘人上車，向貴陽行駛。湘人賂之，被釋。方下車時，以槍擊斃之曰：彼輩乃逃兵也。」

8. 據鎮遠紅十字分會長云：「分會有掩埋隊，見有死而暴露者，有半死而活埋者，有將死而擊斃者。」

9. 韶關解來壯丁三百，至筑只剩二十七人。江西來一千八百人，至筑只剩一百五十餘人，而此百餘人中，合格者僅及百分之二十。龍潭區來一千人，至筑僅餘一百餘人。以上所述，言之者有高級文武官吏、醫生、教員，所言大致相同。

10. 戰事起後數年中，據紅十字會醫生經驗，四壯丁中一逃一病一死，而合格入伍者，只四分之一，是為百分之二十五。以詢之統兵大員，咸謂大致如是。若以現在之例計之，恐不及百分之十矣。

第二輯

論教育

提　要

蔣夢麟是一位教育家，前半生主要從事教育工作，而他介入、貢獻教育的領域是中國的高等教育，甚至應該說是那個時代最高等的教育，不是透過教學，而是辦學——經營管理大學。

北大的表現，證明了蔣夢麟具備堅實的辦學能力，然而除此之外，他還有清晰的視野、曉暢的理念，他將這些想法用帶高度說服力的文字寫下來，提供了民國教育界更普遍的改造方案。

他的教育理念，有兩項基礎，一是在美國哥倫比亞大學師從杜威學習、思考打下的；另一則是回到中國之後經歷「五四運動」所帶來的。杜威的主要哲學態度是「實用」，這讓蔣夢麟能夠據以對現實提出批判，當時的中國教育界的確到處充滿了因循拖沓、不合理、無效果的安排；而「五四運動」的經驗與記憶，則相反地帶有高度理想主義色彩，讓蔣夢麟得以用來喚醒年輕人，進行精神喊話。

和胡適一樣，蔣夢麟經常以歐洲文藝復興（他文中慣稱「文運復興」）來比擬「五四運動」，他的重點可以凝聚在這句呼喚中：「……活潑潑的人到哪裡去了？你有感情，為何不解放？你有思想，為何不解放？你所具人類本性的權利放棄了，為何不要求？」

解放的關鍵在於「個人」與「個性」。進入民國，講求平等，那就必須尊重個人的價值，然而統觀中國社會，最嚴重的問題正在於缺乏讓個人與個性挺立的條件。人民知識淺陋，生命價值微賤，又沒有建設的領袖人物，也無積極的標準。如此而推演出教育的重要性，必須、也只能通過教育來灌輸個人精神，並培養適當的個性條件。

從理論到實踐，在不同的教育科別上，蔣夢麟始終堅持應該以生活需要為主體，以平民生活為中心進行改革，養成健全的個人，才能創造進化的社會。在受到日本壓迫愈來愈嚴重的時代氣氛中，蔣夢麟特別解釋日本從德國學來了「軍國民主義」教育，得以先戰勝中國、再戰勝俄羅斯，固然有其功效；然而到了第一次世界大戰中，德國的軍國教育對撞了美國的平民主義，最終美國擊敗了德國。「此無他，其國民之個人強也，其社會之進化率高也。美國之兵，皆平民也，……其學校無軍國民教育也；……然而個個皆良兵，人人皆勇士，非國民個人之強健，而孰能臻此乎？」

改變人生的態度

我生在這個世界，對於我的生活，必有一個態度；我的能力，就從那而用，人類有自覺心後，就生這個態度。這個態度變遷，人類用力的方向，也就變遷。

希臘時代，那半島的人民，抱美感生活的態度。「美是希臘做人的中心點」(Dickinson: *Greek View of Life*)、「無論宗教、倫理和種種人生的活動，都不能和美感分離」(Dickinson: *Greek View of Life*)、「希臘的神，以世間最美麗的東西代表他」(Maxims of Tyre)。希臘人對於生活抱這美的態度，所以產生許多美術品和美的哲學，希臘文明就成了近世西洋文明的基礎。羅馬時代，人民對於生活抱造成偉業的態度，所以建雄偉的國家、統一的法律、宏壯的建築、廣闊的道路。凡讀史的人，哪一個不仰慕羅馬人的偉業呢？羅馬帝國滅亡，中古世起，一千年中，歐洲在黑暗裡邊。那時候人民對於生活的態度，是在空中天國，這個世界是忘卻了。所以這千年中，這世界無進步。

十五世紀初，文運復興[1]，這態度大變，中古世人的態度是神學的，是他世界的；文運復興時代

1 即文藝復興(Renaissance)。

人的態度，是這世界的，是承認活潑底個人的，丹麥哲學家霍夫丁氏[2]著《近世哲學史》，對於文運復興說道：

> 文運復興是一個時代，在這一時代內，中古世狹窄生活的觀念，是打破了。新天新地生出來，新能力發展起來。凡新時代必含兩時期，㈠從舊勢力裡面解放出來，㈡新生活發展起來。文運復興的起始，是要求人類本性的權利，後來引到發展自然界的新觀念和研究的新方法。

這個人類生活的新態度，把做人的方向，基本上改變了，成一個新人生觀。這新人生觀，生出一個新宇宙觀，有這新人生觀，所以這許多美術、哲學、文學蓬蓬勃勃的開放出來。有這新宇宙觀，所以自然科學就講究起來。人類生活的態度，因為生了基本的變遷，所以釀成文運復興時代。

> 西洋人民，自文運復興時代改變生活以後，一向從那方面走——從發展人類的本性和自然科學的方面走——愈演愈大，釀成十六世紀的大改革，十八世紀的大光明，十九世紀的科學時代，二十世紀的平民主義。大改革是什麼呢？宗教裡邊，鬧出了一個發展人類的本性問題。大光明是什麼呢？政治裡邊，鬧出一個發展人類的本性問題。科學時代是什麼呢？要戰勝天然，使地

2 Harald Hoffding (1843–1931)，丹麥哲學家、神學家。

上的天產為人類豐富生活的應用。

當人類以舊習慣、舊思想、舊生活為滿足的時候，其態度不過保守舊有的文物制度。把一切的感情都束縛住了，這活潑潑的人，一旦從繩索裡跳出來，好像一頭牛跑到瓷器店裡，把那高閣的盆碗都撞破了。所以人的感情一旦解放，就把那舊有的文物制度都打破。

文運復興、大改革、大光明、科學時代，都是限於中等社會以上的。文運復興不過限於幾個文學家、美術家、哲學家的活動。大改革、大光明也不到中等社會以下的平民。科學的應用，也不過限於有財貲的少數人。所以世界進化，要產出二十世紀的平民主義來。托爾斯泰說：

近世的醫學新發明，醫院、摩托車和種種科學上的發明，都是為富人應用的，平民哪得享受這些權利；故我以為真科學不是這些物質科學。真科學是孔子、耶穌、佛的科學。(*What Is to Be Done?*)

從文運復興人類生活抱新態度為起點，這六百年中，歐洲演出了多少事。請問我國於元、明、清三朝內，做些什麼？朝代轉移，生活的態度不變，跑來跑去，終跑不出個小生活的範圍。

我要問一句，活潑潑的人到哪裡去了？你有感情，為何不解放？你有思想，為何不解放？你所具人類本性的權利放棄了，為何不要求？

「五四」學生運動，就是這解放的起點，改變你做人的態度，造成中國的文運復興：解放感情，解放思想，要求人類本性的權利。這樣做去，我心目中見那活潑潑的青年，具豐富的紅血輪，優美和快樂的感情，敏捷鋒利的思想，勇往直前，把中國萎靡不振的社會，糊糊塗塗的思想，畏畏縮縮的感情，都一一掃除，凡此等等，若非從基本上改變生活的態度做起，東補爛壁，西糊破窗，愈補愈爛，愈糊愈破，怎樣得了！

讀了上文後，於人生態度，改變的必要，大概明白了。我現在把這個意思收束起，簡單的提兩個問題：

人生的態度從哪一個方向改變呢？

從小人生觀到大人生觀——從狹窄的生活到廣闊的生活；從薄弱的生活到豐富的生活；從簡單的生活到複雜的生活。

從家族的生活到社會的生活。

從單獨的生活到團體的生活。

從模仿的生活到創造的生活。

從古訓的生活到自由思想的生活。

從樸陋的生活到感美的生活。

人生的態度用什麼方法來改變呢？

推翻舊習慣、舊思想。

研究西洋文學、哲學、科學、美術。

把自己認作活潑潑底一個人。

舊己譬如昨日死；新己譬如今日生。要文運復興，先要把自己復生。

這篇文章中所用「人生」、「生活」、「人類生活」等名詞都是指個「生」字，英語"Life"。

（原載於《新教育》第一卷第五期，一九一九年六月）

這是菌的生長呢還是筍的生長

四、五月裡的時候，天氣晴煦，晚間忽然來了一陣春雨。明天早起開窗，見園裡有許多菌，生氣勃勃的生長起來。你說：「唉！生了好快。」二、三天後，他們就枯死。你說：「這菌的生長，是不久的。」

二、三月中，時雨之後，散步竹林裡，你看那些筍都發生出來，一日長數寸。三星期後，長了數尺。一、二月後放出葉來，變了青色的竹，好茂盛！

這回五四運動以來，幾個月以內，從北京到廣東，從上海到四川，不知生了多少新勢力。有人說這起來了太快，恐是菌的生長。但我們要知道筍的生長，亦很快的。所以現在我們的問題，就是這回新勢力起來，是菌的生長呢？還是筍的生長？

要答這個問題，我們須分兩段研究，第一段是研究這新勢力的現狀，第二段是研究他的將來。

我於近一個月中，在北京、天津、南京、上海，杭州五個大城中各住了幾天，所以能在黃河流域和長江流域的重要文化中心，都親身吸了幾口新鮮空氣。其餘太原、長沙、成都、廣州等地方雖沒有到，亦曾讀過他們的新出版物——現在這種新出版物全國約有二百五十餘種，我看過的約有五十餘種——我把和五處友人的談論，同五十餘種新出版的言論，歸納起來，他們的思想和感覺可以歸到三大點裡去。

㈠一個「？」疑問符：這個疑問符我在前篇已經說過了，現在再說幾句。這個「疑」字不但把我國固有的思想信仰搖動了，而且把「舶來品」的思想信仰也搖動起來。若非真金，無論中國銅，外國銅，都被這個「疑火」燒熔。我這句話，並非說他們思想革命的人，不要西洋輸入的思想，他們的意思，以為西洋思想進來，也要去問他究竟什麼一回事。不肯盲從講赫胥黎、達爾文、密勒的一班人。盲從「物競天擇」和盲從「三綱五常」的，是犯同一個毛病！

這回思想革命，和辛亥政治改革，一個不同的要點就是這個「疑」字，這個「？」疑問符。辛亥革命成功後，一班革命家都興高采烈的，我說是我的功，你說是你的功。他們都以為革命成功，中國就能發達，不自己問一問，「這革命究竟是什麼一回事？」這回思想革命，大家的態度和辛亥不同。我聽見許多人說：「這回鬧了一番，確是好事情，但鬧過了後，我們回想起來，很願意知道『究竟是什麼一回事？』」

所以他們講思想革命的人，不但對於遺傳的或「舶來」的思想抱一種懷疑的態度，對於自己的思想行動也是如此。「覺悟」、「徹底竟悟」等名詞，就是從這裡生出來的。

㈡自己想自己說：這個問題，在前篇已經說過了，沒有別的話補充。

㈢要求新人生觀：這個問題，我也在前篇說過，現在再加上幾句話。作者有一天對杜威先生說，現在青年要求一個新人生觀。杜威先生說，他在奉天的時候，忽有人問他什麼是人生的真義。他覺得很驚異，他就答道人生的真義，是有一個豐富的生活。因為時候匆促，他沒有詳細解說。我們要求豐富的生活，大家承認的。但什麼是豐富的生活？用什麼方法來得到？這個問題，就要生出許多問題來。

這半年裡邊，自北京到廣東、從上海到四川生產了這三件大事，鬧了翻天倒地。有人說，現在漸漸冷靜了，可知道這都是菌的生長。我說這話錯了，現在冷靜的現象，是外面的，從內部裡看來仍是很熱鬧。有許多的青年說，他們從這回運動以來，覺得自己腦裡空虛，此後他們要靜養靜養，從那學術方面走。所以有許多青年，以前是很肯幹事的，現在都願回到圖書館、試驗室裡去了。這是什麼意思呢？他們都知道「無源之水，移時面涸」，所以都要求水的源。春園的筍，生氣內動，天天生長；到了放葉的時候，自然不能比起初一樣的速度。不像那菌，生長了很快，忽然枯死。

我們從上面所說的現狀觀察，可知道這勢力的生長，是筍的生長，不是菌的生長。若從將來一段看起來，這新勢力的趨勢，是從那有希望的一方面走。為什麼呢？因為百忙之中，有一個新趨勢漸漸兒的露出芽頭來了。北京有一位青年說，我們的文化運動有兩個要點，一個是批評的精神，一個是科學的方法。南京有一位朋友說，文學的改革能驚動全國，一般社會，為什麼不注意科學呢？杜威先生說：「科學是中國最需要的。」我們若細心想一想，知道批評是科學的精神，科學的方法，就是達到真理的方法。不過現在尚限於社會方面，所謂社會的科學。這文學的革命，很多地方是借重科學的精神和方法的。但近世科學已在此不知不覺的下了種，將來必在中國的肥土裡生長起來。將來必由社會科學到物質科學（現在一般人對於物質科學，好像對演幻術一般，不知道物質科學的新精神）。現在我們要求豐富的生活，將來必想到要達到這個目的，須利用天然力。制馭天力，用於生活上，生活才能豐富，科學是制馭天力的工具。我講到這裡，看見報上有天津學生發起利生公司的宣言說：「……我們社會上的人，最不講究衛生。有錢的人吃的雖好，並不合乎衛生；無錢的人，更不知道什麼叫做衛生。所以傳染病、流行病，年年有的。最大緣故，就是我們社會上不講究衛生，飲食隨便，那毒菌毒蟲不知道吃了多少，那百病可就生出來了。……我們知道那蒼蠅是傳染病的媒介，灰土內又不知道有多少毒菌。……我們學生見到此處，……趕快聯合了許多的同志，立一個公司，專預備學生四季所用的食品食料，以合乎衛生為目的……」毒菌，蒼蠅傳毒菌，是怎麼知道的，可不是科學的功麼？所以我說，科學的種子，已在這番思想革命裡下了。將來必惹起社會注意。現在中國最大的科學團體，就是中國科學社，社員中有學問的人很多，將來必能傳布科學知識於國民。他們很能夠研究高深學問，但我們希望他們對通俗科學知識也要很注意。最好一面講高深科學，一面用淺近的科學知識，來研究現在的社會問題，若專講第三容積和最小方等等，哪裡能夠惹起社會一班人的注意呢。中國人科學觀念最薄弱，如初讀英文一樣，要ABCD讀起才好。白話文的一個好處，就是通俗，人人做得。還有現在新思想派所研究的問題，是社會切身活潑的問題，並不是懸空講學問，所以很能普及。科學家亦要照此辦法來講科學，才能普及。

科學是求豐富生活所必需的知識，講求豐富生活，科學必跟著來。這是我對於將來科學發達的希望。還有一件事，就是美術。我常想意大利的文運復興有三個原因：一是思想、二是科學、三是美術。我們中國現在的新潮，只有思想一方面，這亦是新潮不完全的地方，我們要注意。然而文運復興的起始，也只是要求人類本性的權利（如思想自由、感情自由），後來引到發展自然界的新觀念，和研究的新方法。照此看來，我們的新潮才是文運復興的初期，要圖科學、美術的發展，還要做第二段功夫呢。要求豐富的生活，就是科學、美術發展的導線。因為沒有科學和美術，生活是不會豐富的。科學能制馭天然力，供給人生的需要。用科學講衛生，能減少疾病的痛苦；用科學講農事，能增進產量，減少乏食的貧民；用科學講商務，能發達貿易，增進社會的富量；用科學講哲學，能使我們的思想清楚。我們中國國民平均的富力很薄弱，要得豐富的生活，靠著物質的力不少，若平均的富力薄弱，哪裡能得到豐富的生活呢？豐富的精神，靠著豐富的物質的地方很多。有豐富的物質，無豐富的精神是死的；有豐富的精神，無豐富的物質，這精神就要飛到天上去，在地球上站不住。

美術——圖畫、音樂、建築、雕刻、戲曲、文字、金石等等——使人的感情融和，理想高尚，精神活潑。人生在世上，他的需要不僅在思想，感情的需要也很大。人沒有豐富的感情，就可算是沒有生活。徒事思想的生活，實太乾枯。我希望求豐富生活的青年，不要忘卻美術的作用。

一方面把現在的活動，繼續做上去，一方面把科學和美術提倡起來，釀成完全的新潮。這是我對於文化運動的希望。這就是筍的生長。將來可成一茂密的竹林。

我還有一句話，要諸君注意，這文化運動，不要漸漸兒變成紙上的文章運動；在圖書館、試驗室裡邊，不要忘卻活的社會問題，不要忘卻社會服務，不要忘卻救這班苦百姓。

（原載於《北京晨報紀念號》，一九一九年十一月一日）

進化社會的人格教育

何謂人格？本個人固有之特性，具獨立不移之精神，其蘊也如白玉，其發也如春日，而此特性、此精神，即所謂人格也。以此為目的之教育，即所謂人格教育也。

何謂進化社會？進化社會有三條件：一曰社會所貯蓄之文明，能日日加增也。不能保守固有之文明，不必言進化。能保守矣而不能加增，亦不能言進化。故進化社會，須日日加增其文明也。二曰社會之度量，能包容新思想也。退化的社會，度量狹窄，凡有新學說出現，必挫折之，使無存在之機會，而後乃快。有清之文字獄，與俄帝國時代之壓制言論自由，即其例也。三曰大多數之人民，能享文化之權利也。如文化限於少數之人，則此少數人之思想縱或高尚，往往與一般普通社會相扞格。其結果也，於俄國則釀成虛無黨，於中國則養成迂遠不切事務之書呆子。少數之人，高談闊論，不可一世，而多數國民，其勞力如牛馬，其愚魯如蠢豕，社會之前程，遂黑暗而無光。

以上之三條件具而後社會始能進化。故個人之居進化社會中，當負此三種之責任。欲負此三種之責任，必先養成有負此責任之能力。

此能力之基礎有二：一曰能行，二曰能思。所謂能思者，養成清楚之頭腦，並有肝膽說出其思想，不可抄人成語，亦不可唯唯諾諾的隨人腳跟後講胡話。所謂能行者，做事擔得起責任，把肩膀直起來，萬斤肩子我來當。夫如是，始能增加文化，生出新思想。致使大多數人民能享文化之權利，則須仗教育之普及。

進化社會的人格，本上文人格之定義與夫進化社會之條件、個人能力之基礎，而作進化社會的人格之解釋曰：本個人固有之特性，具獨立不依之精神，其蘊也如白玉，其發也如春日，具清楚之頭腦，擔當萬斤肩子之氣概，能發明新理而傳布之，勇往直前，活潑不拘，居於一社會中，能使社會進步，而此特性、此精神，即所謂進化社會的人格也。以此為目的之教育，即所謂進化社會的人格教育也。

（原載於《教育雜誌》第十卷第六期，一九一八年六月）

個性主義與個人主義

何謂個性主義（individuality）？曰，以個人固有之特性而發展之，是為近世教育學家所公認教育根本方法之一也，無或持異議者矣。何謂個人主義（Individualism）？曰，使個人享自由平等之機會，而不為政府、社會、家庭所抑制是也。趨乎極端者，吾國之老莊學說，西洋之無政府黨是也。極端反對之者，德國、日本之國家學說是也。中正和平之個人主義，英、美之平民主義（democracy）是也。

老子曰：「絕仁棄義，民復孝慈。」又曰：「掊斗折衡，而民不爭。」莊子曰：「奈何以仁義膠天下乎？」老莊所謂仁義者，社會所公認之道德標準是也。個人為道德標準所束縛，則梏其性。此莊子所以謂「鳧脛雖短，續之則憂」也。無政府主義者曰：「政府萬惡之源，社會萬惡所歸，皆所以戕賊個人之性者也，除而去之，則個人得以自由發達。」是兩派者，西國學者稱之曰極端的個人主義（Radical Individualism），現今之世界，不可行也。行之，則社會秩序亂。

德國與日本之國家學說曰：「國家為無上尊嚴之所寄，個人當犧牲一己以為國家謀強力；國家有存在，個人無存在。」是極端反對個人主義者也。兩端之中，有中正和平之個人主義在，是即上所謂英、美之平民主義是也。

平民主義者曰：「個人有個人之價值，不可戕賊之。國家與社會者，所以保障個人之平等自由者也。」故個人對於國家社會，有維持之責任；國家社會對於個人，有保障之義務。個人之行為有違害國家社會者，法律得以責罰之。

國家社會有戕賊個人者，個人得以推翻而重組之。故平民主義者，個人與國家社會互助之主義也。以平民主義為標準之個人主義，即作者之所謂個人主義也。

共和之國，其要素為平民主義。平民主義之要素，在尊重個人之價值。所謂自由平等者，非尊重個人之價值而何！

個人之價值，當以教育之方法而增進之，此即所謂發展個性是也。發展個性之基本學說，即孟子之性善說。夫性既善，則教育所當事者，發展此善性而已。故孟子曰：「惻隱之心，仁之端也；羞惡之心，義之端也；辭讓之心，禮之端也；是非之心，智之端也。」又曰：「凡有四端於我者，知皆擴而充之矣，若火之使然，泉之始達，苟能充之，足以保四海，苟不充之，不足以事父母。」此孟子發展個性之說也。近世心理之學大昌，各個人有其特性，已成科學上之事實。孔子因人施教，證諸心理，實為正當之教育法。西洋教育大家，如盧梭，如福祿培，如裴斯泰洛齊，又近今如蒙得梭利[1]，如杜威，莫不以發展個性為教育之原則。蓋善性非此不展，個人之價值，非此不能增進也。

1 即瑪麗亞・蒙特梭利 (Maria Montessori, 1870–1952)，義大利教育家，創立蒙特梭利教育法，主張幼童從

對社會國家而言，曰個人主義。平民主義所主張之自由平等，即保障個人之說也。

對文化教育而言，曰個性主義。發展個性，養成特才，則文化得以發達。不然，人類中無特出之材，則其文化必在水平線下。

大戰告終，武力摧折，平民主義已占勝勢。欲解決中國社會之基本問題，非尊重個人之價值不為功。

吾國文化，較諸先進之國，相形見絀。吾人其欲追而及之乎，則必養成適當之特才。欲養成適當之特才，非發展個性不為功。

（原載於《教育雜誌》第十一卷第二期，一九一九年二月）

生活中學習，並強調適性發展。

過渡時代之思想與教育

思想一生物也，進行無時或息。世界文明，緣此不絕之軌線，逐漸進步，非可躐等而至也。吾輩讀史，有時見萬事停滯，人類之進步，似永無希望，有時見萬象頓新，人類完滿之幸福，似可一日而幾。以歐史而論，中古時代，綿綿長夜，亙逾千年，黑暗世界，生機幾乎盡殲，此千載中，思想界領袖，咸困於咀嚼文字之蛛網，而絕無發明新理之能力。迨文運復興時代，曙光乍放，思想維新，其勢力漸推漸廣，歷改革時代[1]，而達十八世紀，醞釀既久，遂成法蘭西之大革命。舊時一切之政治學術思想，幾一掃而空，史家稱之曰光明時代 (Enlightenment)。當時人民以為一切革新，不日成功，洎乎十九世紀，始由革命觀念而入歷史觀念。至今日則為科學精神之時代 (The Age of Scientific Spirit)，一切政治學術思想，無不貫之以科學，故二十世紀為科學時代。讀史者往往以中古世為一鴻溝，後此為舊，前此為新，後此為古，前此為今，實則非也。古今之過渡，其由來漸，非驟躋也。中古世非絕無生氣，不過其進行甚迂緩耳。以其迂緩，故人不易見。

1 即歐洲十六世紀宗教改革 (Reformation)。

人類之歷史為接續的發展，綿綿延延，無時或絕，但有隱而難見，顯而易見二者之別而已。過渡時代，人以全力思所以排除舊習，啟發新猷，擯棄舊器，製造新械。初則舊習固而難破，既則舊基礎動搖，而新者不足以繼之。全國思潮紛亂錯雜，流連徬徨，民不知何所適從。此種彰明較著之徵象，固顯而易見者也。

今請以歐史中之過渡時代，約略言之，並察其教育思潮之如何，與中國現在之情形比較論之，於吾國教育之進行，不無裨益。吾國近二十年來，經過種種變更，歐化橫來，文明之基礎動搖。其變故之大，兼希臘、中古與十八世紀三大時代而共之。且今日之歐戰，復推其波而助其瀾。故國民思想之錯雜，人心之惶惑，雖國中學界巨子，亦覺目眩神昏，不知向何方而進行。是以近年來國民擾攘不已，智者懷寶而善身，狠者持刀以行劫，士子竊言，腐儒盜德，政綱既改，武夫乘機。吾輩處此過渡時代，當操何術導此漂蕩之舟而登彼岸乎？識往事而知來者，吾不得不借鑑於歷史。

先言紀元五世紀前之希臘。當是時也，希臘社會中有數種之新勢力澎湃而生。其最要者，為政治之基本改革。當紀元前六世紀時，舊時之貴族憲法，蛻變而為民權憲法，官職之為市民所選舉者已不少，議會得放逐不法之官吏，市民之政權日增；故必須受一種相當之訓練。然而舊教育則無此訓練，以應新生活之要求。

希臘與波斯之戰，藉雅典之力，得奏凱旋，故雅典為希臘諸國之盟主。商務日盛，新思想因之而輸入，使臣往還，旅行者亦紛至沓來，雅典遂成一新思想醞造之場。於是一種新哲學家起，倡「以個人眼光判斷是非」之學說，雅典人之遊歷各國者亦日眾。故其國民所抱之觀念日廣，各種新思想，均受歡迎。新思想來，則舊思想不免受其打擊，而減殺其固有之勢力，或被屏棄，或受影響而革新。雅典遂大變其往日之眉目，自一孤寂之小城，一躍而為世界之孔道，成新知識交換之場矣。

雅典受政治、社會、經濟諸變遷後，希臘社會之基礎為之動搖，人民之新生活因是而起。此可與中國現時情形作平行之比較。中國自採取共和政體以來，政治之基礎大變。握政權之皇帝既去，代之以人民所選舉之國會，因此驟生一班所謂新政客者。民國元、二兩年之際，各都會法政學校之設立，如春園之筍，遍地皆是。蓋一般青年，羨政治之榮譽，欲藉此為進身之階也。

中國天產豐富，久為歐人所垂涎。數十年來中國之外交史，不外為西人爭奪利權之舞臺而已。外國闢戶而來，欲開我寶藏，我以能力所及，則拒之；不及，則敷衍之；能力既不足，敷衍又不成，則讓權利土地以畀之，以求旦夕之安。吾國人初則以為西人之強在槍砲，故設兵廠，立海軍，以冀抵禦外侮。甲午之役，海軍盡殲，於是知國弱之原，在於政綱不振。戊戌政變，為改革庶政也。庚子拳禍，肇自頑固之朝臣。中國受此大打擊後，國幾不立。於是愛國志士，奔走號呼。政治革命之潮流，遂奔騰而不可遏矣。

民國成立以來，疊經政變。以武力定是非而是非不明，政爭更不可遏。近年以來，國民漸知社會不良，政治恐難有改良之日。社會事業之思想，漸漸起矣。

因通商外交而輸入新思想，因新思想而激動政變，經濟及社會亦隨之而變，而家庭，而道德，而美術，而人民之生活，均受基本的打擊而動搖，此之所以謂過渡時代歟。

以種種之變遷而論，中國近年之情形，與希臘紀元前五世紀甚相似也。希臘政治、經濟、社會之變遷，前已言之矣，今請言其文學與道德之變遷。紀元前五世紀之前半，希臘之文學注重悲劇，演之於戲曲，則多涉道德、社會、宗教諸問題。此悲劇之基礎，為義與利之衝突（即道德上之義務與個人之好尚相衝突），以國家之義務為上，個人之好尚為不足輕重（與中國舊劇之以忠孝為本相似）。逮至此世紀後半，其戲劇以個人之好尚為重，詼諧之劇起矣。

詼諧戲劇以指摘家庭社會種種怪狀為問題。如因家庭之不睦而作嘲笑之語。或取男女之關係，或取政治之腐敗，或取教育之荒謬，造作喜劇，以社會所有之實情為原料，或褒舊貶新，或反之。惟以有趣味為目的，舊時宗教的意味，乃大失其勢力。

中國之變遷，與希臘多不謀而合。試觀吾國之舊劇本，除小戲為士君子所不談者外，何一非以忠孝節義為本？或以忠孝而褒之，或以不忠不孝而貶之，其用意同也，皆所以為移風化俗之具者也。個人之生命可犧牲，而忠孝節義之大道，不可移易，一般社會心理，信仰之如宗教。凡為殉忠孝節義而死者，哀其所受之痛苦，而敬其氣節，崇拜其神靈。近來之新劇則不然，不以忠孝節義為本，而以指摘家庭、政府、學校、社會種種怪狀為問題，與紀元前五世紀之希臘同也。

希臘紀元前五世紀時，非惟於戲劇為然，即道德與宗教，亦受同樣之變遷。希臘道德之原，半出於神話，相傳既久，以神權為道德之基礎。此種多種宗教，對於國家家庭，多所維持。個人以效忠於國家家庭為神聖之義務，崇勤儉，斥奢侈，褒公德而貶個人權利之爭。逮乎五世紀（紀元前）神話之勢力頓薄，神權道德之信仰大減。舊時道德之基礎，墮落無餘，然而新道德（以思考為基礎之道德）之勢力，未能普及於國民，以為舊道德之替代。故絕端懷疑派與無思考力之守舊派，大起衝突。全國擾攘，莫知其極。由懷疑而重自由，自由過度，則肆於淫逸放恣。講新道德者，將舊時道德之基礎，盡行毀棄。於是昔時之禮讓、威儀、急公好義之品格，一變而為漂薄、浮躁、急私忘公之性情。社會勢力大都以舊時道德觀念為無可取，甚至以不道德之行為為足多者。蓋其多合乎時尚之所謂思考也。

論以上所述之情形，則詭辯學說 (Sophism) 之出現，亦理之所必然。詭辯學說之主張曰：「具有斷定是非之能力者惟人而已」。換言之，即「人為事事物物之權衡也」(Man was the measure of all things)。時人視詭辯學家，為傳布不道德之教訓者。然以其學派而論，實無所謂不道德。蓋彼派實無甚全體一致之主張。其所同抱之宗旨，不過曰，心無一定不變之觀念，行為無一定不變之標準，「惟人也者，為事事物物之權衡耳」。蓋此對個人而言也。希臘個性主義，萌芽已久，個人於道德上及教育上，漸占重要地位，至此而大放光明，為純粹之個人主義矣。

中國自與西洋文明接觸以來，舊道德之勢力漸減（我國之舊道德，以家屬為基礎）。工商業日興，交通日便，而家庭之勢力日薄，個人主義遂漸漸露其面目。勢將愈趨愈甚，非數輩舊道德家所得而抑制之，亦非數冊舊道德書所得而防止之。新思想來，舊日之道德信仰，必為所打擊而失其勢力，亦理所必然。希臘如是，吾國亦如是。舊基礎動搖，挽救之遂無他，築一新基礎以代之而已。此希臘哲學家所藉以解決當時之問題者也。

當時希臘大哲學家，如蘇格拉底者，即築此新基礎之一人也。希臘之教育亦然。當時一般教育思想，以個性為人生價值之基礎。凡往日之教育宗旨，以政治、社會、家庭等所要求為人生之價值者，則盡為所擯棄。故當時所需要者，為一以個人為本位之人生觀，並一己對於他人之道德關係（此為西洋人生哲學之基礎，讀者不可不注意之）。而應其需要，倡此學說之人，即蘇格拉底也。

蘇格拉底以詭辯派「人為事事物物之權衡」之學說為起點，更進一層而言曰：「人既為事事物物之權衡，則人之第一責任為識其自己。」於是以「識己」為一生之功夫，專心致志，持躬反省。蘇氏遂開希臘思想界之生面。其言曰：「在個人自覺之中，與夫人之德性之內，道德之標準存焉。」此標準即人生之目的，教育之宗旨也。以社會遺傳之習慣為道德之標準，希臘之舊道德也，在此過渡時代已失其勢力。以自覺之中，德性之內，而立道德之標準，希臘之新道德也，蘇格拉底倡之，以解決希臘之道德問題。

吾國之舊道德，為遺傳之習慣道德。今其勢力日益衰微，人人知之。建築新基，於蘇格拉底之言，其亦足有採取者乎？吾國今日個人主義之趨勢，吾輩固不得不承認之。而其問題，不在消滅個人，而在斟酌個人與個人之關係也。換言之，此問題為個人之發展及個人與社會之調和也（按吾國陸王派之道德，為個人主義之道德。陸象山曰：「天之所以與我者，至大至剛，我問你還要做一個人麼？」

此至大至剛者即為心，故心為判斷是非之主。陽明曰：「證諸吾心而是也，雖其言之出於愚夫愚婦者吾是之；證諸吾心而非也，雖其言之出於周公孔子者，吾不敢以為是，況其言之非出子周公孔子者乎！」陽明名此光明正大之心曰良知，為判斷是非之主宰[1]。

歐洲自中古過渡至近世，為歐史中過渡時代之最廣大者。以時而論，則自文運復興時代至十七世紀之末，為時三百年。以地而論，則南自意大利，北至瑞典、挪威與英倫，為西歐之全部。以人類之思想而論，則哲學、科學、文學、美術、宗教、神學、法學、政治，無一不受根本上之改革。歐西思潮受完全之變遷，而脫離遺傳習俗之羈絆。一言以蔽之，此數百年內，中古主義死，近世精神生。此近世精神為何？曰：以思考為基礎，為不拘泥的研究；以世界為樂土，用全力開闢天產，供人生之需要；求人心與物質中所蘊藏之天然律，以為制天之具。教育興而中古之黑暗去；與亞洲通商而新知識、新商品來；美術興而人民得燦爛華麗之娛樂；各種科學製造之發明起，新學之進步更速，中古主義之潛力亦因之而大減；尋獲新地，放大人民之眼光。以此種種之新猷，近世與中古世遂判若鴻溝矣。

雖然，時代之過渡，必不能於俄頃之間，與舊習慣驟相隔絕。無論思想如何新奇，宗旨如何激烈，新精神如何活潑，終不能與往時之思想完全斷絕關係。自培根 (Roger Bacon) 至葛必樓[2]、加利利亞[3]，更進而至牛頓 (Newton)，斯諸子者，雖自稱排去舊習，代以新理，而其學說中仍含古時之鑿空

2 今譯為克卜勒 (Johannes Kepler, 1571–1630)，德國天文學家與數學家，發明「克卜勒定律」。

思想，新舊混雜。近人讀其書，未有不怪彼新學者，何多為舊思想所環繞而不能脫也。

中國近二十年來之變動，多類似西歐。論其時，不過二十年；論其地，則南自滇粵，北至滿蒙，無不受其影響；論其思想，則哲學、科學、文學、美術、宗教、法學、政治，無不受根本上之動搖；全國思潮，受完全之變遷，勢將脫離遺傳習俗之羈絆。余敢曰：「此二十年內，舊主義奄奄待斃，近世精神已蒸蒸日上，非數輩頑固學者所得而摧折矣。」此精神為何？曰：「歐西所有之思想，或已澎湃而不可息，或已成雛形而晨夕滋長矣。」

十八世紀，歐西稱為「光明時代」者也。其最彰明較著者，為「法國之大光明」（即法國大革命，French Illumination）。其消極思想之趨勢，固得而言之。其在政治也，曰推翻專制；其在文學也，昌言掃除人民之苦痛；其在宗教也，曰誅殺惡僧。苟無假善名行絕惡之徒雜其中，則法國革命黨徒之行為，得代表法蘭西之完美精神。此精神為何？曰：民赫斯怒，振臂一呼，推翻腐敗之貴族，頑固之政府，齷齪之教堂，而造成光華燦爛之法蘭西。

吾國於改革以前之十年中，「法國大光明」時代之思想，充塞青年之腦海。盧梭（Rousseau）之《民約論》傳入中國，「自由」、「平等」、「天賦人權」等名詞，成為口頭禪。無論知與不知，莫不喜言之，以為如盡將舊時種種機關掃除，則中國便成極樂土。此所以武漢起義，全國響應，不數月而

3 今譯為伽利略（Galileo Galilei, 1564–1642），以新式望遠鏡證實哥白尼的「日心說」，被稱為「現代觀測天文學之父」。

產出中華民國也。

教育思想，必與其所處時代之思想相共進行。當法國革命時代，「順天然」主義為時代之思想。以之言政治，則持《民約論》。以之言學術，則重科學。以之言人生觀，則重「自由」，重「天賦人權」。以之言教育，則重自然教育。盧梭曰：「天生成的都好，人造的都不好。」故其教育主義，主張兒童自然之發達。中國當昌言「自由」、「平等」、「天賦人權」之時，學校之主持人，大都與此等精神居反對地位，故釀成罷學之風潮。後之政治革命，實於此已兆實行之端矣。

過渡時代，以消極思想為標幟。一般思想之趨勢，大都屬於破壞的。人民厭舊喜新，對於舊時道德，多抱懷疑。希臘之詭辯學者（sophists），十八世紀之思想家，可為消極學派之代表。吾國近年來之新思想家，亦多在此列也。

中國自有史以來，變遷之速，未有甚於今日者。以短促之時間，千奇萬變之經驗，相與並來。社會基礎，因之動搖。時代不仁，橫肆要求。大勢所趨勢，無可為力。嗟夫！我國人，其將何術以使中國與世界之時勢相調和乎？

歐化橫來，思想錯雜，學術衰微，民智旨蒙，尊孔復辟，歐化共和，吾民其知之否乎？此就政治言也。若就社會言，家族主義漸破，個人主義日益萌芽，習慣之道德漸衰，個人之道德尚無標準，怒潮洶湧，蕩舟其中，回望故鄉，已出視線，前望彼岸，杳無所見。中國之前途，其誰知之？其誰知之？

雖然，中國之前途固無人能言之，吾輩鑿空懸想，推測將來，其誰能禁之？然後事之結果，或與今日所懸揣者大相徑庭。「礎潤而雨，月暈而風」，簡單粗劣之比喻，不足為推測國家文明前途之具。現今科學世界，不容預言家置喙。預言家飽食終日，空談將來。科學家則不然，終日勤勞，無時或息，廣求精確之事實，以為研究之基礎，以歸納之方法，使事實與真理相證明，為之雖不易，捨之實無他道。

中國舊時各社會機關，如家庭、國家、職業等，衰落破壞，為世之所必然者；若欲恢復舊日狀況，勢必不能。舊日已逝，不能復返，欲登正道，惟有積極前進而已。社會種種徵象，由來已久，非一日所可掃除；吾輩惟積極進行，以能力所及者為之。證諸史乘，過渡時代之告終，必賴有積極思想。希臘過渡之代表，為詭辯學派，消極者也。蘇格拉底，代表積極思想者也。蘇氏學派出，希臘自過渡時代而達積極時代矣。歐西十八世紀，過渡時代也。如盧梭，如伏爾泰（Voltaire，法國哲學家），代表消極思想者也。十九世紀之諸大學者，如康德（Kant，德國大哲學家），如孔推（Comte，法國哲學家），如達爾文（Darwin，英國哲學家），斯賓塞（Spencer，英國哲學家），代表積極思想者也。由是言之，中國如有積極思想之大學者，而後始得自過渡時代而達積極時代。舊者已去，而欲挽之，愚也。不從積極建設著想，而徒事消極破壞，不過為過渡時代之產出物，為過渡時代之代表而已。

吾人之泥古，幾若第二天性。故與其彌補破爛之舊物，孰若消極而攻擊之？然而消極攻擊，不若積極建設之為愈。積極建設之道將奈何？厥有五種：

㈠定標準：標準不定，前後參差，民無所適從。有積極之標準，然後能將新思想傳布國中；否則千言萬語，人不知其用意之所在。昔孟子曰仁義，朱子曰窮理，陸子曰明心見性，陽明子曰良知，皆為便於傳道而立之標準，提綱挈領，便學者之易於適從也。

㈡定中心問題：一時之內，雖萬事紛紜，實則必有一中心點在。此中心問題為萬流歸源之所。孔子曰：「為政以德，譬如北辰，居其所而眾星共之。」是孔子以德為政之中心問題也。中心問題一定，則民得合群心而趨向之，猶眾星之拱北辰也。

㈢新陳交換：凡破壞一舊思想，必求一新思想以代之。如我國舊有之家族道德既被摧折，必立個人道德以代之。

㈣適社會生活之需要：凡思想或道德之所以為社會所信仰者，必適應社會之需要。舊思想、舊道德之所以失其勢力者，以不合時勢也。若新思想、新道德於社會之需要無關，必不能生存也。

㈤方法：除舊啟新之最要者為方法。良法美意，往往因方法不善而難於推行。孔子曰：「工欲善其事，必先利其器。」孟子曰：「離婁之明，公輸子之巧，不以規矩，不能成方圓。」善哉言乎！

中國與世界交通後，必不能不應世界之潮流而圖進化。故欲言內部思想之改革，當先察世界之大勢。而歐美近世文化中犖犖大者，厥有二端：

㈠科學之精神：近世西洋學術，莫不具科學之精神。科學之精神云者，好求事實，使之證明真理是也。凡鑿空臆度之學說而自以為真理者，與科學精神相反對者也。

㈡社會之自覺：西洋之文明，根乎希臘之個性主義。個性主義云者，發展個人固有之能力，不使為外界所壓迫，養成一活潑強健靈敏之個人是也。西洋修身之基礎在乎此。結合多數之個人而成社會，故社會之興衰，個人之幸福繫之。人人對於社會有自覺心，即社會之分子，自覺對於社會負責任是也。此即所謂社會之自覺心也。

如何得以養成上述兩種之精神乎？厥有五端：

㈠科學發達，使人力得制天力。㈡進化（即天演）學說，使人知發展生長有天然律存。㈢歷史精神，使人知文明之進化為接續的，徒事去舊不足以啟新也。㈣審問事理，使人盡其心力而求真理，不為無思考的信仰所羈絆。㈤民權主義之發達，使人知萬事之本位為自然人，不以職位財力而定人之價值。

中國如欲出此過渡時代，當於上列諸點加之意焉。中國之教育，當與近世之精神相謀而並進。泥古之教育，為過渡時代以前之教育，不可行矣。消極破壞之教育，而無積極之進行者，為過渡時代之教育，可暫而不可久。若為今日之教育圖長久計，當取中國之國粹，調和世界近世之精神，定標準，立問題，通新陳交換之理，察社會要需，採適當之方法以推行之。

（本文一部分意思採自 Armstrong's *Transitional Eras in Thought*[4]。

原載於《教育雜誌》第十卷第二期，一九一八年二月）

4 此書探討了西方思想和文化的發展，更針對近代的變遷加以關注。

建設新國家之教育觀念

中國處此過渡時代，國民無積極的標準，乏獨立之思想，上下疑懼莫知適從。國內外士夫，咸抱教育救國之義。教育之重要，人人知之，可無庸作者多言。茲但論其性質與方法，願與用思想力者共研究之。

一、德、美、英三國教育宗旨之不同

教育為發展個人能力，增進社會幸福之具。講教育者，當時時將個人與社會兩方面記住在心。然後能得持平之學說，即《大學》所謂明德親民。明德者發展個人之能力。親民者明人民之德，增進社會之幸福也。然二者不過為抽象的。對於實際問題，其推行之方法不同。應時勢之要求，作特別之方法以推行之。此所以各國教育宗旨有不同也。德國之教育，其宗旨為鞏固國防，開浚富源。英之教育，其宗旨為養成政治家與行政者。美之教育，其宗旨為養成有知識的選舉人。蓋各以社會性質不同，定特殊之宗旨。以德言之，一八〇六年之戰，普受大挫，欲恢復國勢，不得不整頓國防，此國防主義之所由來也。德國地狹民眾，不得不開發富源以利民生，此富源主義之所由來也。英之立國以殖民與商務，管轄殖民地及拓展商務，非有大政治家與行政家不辦。故其教育宗旨為養成此種人物者也。美國共和國家，其政治良與不良，以選舉人之有知識與無知識為斷。故其教育以養成有知識的選舉人為宗旨。讀者至此，請先停讀一思，中國之教育宗旨，究以近何種為宜，思定後，再請前讀。與作者之意見相比較，或匡不逮，或為同志，則幸甚矣。

二、中國社會之缺點

教育之宗旨，既當視社會之特性為標準，則於未言宗旨以前，當約略言中國社會之大概。作者對於中國社會現狀，多抱悲觀，故所見多為惡德。撮其犖犖大者，厥有四端。一曰人民知識之淺劣。吾國普通人民，非惟於共和政體，世界大事，絕未習知。即於日常起居飲食之淺理，一未夢見。居處卑陋，衛生不講，瘟疫一起，死亡枕藉。推其源，非人民之乏常識而何。二曰人生之微賤。我國生命之賤，幾同牛馬。一般人民，亦不自知其賤而苟生，凡可苟延殘喘之業，則無不樂操。例如上海之東洋車夫，拉車飛奔，以人作馬。不肖之西人，復加以鞭笞，而彼恬然受之。但能多得青蚨數枚，則已心滿意足。他如街巷之乞丐，衙署之差役，與夫種種之操賤業者，與牛馬何異。人生既賤，社會習慣，視殺死人命不足輕重。是何怪外人之藐視中國民族乎。三曰無建設的領袖人物。社會之進行也，必賴領袖為之先導。夫舟必待駛，車必待駕，領袖者駕駛社會者也。凡為領袖，必具三種資格。一曰識社會之心理，猶駛舟者之識風向與潮汛也。二曰識群治之天然律，猶駛舟者之識羅盤與地文也。三曰忠誠，此為取信於社會所必需之具。無此，則社會不信任之。其言其行，均無效力。猶駛舟者不忠於所事，則舟中之人，必生疑慮矣。故為領袖者，當抱絕對的忠誠。我國社會中，其有此種領袖人物乎。有之也不過鳳毛麟角而已。四曰無積極的標準。此為過渡時之通病，蓋過渡時代，舊標準已不足應新趨勢之用，新趨勢之流行，非好學深思者，不能得其方向，猶暗潮流行，不識水性者，勿之覺也。社會受外界之刺激，生一種新趨勢。往往存於不知不覺之間。舊者不知不覺而遞之。新者之尚感情派，不知不覺而橫行。故其結果，則一為消極之違反新趨勢，一為消極之破壞舊觀念；一為舊勢之奴隸，一為新勢之犧牲。此其弊在無積極的標準。一般社會，無由循行，此所以造成今日之人心惶惑，罔知適從之時期也。以上四大缺點，實為群治不進之基本問題，以此種社會而欲建設新國家，猶就泥沙之基建設大廈，又何往而不仆哉。欲圖積極之進行，捨教育其莫由。

三、新教育之標準

教育新舊一而已矣。所謂新者，不過應時勢之變遷，改造教育之方法以適應時宜耳。推行教育之正式機關，以習慣而言，學校可分三種，一曰小學，二曰中學，三曰大學。此三種學校，各當立一標準，使全國一致共圖進行。今請略言之，小學為普及教育之機關，使國人具有常識，非從小學教育入手不可。其標準當使生徒具有日用所必需之知識。中學教育則不同，國人既不能盡入中學，則中學校之生徒必為社會之一部分。此一部分必較普通社會稍占勢力。故中學當以培養初級領袖為標準。大學者，為研究高等學科而設，其學生為將來增進文明之領袖。故當以思想自由為標準。三級學校，其標準雖有不同，其最後之目的惟一，一曰養成國家的人民。

四、學校中之新國家

泛言改革政治，其效必淺。泛言改革社會，其禍必巨。欲圖積極之進行，必須有一入手之的實辦法。此法為何，曰建設新國家於學校之中。中國之社會，一罪過之社會也。中國之家庭，一罪過之家庭也。以罪過之社會，建神聖之國家，猶設天堂於地獄，惡乎能。此作者所以有學校中之新國家之說也。然此非倡自作者，德意志行之，其成效已卓著矣。一八〇六年，也那之役[1]，德軍為法人所殲，種族之亡，危若累卵，乃德人取非希的之議[2]，建新國於學校之中。不數十年而德意志聯邦遂

1 即耶拿—奧爾施泰特戰役 (Battle of Jena–Auerstedt)，為第四次反法同盟其中一場戰役，拿破崙率領的軍隊分別在耶拿 (Jena) 與奧爾施泰 (Auerstedt) 兩地擊潰普魯士王國。

致富強。一八七〇年，普法之戰，圍巴黎，敗法軍，稱雄西歐。至今日以一國之力，幾與全世界宣戰。吾國人聞之，能不攫然起敬乎？吾國苟行適宜之教育，他日之稱雄世界必無疑也。凡國有其特性，甲國之教育，未必適用於乙國。如完全模仿，即不張冠李戴，亦必失其獨立之精神。然假鑑他邦，智者為之，當是時也。德處列強之間，強鄰環視，不得不提倡國防主義，與吾國現在之情形同也。德國人煙稠密，生活艱難，不得不提倡辟富主義，此亦與吾國現在之情形同也。德國當時人心渙散，公德墜落，兵士專橫，未戰先走，社會腐敗，人各自私，當時非希的所謂罪過的社會，亦與我國現狀同也。德國以此社會狀況，倡建新國於學校之說，將青年子弟送入學校。嚴師督責，啟其知識，養其品格，並與社會隔絕，使不染社會惡習。凡中學校之教師，必擇其品格高美，學問優長，並具有愛國之觀念者。如此辦法，待學生自中學卒業後，已成一獨立不移，血心愛國之人民。然後送入大學，一切學科行為，悉聽自由。所謂大學自由是也。世界之大學，最自由者，莫若德國。其成績優美，亦遠出各國。此即孔子所謂從心所欲，不逾矩是也。中國不欲再造則已，苟欲再造，非改訂學制不為功。茲採建設新國於學校中之義，與諸君略言吾國應採之學制。

小學之標準，當取增進國民常識主義，作者前已言之矣。茲姑勿具論，請言中學。夫中學者，

---

2 即費希特（Johann Gottlieb Fichte, 1762–1814），德國哲學家，於第四次反法同盟戰爭失敗後，發表了《對德意志民族的演講》（*Addresses to the German Nation*），提倡民族主義，幫助德國人塑造認同，並鼓勵教育改革。

養成初級領袖之機關也。初級領袖者，即教育總長湯君濟武所謂社會中堅是也。非有領袖之資格不足以為社會中堅。此作者進湯君之說而言之也。以此為標準，則現在吾國中學，當善為改革，使合於標準。其最要之目的，當以養成國家的學生為主，曷為國家的學生。曰人生但知有國不知有他也。吾國家族制度太嚴，於社會之進化有相對的妨礙。作者考察社會一般心理，大凡父母送子弟入學，其惟一之宗旨，為將來學成可為家庭請光榮。吾國歷史上之習慣，最光榮者莫若做官，故其良子弟之所欲以報父母培養之恩者，咸以做官為目的。長此以往，則國家但有貪鄙之官吏，而無愛國之人民矣。國而無民其能為國乎。欲革其弊，當於學校中報倡國家主義，使學生等但知有國，不知有他。個人與國家相比，則個人輕若鴻毛，而國家重若泰山。個人為國而生，為國而死。於國有利者，則盡心而為之。國家有難，則捨生以赴之。此種觀念貫注於青年腦部，而養成一種充實不可以已之愛國心。此種學生，方有國民之資格。不然，國家歲擲巨幣，徒為家族養私人，政府造貪吏耳，何貴乎有此不祥之學校哉。

中國社會之罪過，作者已於前略言之矣。故欲造成國家的人民，必將生徒與社會隔絕，使不為惡習所汙。學校之中建一理想的國家，其學生即為理想的國民。欲實行此政策，須注意下列數端：

㈠獨立之思力。人之最貴者，莫若思，思為求知識之最要方法。不思即無真知識，然思尤貴獨立。大凡教習授課，最下者，徒使生徒記憶而不使領悟，次下者領悟與記憶並行之。下者但講解明瞭，使學生易於領悟。上者使學生能思。最上者使生徒有獨立之思力。所謂獨立之思力者，教習但授生徒以思想之法，使之自己想出道理，不求他人而求領悟。凡為領袖者，必具有此種能力，不然，將來必不能為社會之先導也。㈡健全之體力。中國學生，將來出而為社會任事，其責任較使國學生倍徙，若無健全之體力，其能負此重任乎？且國勢積弱，強鄰環視，苟一旦國有大難，咸須捨身救國。故以國防而論，體力更為重要。㈢嚴整之訓練。中國人之乏訓練，為世界先進國所共知，即吾國人，現亦稍稍覺悟。街上共行，步伐不齊。車站購票，擁擠窗前。立則弓背，坐則曲腰。此非乏訓練而何？二人對談，聲滿全室，三人共處，聲溢戶外。他人被擾，與我何干。此非乏訓練而何？他如起居不常，飲食無節，昏沉顛倒，幾乎若牛馬矣。學校之中，視此種惡習，當如傳染病，極力防止，務使養成一種莊嚴有秩序的國民。

愛國心當為無上之美德，凡中國之新國民必具是，無此則為家族之私人，非國家之國民。愛國心既具，必復有獨立之思力，健全之體力，莊嚴之人格，加以學校中所應教之科學知識，優美性情，則方成二十世紀之人格。此吾國教育家當持為標準者也。

中國當此危急存亡之秋，國防問題，實為首要。然欲解決此問題，非養成一種新國民不可。非將學生與舊社會隔絕不可，此作者所以主張嚴格的中學也。此種學校養成之學生，將來應世，足以為社會之領袖。入大學可以享學問自由之幸福，造成從心所欲不逾矩之人物，中國將來文明之進步，其此是賴乎。

五、新國家之觀念

個人無觀念，則其人雖生猶死。國民無觀念，則其國雖存猶亡。觀念高者，則為大人。觀念低者，則為小人。孟子所謂養其大體者為大人，養其小體者為小人，即此意也。夫國亦然，國民而有高尚之觀念也，則其國雖小猶大，反是則其國雖大猶小。所謂國民高尚的觀念者，愛國之觀念是也，無此，即為卑下之觀念。雖然，空言愛國而無方法以達之，愛國兩字，一空架而已，一死體而已。所謂真觀念者，必具有活潑動作之精神，國民以此而生，以此而死。凡一切行為思想，皆依此真觀念為標準，欲養成此種活動的觀念，第一當知個人為民族而存立，第二當養成無我之領袖資格，第三當養成知識與道德調和之個人。以此三事，作求學行事之標準。時時思維省察，久而行之，想像之中，自有一活動的觀念出現，此即作者所謂新國家的觀念也。中國將來在世界之位置如何，以國民能有此觀念與否為斷。苟國民能具此活動的觀念，則中國無量之幸福，即在是矣。

（原載於《教育與職業》第五期，一九一八年四月）

社會運動與教育

舊曆元旦無事，我忽然想到天津學生的慘劇。於是聯想到我於一月十八日對他們的演說。那天到的男女青年很多，他們滿堂活潑潑的笑容猶在我心目中，我覺得很有一種感觸。就握了筆，把當時的演說寫出來，作一個紀念。

一九二〇年二月二十日

文化運動有兩方面，㈠是傳布學術和思想，但學術思想，是限於知識階級的，是局部的。㈡是社會運動的教育，這是提高社會程度的方法，對於受不到普通教育的平民，給他們一種教育。

現在我們大家稱讚歐美的普及教育，我們都知道歐美社會進化，是從普及教育裡來的。但我們研究西洋教育史，知道這教育普及，是從社會運動的教育裡面化生出來的。

當十八世紀的時候，英國教育狀況也和中國差不多。那個時候，英國工業礦業尚未發達，工價低我，全國六分之一的人民是做勞力的，穿破衣，住茅屋，蠢如鹿豕。有了幾個普通學校，多被政治宗教上的變動摧殘了。所以苦百姓的兒女完全沒有受教育的機會，這班平民完全不知道教育的價值。於是慈善家捐了錢，來開學校。十年之中，倫敦十里路內，開了八十八個學校，男女學生有了三千多人。又是十年，英國全國有慈善學校一千二百所，學生男女有了二萬七千人。後來逐漸增加，學校之數有了二千所，學生男女五萬人。課程是識字、宗教、道德、算術、清潔等科。這慈善團體的主持人是教會。他們組織了一個會，叫做「宗教知識傳布會」。他們的宗旨，原來是傳布宗教，但做一個好人，須有一種知識，所以同時也授識字、算術等課。這種帶宗教氣味太盛的學校，後來漸漸變的了無生氣，所以另外有一個團體起來，叫做「全國貧民教育促進會」。他們所辦的學校，課程雖也不十分適當，但是因此打定了普及教育的基礎。可見現在普及教育，是由貧民學校產出來的。因為政府和人民，見了教育有些益處，大家想到普及教育的有用處。幾千個慈善學校，有這樣好處，若是全國辦普及教育，他的益處，不更大麼？我們現在講教育普及的人，要謝謝當時的慈善團體。

這種慈善學校，美國後來也仿辦，美國普及教育的基礎，就是這種學校。法國見了英國的辦法，也來仿行。十八世紀的下半，可算是慈善學校發生的時代。

慈善教育的結果，是增進勞動階級的知識，引起普及教育的意義，是社會運動的教育中最要緊的一件事。

以上所說的，是社會運動的教育之歷史，十九世紀歐美的社會進步，靠這種教育的力不少。以美國而論，現在教育終算是普及了，但美國人還是注意社會運動的教育——改良社會非正式的教育。

美國紐約城，人民有了五百萬，貧苦的百姓自然很多，貧家的小孩子雖受了小學教育，但十四歲就離學校了，他們的知識是有限的；還有歐洲來的工人——從社會不十分進化的如意大利、希臘、俄羅斯等國來的移民——多數不但不識字，而且講不來英語，所以紐約慈善團體和市政府，在貧苦區域內設立夜學，教育他們。還有大學之中設立夜班，使一般平民可以聽講。

美國多數的大學，有校外教育，在城市中設學，講演時事和商業上應用的知識和技能。農科大學備有火車，陳設講演材料，如圖書、標本、農事化學試驗種種，到鄉間演講農事知識，如農民衛生等科。醫科大學設衛生陳列所，以便一般人民參觀，傳布衛生知識於社會。

講起這社會運動的教育問題，頭緒覺得很紛繁，有許多是應該由慈善團體辦的，還有許多應該由高等以上學校辦的。我今日單講置身文化運動的學生，可以做、應該做的事。

中國實業不發達，工價低賤，平民的子弟，實在沒處受教育，還有那年長失學的人，沒有機會入正式的學校受教育，現在做學生的，可以給他們想個法兒。

我想有四個具體的辦法，可以供諸君參考：

㈠借學校裡的校舍，來開夜班：學校校舍，晚間用處不多，把他空在那兒，豈不是不經濟麼？學生可以把不用的課堂借來，辦個平民夜學。如北京大學，學生會辦了一個平民夜學，就在第二院的課堂作講堂，現在學生有五百多人，男女都有，最幼的是七歲，最大的也有三十多歲的。教員就是大學學生，教科書由大學學生捐錢買的。這不過舉一個例，其餘學堂開辦夜校的，也有好幾處。

㈡學生和商界合辦：由商鋪子捐錢，出房租、器具、油火、書籍等費。房子不妨簡陋，空氣流通就是了。器具如桌椅等件，亦不妨簡單，適用就是了。所費無幾，開辦費一百元，每月費用十餘元，就可辦能容二、三十人的一個夜校。如有公共地方，如祠堂、廟宇可借最好。學生每人每晚授課一小時，兩個人就可以辦一個夜校。

㈢開遊藝會籌款，充房租、器具、油火、書籍等費（我寫這篇文的時候，聽說北平的醫學專門學校學生，正在開醫學展覽會，為平民夜校籌款，入場券每張售銅元二十枚）。

㈣組織社會進化促進團：集三個同志，就可組織一團，共同辦一個夜校，輪流教授。三人中每人須勸三個朋友另組一團，就另生了三團。三團生九團，九團生二十七團。以此類推，推廣很速，不久就布滿全國。

我們要講文化運動，縱橫兩方面須並進，傳布學術思想，是為一般知識階級的人增進學識，這是縱的。社會運動的教育，是為一般平民得一種應用的知識，這是橫的。縱的一方面，是提高；橫的一方面，求普及，提高與普及都是社會進化不可少的事。若要實行德謨克拉西[1]，要從社會運動的教育著手。沒有這種教育，文化運動就漸漸兒會變成紙上運動。即使不變成紙上運動，就會養成知識階級一部分的勢力，平民得不著好處。

1 Democracy，民主。

社會的進化，不是少數知識階級的人能夠做到的，要老百姓大家進步，方才能做到。一個社會裡邊，少數的人天天講文化；多數的人不知道地球是方的或是圓的，一個社會裡有了兩個世界，彼此不通聲氣，社會怎樣能進化！

從十八世紀起，社會的進化，是從下層動起來的。下層的平民動了，上層的貴族就站不住。譬如一座屋子，基礎動了，上面的梁柱壁瓦都紛紛倒下來。知識階級的人呀，你們作了社會的上層，將來下層的苦百姓都動起來，你們就站不住腳。

俄國貴族和知識階級的人，都很有學問，但普通百姓，差不多都沒有受過教育的。這班普通百姓現在都動起來了，貴族和知識階級的人都被他們推翻。所以現在俄國的變動，真是百姓全體的變動，中國的變動，還是限於知識階級一部分。四萬萬人民中，有三萬九千萬還不知道有什麼一回事；其餘一千萬中，有固執不化的、有關了門不管閒事的、有若知若不知的、有一味盲從的。現在全國學校的學生，據教育部報告，計四百二十九萬人，內中等以上學校的學生約計五十萬人。此五十萬大、專、中三種學校的學生，實為文化運動的中心。以全國人口數比較起來，八百人中只有一人。照此看來，一個學生，負了教育八百人的責任，這是辦不到的。我但願一個學生負教育十五個人的責任；全國人民中，就有七百五十萬人受益處，豈不是一件好事？

歐美先進諸國，百人中有二十五人在學校裡求學，我國百人中只有一人。以國中不識字的人而論，英、美、德、法四國中，最多是英，百人中計十三人半；最少的是德，一百人中計三人（均以入伍者計算）；美百人中計七人又小數七（以十歲以上人口統計）；法百人中計三人半（以入伍者計算。若以十歲以上人口計算，百人中當得十四人又小數一）。

其餘進化較遲的國，如奧國百人中不識字的人數計二十六人有奇。意大利百人中計四十八人有奇。俄羅斯百人中計七十人。葡萄牙百人中計七十三人有奇。亞洲俄羅斯百人中計八十七人有奇。印度百人中計九十二人又小數五。埃及百人中計九十二人又小數七（以上均以十歲以上人口計算）。中國不識字的人數，百人中有幾人，既無表冊可據，無從推算。查印度三年前（一九一七年）教育報告，全國有學生七百八十萬人，以印度人口二萬四千四百萬計算，百人中在學者計三人有奇；而中國在學人數，百人中只占一人。照此看來，中國教育之推行，其廣還不及印度，吾國識字的人，雖不必盡從學校裡來的，但可見教育不普遍的一斑了。

我們推度起來，中國不識字的人數，大概在俄國和印度之間（中國不識字的人，想比印度為少，因以前科舉的影響，現在的私塾，都是我國教育的特殊情形。據南京高等師範陶知行君調查南京私塾學生數，實比公學學生數為多。故以教育部報告來定中國在學學生數，有些靠不住）。百人中大概有八十人至九十人不識字。不識字的人這樣多，社會進化，從什麼地方發出呢？

我們現在就算我國百人中有十五人識字，這十五人中，能夠識字，不能看文的算他有五分之四；能夠看文而不能寫文的又算其餘的三分之二；這樣看來，能夠看文的人，百人中不過二人，全國不過八百萬人（此以白話文而論，若以文言為準，尚不及此數）。這八百萬人中，有多少喜讀新出版物的人呢？現在全國講新文化的出版物，約有四百多種，每種平均銷一千份，計有四十萬份。每份讀的算他是三人，計一百二十萬人。八百萬能讀文的人，只有一百二十萬人，受著文化運動的影響；若以能讀文的人數計算，百人之中只有十五人。若以全國人口計算，千人之中只有三人。所以從全國人口數計算起來，這傳布學術思想的勢力，還覺得太小。我們大家可以不注意社會運動的教育麼？

（原載於《新教育》第二卷第四期，一九二〇年二月）

和平與教育

和平非不戰之謂也，和平亦非不戰可得而幾也。戰爭之戰仗武力，和平之戰仗正義。正義存乎世，則真正之和平始可得而保。若夫武人專權，正義掃地，雖無戰爭，非和平也，苟安耳。國民各懷苟安之心，而猶自詡其愛和平，游魚嬉釜，供人烹調而已。

吾國人素以愛和平著。然一究其原，吾國人所謂和平者，實無堅固之基礎。何以言之？曰：吾國所謂和平之基礎者，非仁政也與？仁政也者，非即所謂牧民政治也與？國民如群羊，仁君牧之，牧之得其道，則五穀豐登，家給戶足，熙攘往來，咸與昇平。雖然仁政之下，暴政伏焉；牧之始，魚肉之始也。彼牧者一旦苟欲殺其群羊而供其大嚼，則又誰與之抗！讀吾國歷史，一治一亂相乘續者無他，羊肥而食，食者暴也；羊瘠而牧，牧者仁也。牧而食，食而牧，循環不已。政府以民為羊，而民亦自甘居於羊之地位。若是者數千年，積重難返，居今日而視全國之人民，要皆懦弱無能之群羊耳。故政客弄巧，國民無能為也；武人弄權，國民毋敢違焉。今日察吾國之大局，非一有政客武人而無國民之國乎？誰為為之？曰：仁政也，牧民政治也。牧民政治之和平，苟安而已。故今日欲得真正之和平，當一反吾國向日之所謂牧民政治。

牧民政治之反面，即平民主義是也（或曰民權主義）。平民主義，首以增進平民之能力知識為本，使人民咸成健全之個人，倡造進化的社會。於是一方以健全之個人，進化的社會，而為和平之保障；一方以個人之才智，社會之能力，而掃除強暴不良之政治。如此，則熙攘往來，咸與昇平，真正之和平至矣。

欲得永久之和平，必以平民主義為基礎。然欲自牧民政治而躍入平民主義，決非可苟且偷安而得者，則必自人人之奮鬥始。故吾所謂和平者，奮鬥之和平也；達此和平之教育，奮鬥之教育也。向日德國教育主義，與夫自德國採取而來之日本教育主義，即所謂軍國民主義是也。日本以實踐之科學，武士道之軍隊，一戰而破紙虎之中國，再戰而敗雄羆之強俄，固軍國民教育之功也。然德國挾其軍國教育而與世界宣戰，卒敗於酷愛平民主義之美國與其他協約國。美國總統威爾遜曰：「吾美國將犧牲一切，為正義而戰，為世界平民主義求安全而戰。」德軍既挫，平民主義遂占勝勢矣。

讀者諸君乎！強國之道，不在強兵，而在強民。強民之道，惟在養成健全之個人，創造進化的社會。美國以七萬五千之常備軍，期年之間，集雄兵達四百萬；運到法國者，每分鐘計七人，每小時四百二十人，每日一萬人。十一月十一日宣告停戰之日，美軍在法者約計二百萬人。其徵集運輸之神速，令人驚駭。此無他，其國民之個人強也，其社會之進化率高也。美國之兵，皆平民也，未入伍以前，或為教員，或為商人，或為官吏，或為富家子，或為傭工，或為農人。其學校無軍國民教育也；其陸軍總長文人也。既無所謂督軍，更無所謂鎮守使。然而個個皆良兵，人人皆勇士，非國民個人之強健，而孰能臻此乎？總統一文告，而全國青年，均赴選舉區註冊入伍，無敢稍後。一舉公債，輒逾原額。主中饋者節省食料，大實業家棄職位為政府效勞。國中工廠，盡聽政府調度。學校男女兒童，或在庭前隙地種植，以增全國食料，或為紅十字會服務，以助救濟事業之進行。男子身赴前敵，女子代其職業，農場工廠、電車鐵路，女子均操男子之業。威爾遜曰：「工人之隊伍，其功與赴前敵之隊伍同。工人之機械，猶來復槍[1]也。無工人之機械，則來復槍亦將失其功用。」由此言之，奏凱旋之功者，非獨兵士而已，全國國民與同功也。故和平云者，亦非獨弭兵而已，全國國民與有責也。苟非個人健全、社會進化，則戰時不足以制勝，平時亦不足以享受其幸福。故有健全之個人，進化的社會，則可戰可和；無此，則戰固不足恃，和平亦不足恃也。

和平之真義既明，而後始得言和平之教育。教育者，即達此和平目的之一方法也。欲圖永久之和平，必先解決教育之根本問題。吾國昔日之教育，牧民政治之教育也。孟子曰：「立庠序之教，所以明人倫也；父子有親，君臣有義，夫婦有別，長幼有序，朋友有信。」又曰：「人人親其親，長其長，而天下平。」近世西洋之教育，平民主義之教育也。曰自治也，獨立也，自由平等也，發展個性養成健全之個人也，皆所以增進個人之價值，而使平民主義發達而無疆也。此次世界大戰之結果，平民主義已占勝勢；世界潮流，且日趨於平民主義（如俄羅斯之革命，日本之內閣更迭，均為

1 即來福槍 (rifle)。

平民主義發達之結果。日本歷來之內閣總理，均係貴族，此次原敬以士族而組閣，實為創例。友人之新自日本歸者，為余言曰：「日本人民近數月間為世界潮流所感動，多傾向平民主義。」）。平民主義愈發達，則其和平之基礎愈固。故欲言和平之教育，當先言平民主義之教育；欲言平民主義之教育，當自養成活潑之個人始。其道維何？曰：

(一)養成獨立不移之精神

吾國青年最大之惡德有二：一萎靡不振，一依賴成性。萎靡不振，則遇事畏難，欲望減縮，事無大小，必無成功。依賴成性，則事事隨人腳後跟說話，新事業之創造，必不可能矣。故必使具高尚之思想，凡事須進一步想，勇往直前，百折不撓，以是而養成獨立不移之精神。此種青年愈多，則社會進化愈速。若夫垂頭喪氣，事事畏縮，豈所望於新教育所產生之青年哉！

(二)養成健全之人格

曾文正曰：「身體雖弱，不可過於愛惜，精神愈用而愈出。」此言當有界限。夫逸居飽食，以養精神，則精神必僵；若但用精神，不強體力，則終亦必踣。況近世文明複雜，必非楞朽之體所能擔當。回憶舊時同學之英俊，學成而夭折者，不可勝數。作者留外十年，返國訪舊，乃大半已入鬼鄉。以孱弱之身體，遇複雜之文明，不其殆哉！更念當時在外留學，十年之中，同學青年夭亡者，不過數人，衛生有道，非壽命也。體操也，網球也，野球、足球也，游泳、舞蹈也，皆所以延年之道也。球場、游泳池、舞蹈廳，到處皆是。彼國人士，群趨而遊戲焉。野球比賽舉國若狂。其活潑運動之精神，貫徹於全國人民之生活。此實歐美個人健強社會進化之祕訣。而反觀今日吾國則如何？其他且勿論，但以學界言之，日課以外，則無娛樂之地。好學者讀書，讀書愈多，而身體愈弱；不好學者玩撲克，撲克愈多，而志氣愈消。讀書過度，禍同撲克，臧穀亡羊，其失均也。

(三)養成精確明晰之思考力

甚矣，吾國人之不思也！凡遇一事，或出於武斷，或奴於成見，或出於感情。故全國擾攘，是非莫衷。其斷事也，不曰大約如此，則曰差不多如此。夫以大約如此差不多如此之知識，而欲解決近世複雜文明之問題，其能不失敗乎！某西人謂作者曰：「差不多三字，誤了中國人不少。人人以差不多為知足，故缺少精確之知識。試問中國人口幾何乎？曰：差不多四萬萬。試問此處到彼處幾里乎？曰：差不多五六里。其尤甚者，則視是非為差不多，公私為差不多。」此非全國人民共具一糊塗之頭腦乎！以糊塗之頭腦，解析中國之問題，其有不錯亂紛雜者乎！故以教育方法解決中國之問題，當養成精確明晰之思考力。欲達此目的，事事當以「何以如此」為前提。學校之中，當注重論理學、科學兩者，以為思考之基礎。記誦之學，非真教育也。

由上述來，欲養成健全之個人，則獨立不移之精神，筋血充實之體格，思考精確之頭腦，皆為至要。三者不具，雖有愛國道德等訓練，終亦歸諸無用而已矣。

個人強健，社會進化之基礎也。非此則成一不關痛癢之社會，今日之中國是也。雖然，謀一國文明之進步，有從個人方面入手而間接及於社會者，有直接謀社會之進步而間接及於個人者。個人與社會，固相互為用者也。至若個人之存在，所以為社會乎？抑社會之存在，所以為個人乎？此又別一問題，姑置弗論（以個人之存在所以為社會者，德國及日本之人生觀也；以社會之存在所以為個人者，英、美兩國之人生觀也）。吾人但認謀社會進化，亦有直接之方法可也。以中國今日而論，直接謀社會進化之道，如之何其可乎？曰：

(一)改良起居

中國起居之不良，凡稍吸外洋空氣者，莫不知之。街道狹窄，居室不通空氣，人居其間，得毋瘦弱梏朽乎！吾聞西人之論校舍也，甲說曰：「校舍之壯麗，徒使貧家學生離校後，若家庭之不良耳」；乙說曰：「學生在校養成起居清潔之習慣，離校後，知家庭起居之不良，長成獨立時，必設法以改良之」，此乃改進社會之良法也。大多數之教育家，皆以乙說為是。故歐美之建築校舍，必取壯麗而捨簡陋。學生在校時，藉以涵養心神，啟發美德。離校後，藉以改良起居，為良子女之出產地。馬相伯先生演說曰：「數十年前吾遊日本，見其人民形容瘦弱；數年前再遊日本，見其人民體力強壯，其理何在乎？曰：數十年前之兒童，其出產地為臭水溝也，為豬檻也；近年來之兒童，其出產地為花園也。試觀上海人民，其黃皮瘦骨之形狀，西人莫不謂中國人種之退化。此無他，我國兒童之出產地，為臭水溝也，豬檻也。」言之透徹，無以復加。或曰：「校舍之不良，非不欲改良也，國家經費不足也。」斯言也，驟聞之雖亦近似，然尚有他原因存焉。迂儒曲士，奴於草廬茅屋之舊見，以為講學之地，無取壯麗。一般社會盲從其說而附和之。故一有壯麗之校舍，出現於其地，即物議沸騰，斥為浪費。若是，辦學者其誰願遭此物議乎！否則國家歲費數千萬，以養無用之兵，而未嘗有所吝惜，誰謂中國無錢乎！若以起居論，諸君不見上海靜安寺路、霞飛路之西人住宅乎？樹木蔭翳，花草滿庭，不疑若仙宮乎？然西人每日作事只八小時，事罷後，汽笛嗚嗚，汽車飛馳，往仙宮而息焉。吾國人自朝至晚，自元旦至除夕，一無休息。統一歲之勤勞，其所得尚不足以維持一清潔之家庭，而以臭水溝為子女之生產地，其故何耶？此足以深長思也。嗟夫！起居不良，皮黃骨瘦，精神疲倦，作事萎靡。社會衰落，良有以哉！

(二)修築道路，振興實業

道路，一國之血脈也。國無道路，則痲木不仁。美之治菲律賓也，修大道，築鐵路，全國之道路如蛛網也。日本之治臺灣、高麗也，亦以此為入手辦法。以高麗而論，日政府之規劃不遺餘力，行政之大機關與大機關相聯絡，有一等道路也；中等機關與中等機關相聯絡，有二等道路也；小機關與小機關相聯絡，有三等道路也；市鎮村落相聯絡，有四等道路也。菲律賓與臺灣，固作者所未親見也，而高麗則曾一涉足其地矣。若較以中國之大，非有數萬里之鐵路，數百萬里之道路，則必無發達之望也。

欲使社會發達，一面當修築道路，一面振興種種實業。如礦產也，森林也，製造也，皆為富國富民所必不可少之事業也。或曰：「修築道路，振興實業，無一不須資本，中國貧極矣，將從何處以得資本乎？」曰：「外資可利用也。」吾為此言，非欲鼓勵借債，以充政客之私囊，以填軍人之欲壑。蓋以修道路，興實業者，皆屬生利之事業。因生利事業而借用外資，有何不可？或又曰：「君言良是，然於我教育界何關乎？」曰：「不知國家基本問題者，不足與言教育也。」教育非養成書呆子而已，將為社會造有用之材也。不知社會之需要者，其能為社會造人材乎！諸君請勿以咿唔蹚嗶為教育之終點！請各放開慧眼，向全國與世界一為視察！數間教室，非完全之教育場；數本教科書，非完全之教育資料也。

試觀今日中國，學校之畢業生，無論習文學、習商科、習工科，在社會求一職業，不可得也。外洋畢業同國之學生，日益增多，欲求一適當之職業，難於登天。若欲於外國公司得一職位，如英美煙公司、美孚洋油公司、奇異電燈公司等，亦非易事。其服務於政府乎？則政府無若許之官職。故敢斷言曰：中國如不修道路，不興實業，則畢業生途塞；畢業生途塞，則為父母者對於教育子弟之熱度必減。如是而欲中國教育之發達，將待之何時乎？

(三)獎進學術

社會之進化，有兩種根本也。曰物質上的，即改良起居，修築道路，振興實業是，前已言之矣。曰精神上的，即獎進學術是也。學術者，一國精神之所寄。學術衰，則精神怠；精神怠，則文明進步失主動力矣。故學術者，社會進化之基礎也。今以吾國之學術而論，一曰無系統，周秦之學術，最有系統者墨家也。而儒家最有系統之書，為《大學》。此宋儒之所以自《禮記》中分出，以獨立為一書。宋儒求知識之方法，所謂致知格物者，均自此出。然與希臘諸哲之書相較，其系統之完密，則吾國遠不如也。近世西洋學術之發達，科學之精密，皆導源於希臘學術之系統。蓋學術之系統完密，而後知識得精確。孔子曰：「工欲善其事，必先利其器」，此之謂也。由是言之，欲為中國求精確之知識，非改良學術之系統不為功。二曰太重應用。夫學術太重應用，則惟適合於社會之現況而止，不能再求真理，因是而國民乏進步之思想矣。作者嘗以一小事而判中西人士思想之不同。比如以一物而贈西人，則必曰：「此物甚有趣味」；若以之而贈吾國人，則必曰：「此物果何所用乎」；蓋西人之愛物，以有趣味為前提；吾國人之愛物，以有用為前提也。三曰太重古文字。專重古文字，則解者必少；解之者少，則知識不能普及，此為社會進化之障礙。侯官嚴氏之譯《天演論》也，可謂譯界傑作，然而能讀而領悟之者，究得幾何人？其能作此種文字者，則更有幾何人乎？作者嘗讀英文原本之《天演論》，其文字之淺顯，雖小學學生，亦能解讀。而嚴氏矜尚古文，從事翻譯，其得名重於一時，要亦迎合社會重古文字之心理耳。此種心理不改，則必使譯者擱筆，將何所藉而輸入新思想乎？欲改良以上諸缺點，第一當講論理學、科學之方法，蓋此二者，學術系統之基礎也。第二提倡精神上之興趣。夫應用二字，當以物質的或社會的用處為限。若夫精神上之興趣，則以求得新理為愉快。新理愈多，則社會愈進化，而後始得言永久之應用。牛頓見蘋果墜地而明地心之吸力，豈為應用哉！然而於物理上之應用正無窮也。笛卡爾之造微積分，豈為應用哉！然而於工程上之應用正無窮也。西洋種種新理之發明，出於精神上之興趣者甚多。因有精神上之興趣，故不以目前物質社會之應用為限。因有種種新理之發明，則新理日出，而後應用乃無窮。故精神之趣味，應用之源也；物質社會之應用，新理之流也。吾國數千年來，過重應用，迄今新理用盡，而源絕矣，源絕而流涸矣。杜威博士有言曰：「太應用，則反不應用。」願吾人三復斯言也。第三革新文學。文學革新之方法，作者不敢於此短篇中武斷之。然就教育方面言，知必先求言文之接近。言文接近，教育方能普及。八股敝，政策論；策論敝，將何改乎？文學革命乎，將來必澎湃全國，無可疑也。作者復有一言，為今日之著作家忠告曰：欲求學術之發達，必先養成知識的忠實。讀者試觀今日之出版物中，有明明抄襲而成也，則美其名曰著；明明轉譯自日文，而曰譯自英文、法文或德文。夫對於金錢不忠實，不可以為商；對於行為不忠實，不可以為人；對於知識不忠實，其可以言學術乎？作者又為教育部忠告曰：教育部為全國教育界觀感所繫也，當設種種方法，獎勵學術，為全國倡。人民亦當結社研究，激發一般社會尊重學術之精神。學術興，則中國之精神必蓬勃蒸發，日進無疆。

雖然，欲實行以上種種之政策，必有千萬阻力，當於我前。必用全力奮鬥，乃克有濟，不可以苟安幾也。以正義為先導，以養成健全之個人進化的社會為後盾，張旗鳴鼓，勇猛前進，此即所謂為和平而戰也。戰而勝，則平民主義由是而生存，真正和平由是而永保。和平與教育之關係，如是如是。

（原載於《教育雜誌》第十一卷第一期，一九一九年一月）

教育與職業

教育，一方法也，以此方法而解決國家、社會、個人、職業種種之問題者也。教育而不能解決問題，則是教育之失敗也。故必先有問題而後有教育，無問題而言教育，則鑿空而已矣，幻想而已矣。國家有問題，故有國家教育。社會有問題，故有社會教育。個人有問題，故有個人教育。職業有問題，故有職業教育。

教育為方法，國家為問題，則曰國家教育。教育為方法，社會、個人為問題，則曰社會教育，曰個人教育。教育為方法，職業為問題，則曰職業教育。

故職業教育無他，提出職業上種種問題，而以教育為解決之方法而已。非謂職業之外無教育也，亦非謂倡職業教育而推翻他種教育也，第以他種教育有研究之機關，而職業教育獨闕如，同人等尤之，故設機關而研究焉。

職業之界說：職業英字曰 vocation，言操一技之長而藉以求適當之生活也，例如製鞋，技也，以製鞋而求生活，則此製鞋即職業也。製機器，技也，以製機器而求生活，則此製機器即職業也。

植果木，技也，以植果木而求生活，則此植果木即職業也。能簿記，技也，以簿記而求生活，則此簿記即職業也。洗衣，技也，以洗衣而求生活，則此洗衣即職業也。製機器，工之一也，聚類此者而概言之，曰工業。植果木，農之一也，聚類此者而概言之曰農業。簿記，商之一也，聚類此者而概言之曰商業。洗衣，家政之一也，聚類此者而概言之曰家政。農、工、商、家政四者，職業中之四大類，歐美各國所公認者也（按法國尚有航業一類）。凡職業中所發生種種問題，不外乎此四大類，故言職業教育有㈠農業教育，㈡工業教育，㈢商業教育，㈣家政教育之分。

高等專門與職業：凡卒業於大學而得一技之長，藉以求適當之生活者，曰高等專門，英文曰profession，本亦職業之一部分，然近今所謂職業教育者，中等程度以下為限，大學不與焉。

學校與職業：學校為推行教育之機關，故即為間接解決國家、社會、個人、職業及種種問題之機關。學校非專為職業而設，舉學校而盡講職業教育，則偏矣。職業教育為二十世紀工業社會之一大問題，吾國青年之立身，國家之致富，多是賴焉。舉學校而盡排除職業教育，則偏矣。吾輩今日所欲研究之問題，非謂因提倡職業教育，將取文化教育 (cultural education) 而代之也，不過以文化教育有不能解決之問題，提倡職業教育，希有解決之耳。若社會無職業之必要，青年受文化教育而即有謀生之能力，則所謂職業教育者，特贅旒耳，又何提倡之足云。

學校，一中心點也，社會所呈之種種問題，環而拱之，咸欲入其門牆，以求解決之方。為彼學校者，處今日複雜之社會，而遇種種不解之問題，其困難之狀況，概可想見。然不能以學校已處困難之地位，而置重要問題於不顧，中華職業教育社之倡設，將以合群眾之力，而助學校解決一重要之問題耳。

文化教育與職業教育：今之重文化教育者，曰文化教育，立國做人之基礎也。斯言也，同人也絕對贊成之，何也？蓋文化者，所以增人生之價值，促人類之進步，人種之文野，胥由是而別焉。然以今日社會之狀況而論，受四年初等小學教育後，能入高等小學者有幾人乎？中學卒年後，能入大學者又有幾人乎？夫由初小高小、由中學而直達大學卒業之學生，其大多數固能養成高等專門之學(profession)，然其餘不能由下級而達上級者，皆無一技之長，以謀獨立之生計，此種學生，聽其自然乎？抑將設法以補救之乎？如曰聽其自然，則學校者徒為社會養成高等之遊民耳，抑何貴乎教育？如曰補救之，捨職業教育其奚由耶？

(原載於《教育與職業》第一期，一九一七年十月)

職業教育與自動主義

職業界有兩種人才，曰自動的，曰機械的。何謂自動的人才，曰：具遠大的眼光，進取的精神。事事圖改良，著著求進步。人未敢行者，我獨敢行之，人未及知者，吾獨察先機而知之，此即所謂自動的人才也。何謂機械的人才，曰：具一藝之長，精一部分之事。人先提倡，我能隨之，此即所謂機械的人才也。若夫畀以一部分之事，為之而不善，鞭策之而始動，此其下者，不足以稱人才，稱之曰劣工可矣。

一工業社會中，自動的人才眾，則社會競爭烈而進步速，機械的人才為所庸雇而共成其事。工業社會中自動的人才少，則社會之競爭的能力而進步遲，一部分機械的人才必失其業。故社會工業之發達，使自動的人才以興之，機械的人才以輔之。有自動的人才而無機械的人才，則此一般自動的領袖必設種種方法以養成之，機械的人才愈眾，成事愈多，而工業遂因之而發達。

以德國而論，其工業社會有自動的而更多機械的，故其製造之精甲天下。以英美兩國而論，其工業社會有自動的而少機械的，故其出產雖多，而其物之精美，遠不如德國。蓋自動的人才，猶良將也；其機械的人才，猶精兵也。有良將，有精兵，則百戰百勝。有良將，少精兵，則戰或勝，而消耗必巨。美國近年以來，提倡職業教育，不遺餘力，蓋有慨乎有良將而少精兵也。

然則機械的人才，皆不能自動乎？曰否，所謂機械的，非不自動之謂也。苟不能自動，不足為良機械也，不過以比較的而言，有所謂自動與機械之別，實則所謂良機械者，不盡為被動，蓋一部分內之事，其成功之大小，多以工人之能自動與否為斷。主持之人，必不能於纖細之間，盡指導之責。故於某種界限之內，其成績之優劣，實賴乎操作之人，若事無巨細，事事被動，則必不能成良工也。

故從大處著想，能自動者，曰自動的人才。從小處著想，能自動者，曰機械的人才。若處處被動，即所謂劣工者是矣。故講職業教育而不言自動，其結果也，養成劣工而已。

從大處著想，養成自動的人才，高等專門教育事也。從小處著想，養成自動者，職業教育事也。一則養成工業社會之領袖，一則養成工業社會之良工，兩者備則社會之實業興。

（原載於《教育與職業》第八期，一九一八年八月）

歷史教授革新之研究

吾國人觀察歷史之眼光，周秦之際，別為兩派：主張識往古而知今日者，儒家是也；主張知今日而後能識往古者，法家是也。儒家以前者之精神而觀察歷史，其過也，泥古而不化；三千年來，以三代理想之政治，為治國化俗之標準。法家以後者之精神而觀察歷史，其甚也，成秦代制度學術之革命，漢興而一反秦政。自漢至今，中國之歷史，不能脫儒家重古輕今之觀念。故今所謂中國歷史者，俱以往之陳跡，昔日之糟粕耳。愈識往古，則愈昧於今日。此清代顧亭林之所以有《天下郡國利病書》之作與？

以上所言，為吾國歷史之歷史。其泥古餘焰，猶滔滔於吾國今日之學校。著作家本此惡習，集往日之糟粕而美其名曰新歷史，教員本此惡習，聚臭腐之糟粕以釀新酒。學於受之者，無異飲酖毒而甘美酒也。

欲救斯弊，當棄往日之惡習而革新之。革新之道為何？曰：利用西洋近年來教授歷史之經驗，體察吾國社會生活之需要，活用吾國歷史之資料，著作家本此以編新歷史，教員本此以為教授方法。

此作者之欲與實際教育者商榷者也。

㈠教授歷史，當以學生之生活需要為主體也：夫教育云者，其宗旨非使兒童受之，以豐富其生活乎？養成其天生之個性，使為活潑靈敏之人，富有改良環境，認識社會種種徵兆之原理，具解決社會種種問題之能力乎？教授歷史，亦當以此為原則，使兒童受之，得供給其生活之需要。學校中之所以設歷史科者，其用意正在是耳。

㈡教授歷史，當以平民之生活為中心點也：自英之格林[1]、美之麥買斯德[2]注重平民生活，為教授歷史之原理以來，歷史教授之根基為之一變。其所著之書，詳於言平民之德性，而以王侯將相之粗暴行為為比較。世界之需要，不在王侯將相之特別權利，而在平民之日常生活。王侯將相之於歷史有價值與否，以若輩之協助或阻礙平民之進步為論點（見 McMurry: *Special Method in History*, N. Y, 1910, Chapter I）。吾國自鼎革以來，崇拜王侯將相草莽英雄之習慣，尚不知不覺陰伏於國民意像之中，野心家方將利用之以圖個人私利。若教授歷史，沿襲昔日崇拜漢高、明太之成法，而不以平民之利害為論點，則他日國家或不幸而生禍亂，不將歸罪於歷史家乎？

教授平民之生活，當注意下列諸點：如人民居宅之布置，公共衛生之保護；又如風俗、職史、

1 John Richard Green (1837–1883)，英國歷史學家，主要研究領域為英國平民歷史。

2 今譯為約翰・巴赫・麥克馬斯特 (John Bach McMaster, 1852–1932)，美國歷史學家，研究美國社會史和平民史。

農林、家制、宗教、娛樂、法庭、學校、監獄、聚會；他如戰爭之結果，瘟疫之傳染，及民族之特性等，均須三致意焉。

㈢表揚偉人，政治家與科學家、發明家當並重也：表揚政治家者，所以激勵兒童之志氣。如吾國之蕭何、霍光、房[3]、杜[4]、司馬光諸賢，英之格蘭斯頓[5]，德之俾士麥，意之加里波的，美之華盛頓，林肯諸賢，其行為功業，皆足以激發兒童之志氣。至科學家之功業，其在當世，雖不若政治家之勳赫，而其久遠實過之。如元妃之教民養蠶，周公之作指南針，蔡倫之造紙，其有功於吾民者深且遠。他如瓦特之造汽機，弗蘭克林之發明電源，笛卡爾之發明微積，巴斯德之發明微菌，於人類生活有莫大之關係。今日吾輩得衣錦帛者，元妃之賜也。行遠得知方向者，周公之賜也。用紙以傳達文明者，蔡倫之賜也。渡大洋，絕大陸，舉萬鈞，一日得行數旬之程，一人得成千人之功者，瓦特之賜也。片刻之間，千里得傳訊，弗蘭克林之所賜也。以數目符號而推測高深之物質科學，更以之而成有用之工程者，笛卡爾之所賜也。防制微菌之蔓延，消除傳染病之流行者，巴斯德之所賜也。世界文明之進步，人類幸福之加增，科學家之所賜予，較政治家為尤多。若欲引起兒童求真理，習勤勞之心，以科學家事功為資料，其效為尤大焉。

3 房玄齡（五七九—六四八年），唐朝宰相。
4 杜如晦（五八五—六三〇年），唐朝宰相。
5 William Ewart Gladstone (1809–1898)，曾連任四屆英國首相。

㈣歷史之範圍宜擴張也：吾國舊日之歷史，以消極言之，則一姓之家譜也；以積極言之，則其範圍實不越乎政治道德。政治道德，不過歷史之一部分而已。若以此範圍歷史上種種之變遷，則推因不遠，探源不深，其所測人事變遷之原因與結果，不能合乎事實之當然。例如歷代國家人民之盛衰，歷史家往往以仁政兩字為盛之源，以暴政為衰之因，於人民戶口之增加、生產力之大小、氣候地理之變遷、道路之興廢、交通之滯利、森林之頹茂，為國家人民盛衰之大原因者，吾國歷史家多不經意。複雜之原因，以簡單之仁暴兩字概括之，其有不掛一而漏萬者乎？為今之計，則當取舊日之範圍推廣而擴充之。今請與諸君言美國教授歷史之範圍。「他山之石，可以攻玉」，幸留意焉。

㈤美國教授歷史之範圍：美國歷史教授之宗旨，不外前所言之㈠㈡㈢諸條。今請以所教授之範圍而列舉之，雖不免貽掛漏之誚，惟示知大體，聊明其趨勢耳。美國近年來之歷史教授，置重民力之伸縮，工業之精長，學校政府之改良，稅餉之方法，社會各機關及觀念之發達，宗教之自由，教會與國家之分離，郵政之進步，商業旅行之方法，與夫政治社會之發達與現時國民生活有密切之關係者；並使學生知現在社會之成績，為先世累積之觀念、思想及能力而來；國民之生長、發達、變遷，均有原因在焉；社會及各種機關之沿革及存在，均有國民之思想及需要存焉。

㈥教授歷史之問題：以上列為範圍及宗旨，撮其要點而發為問題曰：何以使兒童適於負擔先世之功業乎？何以使兒童適於利用人類之經驗乎？何以使兒童之思想、感情、意象三者之中，得存有顯明靈活的一幅圖畫，如先世所經過之危險競爭災禍勝利，兒童受之，得若身歷其境乎？例如汽車之進步、飛機之成功、學校之沿革、大學之存在、製造廠之發達，均由先世之營造而來，當知其所以有今日之地位者，當時曾經多少危險競爭災禍，而後始有今日之成績也。總之教授歷史者，所以使兒童明瞭現在所處之政治及社會之景況也。假使吾國學生得知自古至今東西之觀念及社會各種機關之沿革，則彼等即有能力解釋中國所以至今日之地步矣。

㈦教授歷史之方法：歷史之範圍甚廣，若一一而教授之，非惟無益於兒童，且將重其無為之擔負，失歷史教授之本旨。故以方法而言，首當注意選擇。不見夫善畫者乎？景中百物，非可一一描寫之，惟選其合乎畫家之想像者而繪之而已。蓋未繪之先，必有一定之宗旨，然後依此宗旨而擇原料。隨意亂塗，必不足以成名畫也。教授歷史亦然，必先察乎所以教授之宗旨，然後依此而擇史料。本篇前者所論述，分為六條，要之，盡關於此宗旨而已。今請依上列之宗旨，而言選擇史材之方法。

教授歷史者，所以使兒童得先世之經驗，而應其生活之需要也。以今日兒童所處之社會與國家，而察其需要，假定分配吾國歷史之時期如下：

㈠文明發源時期（自太古至周初）：

山川土地之形勢（須用地圖指明吾國文明發源之區域）

人種之由來

氣候（黃河流域之氣候）

物產（當時人民持何種物產為生活）

人民之生活：

居宅家具飲食

社會之組織

村落

家畜

衣服

器械

兵器與戰爭

宗教

婚喪

政治之組織

領袖人物

異族

(二)政治學術發達時期（自周初至秦）：

疆土之開拓

南北氣候之不同

田制

物產

人民之生活：

居宅家具飲食

社會之組織

鄉黨鄰里城邑

家畜

衣服

器械

職業

宗教

婚喪

政治之組織

領袖人物（政治家、兵事家、製造家）

教育

城郭道路

製造及發明
學術
異族
戰爭及兵器

㈢帝政時代（自秦至清）：
歷代疆土變遷（於民族消長有關係者）
歷代賦稅方法及如何關係人民之生活
大戰爭（於民族消長有關係者）與戰械
外患
城郭道路田野礦產魚鹽
歷代之聖君賢相
政治之組織
教育
學術及學問家
歷代人民生活之變遷
起居飲食

水災旱災荒年瘟疫盜賊

製造及發明

(四)歐化時代（自明至今）：

（此期插入世界史）

歐化東漸大事

通商口岸之開闢

西洋學術之輸入及其人物

宗教之輸入

物質文明之輸入（汽機、鐵道、輪船、電燈、電報、電話……及發明者）

政治組織（立法、行政、司法、中央、地方）

教育

道路警政公共衛生

賦稅幣制

銀行製造廠

森林礦產鹽政

進出口貨

西洋居宅
通商口岸之生活
內地之生活
婚喪

附世界史教略
希臘（注重美術思想及人民之活動）
羅馬（注重建築道路及法律）
中古（注重文明滯阻之理由）
近世：
英（自治制商業海軍）
德（陸軍製造科學）
法（科學美術）
俄（未闢之富源）
美（實業平民政治）

政體
領袖人物（政治實業發明製造諸家）
人民居宅及飲食
交通
實業
商業
學校

問題：

諸國何以為世界領袖乎？

現仍蒸蒸日上乎？

其原因安在？

日本：

維新以來大事

道路

交通

實業商業

人民生活

以上所述，不過略示教授歷史之趨向，非敢作完備之列舉也。其中頭緒雖繁，惟貫徹之主義，不過數條而已，即：㈠地勢，㈡人民之生活，㈢領袖人物，㈣各時代及各國之特別注意是也。提綱挈領，組成系統，皆有用意存乎其間，已於前半章詳言之矣。

選擇歷史之材料，以授兒童，非易事也。第一，當留意兒童之能力，擇其與兒童現在之生活有關係者教授之。如兒童已習知居宅、衣食、祭祀之事，則以古今中外之居宅、衣食、祭祀等事教授之。又如兒童已習知道路、火車，則授之以道路、火車，並示其重要之功用。又如兒童仰慕領袖之天性，則授之以歷史上政治、發明、學術諸偉人，以激發其志氣。以已知推及未知，加增其經驗，豐富其想像力，養成其思考力，使兒童知一切環境人事，皆有意義，則歷史之效見矣。

教授歷史，取一二大時代大人物而詳論之，優於取諸時代諸人物而泛論之。蓋詳論一重要時代，一重要人物，則兒童習之，腦中現一種顯明靈活之圖畫，如身歷其境者。若泛論諸時代諸人物，則一架枯骨而已。且歷史之價值，在重要時代，重要人物；其餘不關輕重者，年雖久，事雖繁，人雖多，不過糟粕耳。

知識有比較的價值。如拍照者之攝影，擇其林木山川之秀麗者而取之，其餘不足輕重之景，概擯於照相鏡之外。蘇東坡致王郎書云：「讀書如人百寶山，擇其寶貴者而歸」，即此意也。蓋兒童之腦力有限，時光有限，歷史雖長，取其最有用者而已。

或曰：子以西史編入中史內，其意何居？且西史為他種族之經驗，與吾國兒童之經驗甚遠，今強而習之，不其傎乎？余曰：否。吾國近年來種種現象，為東西洋文明混合所釀成。試觀近年來所謂國會、鐵道、學校、市政、建築、音樂等，何一不受西洋之影響而發生者乎？若但講中國史，必不能明現時吾國重要問題之意義。教育部〈高等小學令施行細則〉（五年一月公布同年十月修正）云：「本國歷史宜略授黃帝開國之功績，歷代偉人之言行，亞東文化之淵源，民國之建設，與近百年來中外之關係。」所謂略授「近百年來中外之關係」者，若不授西史之重要時代及人物，與乎人民生活，歐美各國特點，其能明之乎？且夫文化者，其產地雖不同，究其極，則皆人類之文化耳。若曰恐兒童之經驗太遠，則周秦間之歷史，如不善教授，其弊同也。苟以兒童之經驗為歸則，人民生活為主題，雖他星球之歷史可教也，況吾國日被影響之西洋史乎？

教授歷史，不可不使兒童存解決問題之態度。人生世上，無論兒童與成人，均有種種問題以待解決。歷史之用意，在取先世之經驗，解決現在之問題。非然者，則歷史與生活離，失其本意矣。

總之，高等小學之所以設歷史科者，在使兒童離校後，略識東西諸大國發達之原因，與夫近時之地位。解決重大問題，雖非所望於兒童，而略識環境人物之意義，凡為國民者，當共具焉。

（原載於《教育雜誌》第十卷第一期，一九一八年三月）

第三輯

談文化

提要

蔣夢麟在文化論上的特色是溫厚、平和、包容，在他所處的時代中，是極少見的異類。他的包容態度相當程度上來自主持北大的經驗，受到了蔡元培的影響。新學、舊學在學校中並列，科學、人文在學校中同等重視，進而西洋文化與中國文化也都在應該教授傳遞的知識範圍內。包容態度的另一個來源，是他年輕時曾長期居留在美國。待了夠長的時間，足可以讓自己不只是習慣那裡的生活，進而了解異域生活的規則與道理，更重要的是結結實實感受自己融入不同文化的過程。文化是可以互相感染變化的，只要有充分時間。

所以在中西文化論戰、科學玄學論戰正盛時，中國知識人個個焦躁火爆，急於在文化上選邊站，並總以極端態度表出之際，蔣夢麟卻能心平氣和地說：「……中國今日的文化，來源複雜。早來者居主位，遲來者居客位。正和念佛經而罵耶教，吃番薯而罵洋糖，留辮髮而罵洋服，習敦煌壁畫而輕視洋畫，習宋儒理學而輕視西洋哲學一樣。但是歷史告訴我們，客人來了相當時期，會成為主人的。初來的時候，一定有人懷疑反對。如有犬自鄰村來，村中的群犬，就會向牠狂吠。中國歷史如此，西洋歷史也是如此。反對者只管反對，客人還是要來的。只要環境適合，還是會成為主人的。」

蔣夢麟尊重西方文化，深信中國人排斥、反抗西方文化只是一時的現象；從相反角度看，他也不曾追隨時潮痛詆中國文化，而顯示出願意耐心理解中國傳統，並以淺白文字、觀念萃取其中重要成分，向現代讀者傳遞。

這種通俗化的解說，並不像表面看來那麼容易。本輯中並列的幾篇文章，應足以讓讀者看出，蔣夢麟對於佛教、理學與基督教，都有相當深刻的認識，但他卻能在文章中抗拒「深刻的誘惑」，以極為通暢明朗的風格，將思想與信仰間的流變關係明白論列，提供了極佳的入門知識，以及平實的文化論基底。

知識階級的責任問題

我們未討論知識階級的責任問題以前，先須問誰是知識階級中的人。現在所謂知識階級，大都指投身教育事業者而言。其次為出版界的著作者和編輯者，再其次為其他操必以高等學術為基礎的職業者。再其次為散於各界中之對於學術有興味者。教育界及著作界以知識為終身職業，故為知識階級之本位，餘者只可謂與知識階級接近者，因其職業本不為單純之知識。若以全國之人口區域兩者而論，此種人在中國實居少數。以少數之少數，欲負何等重大之責任，而能勝任愉快者，實為不易之事。

更進一步，知識界是否能成一階級，在今日中國亦屬一疑問。因既成一階級必須具有兩個條件：第一，在社會上必占有一種相當的勢力；第二，本身必有一種團結和組織。現在中國的知識界，不能謂在社會上無相當的勢力，亦不能謂無一種比較的薄弱的團結。但組織兩字，實在還談不到。現在所有的組織，或者為太近於形式的，定期開幾次會，通過不關痛癢的或膚淺可笑的幾個議案，打幾個鋪張門面的通電。即使有幾個有價值的議案，事後大家也都忘了的。或者為特別事故，臨時結合的團體，風潮一過，就無人過問。

照此看來，我國所謂知識階級，人數既少，又加散漫無組織，哪裡配當得起這個名稱。所以在社會上，雖占有一部分的勢力，其薄弱也可想而知了。不過其中還有幾個個人，比較的思想尚清楚，事實尚能研究的。這幾個個人有時發言，尚能喚起一般人們的注意。所以外面的人看著，似乎有一個知識階級存在於中國，實際上亦不過是一個「紙糊老虎」罷了。只要「有槍階級」的槍刺一戳，就成一個窟窿，從窟窿窺視，裡面是一個空架子。不過有幾個人，尚能在「紙虎」以外單獨的奮鬥，這「紙虎」也僅僅因為靠著他們的奮鬥，還在那邊雄赳赳的蹲著！

「紙虎」終有一天要戳破的，奮鬥的同志們呀！你們也何苦要這個「紙糊老虎」。現在所謂什麼會，什麼團體的本身，是要不得的了。其中的個人，快快釋放出來，單刀直入的奮鬥。匹夫之勇，究比睡覺的大隊人馬好些。

外邊的人們，要認這幾個個人，為知識階級的代表也好，只認他們是個人也好。只要是精神上的聯絡，暫時無形質上的組織，也不妨事。與其為奄奄無生氣的組織，不如和活潑潑的個人聯絡。

我們把所謂知識階級的現在的地位和狀況解釋明白後，我們可以談外界的人們對於知識界的希望了。外界的人們所最關心的，就是切身苦痛。大多數的人們，大凡利害不切身，是不顧問他的。這也是人類共同的弱點。一旦痛苦切身，有能力的，就直接求解免的方法，間接求他方之同情和助力。能力薄弱的，自己無求直接解免的能力，就間接的希望他人代為解免。亂世愚民希望「真命天子」出現，鄉民遇水旱之災，希望老佛爺發慈悲心，都是從這個心理中出來的。就是我們希望軍閥自己覺悟的人，也是同一心理。然而要希望軍閥自己覺悟，直是希望老虎不吃人了。

「真命天子」是不會出來的，北京城裡有了一個「假命天子」，前幾日還被人攆跑了（指溥儀被逐出宮）！老佛爺坐在蓮花上，在極樂世界裡閉了眼打座，早忘卻了我們小百姓。老虎不吃人，是生物學上所不許的。

自己無直接解免痛苦能力的人們，他們的希望不會臨到知識界的頭上來的。知識界現在所負的責任，在盡力符間接求同情和助力的人們的希望。知識界也可以間接求他們的同情和助力。不必抽象的唱救國拯民的高調了。抽象的國和民，是無從著手拯他們的。

我們把知識界的責任，已假定了一個範圍。不能自助者，除灌輸常識給他們為自助之資料外，不必助他，也無從助他。反言之，知識界不能自助，也不必求人助。知識界的責任，在與有相當能力者之互助。

在這互助範圍以內，我們希望他界輔助知識界的，不在本文範圍以內，姑置弗論。我們先推測他界希望知識界的是什麼。要推測這個問題，先要認定他們所感的切膚之痛是什麼。簡而言之，就是政治上的搗亂，影響於經濟和治安。表面上似為軍閥問題，基礎上究竟是政治問題。這不但是他界所受的苦痛，也是知識界所受同樣的苦痛。

對於政治問題，他界視之過於近，知識界視之過於遠。他界看政治上的搗亂，以為趕掉幾個貪官汙吏、強暴軍人，求幾位賢父母來做省長督軍，就好了。稍遠的以為把制度改訂，如廢止議會、設立委員制等類，政治就可改良。這種辦法，我們不能不承認是有益的。但不過是頭痛醫頭，腳痛醫腳的辦法，根本的病症還潛伏在裡面。知識界看政治上的搗亂，以為根本在社會不良的緣故，社會一日不改良，政治的清明一日無希望。要改良政治，先要改良社會。更進一步的說，社會不良，根本的原因，在科學、學術、思想的不發達。要改良社會，先要提倡科學、學術、思想等等。

他界希望知識界的，是什麼幫助他們來解決現在的政治問題，減少他們的切膚之痛。知識界答他們的，是先改良社會，或發展學術、科學、思想等等。這不但是他界看了，有些迂遠，知識界自身有時也覺得有討論的必要。因為政治不良，於改良社會，發展學術、科學、思想等等，有許多的阻力，有時簡直是行不通。知識界這幾年來，自己所受的苦痛，所得的經驗，足以證明這話是不錯的，不必我們去詳說了。

知識界看政治問題、社會問題、學術問題，彼此循環不息，好像走進一個萬惡的圈子裡，轉來轉去轉不出來。這個問題，好像古代的一個老問題：雞生蛋的呢，還是蛋生雞的呢？這個問題，以純粹論理學去辯論，是達不到斷語的。我們只好說，雞是蛋所生的，蛋亦是雞所生的。有了好雞，自然能生好蛋；有了好蛋，自然能生好雞。善養雞的，擇好雞來生好蛋，擇好蛋來生好雞，兩面都要做的。社會能影響政治，政治也能影響社會；社會能影響學術，學術也能影響社會。無論哪一方面做起，都是有效的。

但知識界往往藉口社會和學術的重要，來躲避實際政治的麻煩問題，這是不對的。許多人看見實際問題解決的困難，知道唱幾句社會和學術的高調，最容易繳卷，就把學術和社會的研究，作為避世的桃源。或者鑽進學術和社會的研究裡面，忘了應世的目的。前者之結果，必養成萬惡的政治；後者之結果，產生一班不切世務的迂儒。照此看來，研究實際政治的責任，知識界是不能逃避的。若我們承認知識界應負研究實際政治問題的責任，更進一步說，知識界對於政治，以發表言論，必引起政治界的干涉而起衝突，因衝突而引起實際參與的興味。故最後是避不了參與的，不過我們須認定參與要有界限罷了。

我們以為知識界參與實際政治問題，要有兩個條件：㈠維持現狀的實際政治，是不必參與的。因為維持現狀的政治人物，國中很多，不必知識界來供給。㈡改革或革命的實際政治，才有參與的價值。然亦須以不妨害研究學術和較遠的問題為界限。不然，知識界失去自己的本職，還有參與政治的資格麼？譬如「五四運動」一役，我們不能不承認有相當的效用，但結果還是一個失敗。其流毒於全國學校，其害與驅逐幾個惡人和阻止《巴黎和約》簽字之利相比較，我們實難定其哪個是輕哪個是重。外交上的利益，我們所承認的。政治的惡劣如故，我們也看見的。學校成績的退步，青年的墮落，我們不能不承認自大學至中學，全國滔滔皆是了！這樣下去，不但現今的政治無法改良，將來的政治仍是沒有希望。懸崖勒馬，能發能收，這是知識界的本職。

知識界要討論或參與實際政治，決不可忘了自身的本職，發展學術、科學、思想等等。於本身上站不住腳，哪裡配談改良政治。也不可利用自身的本職，作避世的桃源，或忘了那學術、科學、思想等等和世務不可隔離的。亞里士多德說：「人們是政治動物」。

造成將來光明燦爛的世界，是知識界應負的責任——重而且大的。但不可仰望了頭上的蜃樓海市，玉宇仙宮，不顧腳下荊棘，道旁地獄。

（原載《北京晨報六周年增刊》，一九二四年十一月）

談學問

吾國為最重學問的國家。自孔子以學不厭，誨人不倦的精神，有教無類（不分階級），講學民間，使學問為後世平民所尊重。漢代行選舉制，選拔民間的博學之士人佐政府，開學者治國之風氣。自唐宋以迄清末，以科舉取士，其用意在使從政者都是學人，因此學問遂成濟世之本。而以考試取材，且可杜絕倖進之門。雖行之後世，流弊日深，但此非制度之不善，其原因別有所在。其後科舉與書院並行，使民間講學成制度化。書院創始於北宋，即歷史上所稱的四大書院。後世相沿成風，書院之設遍全國。如孤懸海外之臺灣，在清代亦有海東書院等之設立。雖時至晚清，國中學人，如章太炎、康長素、蔡孑民、梁任公諸子，莫不曾在書院中講學。維新之初，浙之求是書院，蘇之南菁書院皆有著名之士，講學其間。實開兩省新學之風。其他各地之新風氣，亦多由當地之書院倡導。

我國人之重學問，二千餘年來，已相沿成風。學與不學，或有學問與無學問，為做人處事之標準。

儒家之學，為修身齊家治國平天下之學。其持己嚴，待人寬。其識見遠大，不圖近利。以「正德、利用、厚生」為政治之極則。這目的雖不易達到，但終要望著那方向走。正德是對自己的修養功夫，即修身；利用是用人力物力求有利於國計民生；厚生是利用的結果。

我們通常稱學問，大都不察其意義，人云亦云罷了。只要仔細一想，可以知道我們所稱學問兩字，實為學問思辨四字的簡稱。而此四字，又為學問思辨行五字的簡稱。而此五字，又為博學、審問、慎思、明辨、篤行（《中庸》第二十章）整個思想系統與行為的簡稱。故學問實包括學思行三要素。

孔子之學，一由於「祖述堯舜，憲章文武」。這是歷史的。孔子說：「夏禮吾能言之，杞不足徵也。殷禮吾能言之，宋不足徵也。文獻不足故也。足則吾能徵之矣。」又說：「周監於二代（夏商），郁郁乎文哉。吾從周。」（《論語・八佾》）一由於「上律天時，下襲水土」（《中庸》三十章）是天道的。孔子說：「四時行焉，百物生焉，天何言哉。」（《論語・陽貨》）又說：「天生德於予，桓笈其如予何。」但歷史的經歷也本於天道，所以孔子說：「唯天為大，唯堯則之。」（《論語・泰伯》）

一切學問皆從法天道而立人道。故我們一切學問，溯其源，都由法天道而來。用近世語講，即由宇宙觀而立人生觀。宇宙觀是人對宇宙的看法。如四時循環，日月輪替，故信天理循環。以此合於歷史的一治一亂的循環，故信世運循環（即歷史循環）。戰國時有一學派，講五德相終始，即承認金、木、水、火、土五行循環生剋之宇宙觀，應用於政治而成五德。五行循環生剋，所以五德亦循環生剋。至於漢代，其說甚盛。王莽信此，以漢之火德將盡，當以新莽之土德代之。此乃根據五行相生之「火生土」。

世運循環或歷史循環之說，至清末進化論輸入，逐漸打破。世運循環遂改易為世運螺旋。因進化論改變了宇宙觀，故人生觀亦隨之改變。五行觀念為自然科學之輸入而打破，五德觀念亦告消滅。惟根據五行之算命，仍在民間流行，不過勢力已不如從前之大了。

我們常覺得有些臺灣同胞的名字很奇怪，如火旺、火爐，均因五行缺火。打銅，因五行缺金。厚土，因五行缺土。此一習慣，本由大陸傳來，不過在大陸上，用字較文一點。前清臺灣巡撫劉銘傳的銘字，或許因為五行缺金罷。因為用字較文，所以我們不覺其怪。

思想進步，我們對於宇宙的看法也會改變。宇宙觀改變，就會影響人生觀。

西洋自文藝復興以來，彼土人士，對宇宙的看法，屢次變易，其人生觀亦一變再變。各種不同的人生觀輸入中國而影響我們的人生觀。我們取其人生觀而不察其背後的宇宙觀，取其流而不知其源。故終覺格格不能相入。此問題容後再談。

從漢代起，中國的學問，常稱天人（天道與人倫）之學。其上者根據先秦諸學說，法天道以立人道，立中國學術之基礎。其下者流入卜易星相災異符瑞等說，使人墮入迷信命運的迷霧中。

到了宋代，本此天人之學而倡理學。一面把講天命與性理的《中庸》和講明德與人倫的《大學》從《禮記》裡抽出來，合《論語》、《孟子》而成「四書」，一面與佛教染中國色彩最濃的禪宗合流，綜合以格物致知、明心見性及頓悟諸教條為求學之圭臬。朱子之補《大學》格物致知釋義，足以代表宋儒之見解。他說：

……間嘗竊取程子之意以補之。曰所謂致知在格物者，言欲致吾之知，在即物而窮其理也。蓋人心之靈，莫不有知，而天下之物，莫不有理，惟于理有未窮，故其知有不盡也。……至於用力之久，而一旦豁然貫通焉，（頓悟）則眾物之表裡精粗無不到，而吾心之全體大用無不明矣。（明心見性）

從此又可見，程朱之學已與禪合流。元明之程朱學派常罵陸王為禪，而陸王派罵程朱派為玩物喪志。朱子在福建同安辦積穀，講方田，行鄉約，而同時設書院，注「四書」，解「五經」。王陽明在江西剿宸濠，在貴州龍場辟草萊，化蠻夷，同時頓悟良知之學。兩人各以時地之不同而立其學業與事功。黃梨洲在《明儒學案》裡說，兩派同本於「尊德性而道問學」（《中庸》二十七章），不過各有偏重而已。這話是公道的。

總之，我國的學問，本為經世之學，知與行是不能分離的。王陽明說：「知是行之始，行是知之成。」德與政也不能分離的。孔子說：「為政以德，譬如北辰，居其所而眾星拱之。」（《論語·為政》）學問與事功也不能分離，蓋正德所以利用，利用所以厚生。

文化多元論

作者濫竽黌舍垂三十年。雖大半時間用於行政，但「家近通衢，不問而多知」。朝夕與國內外學者共處，只要聽他們的議論講演，讀他們的著作，耳濡目染，自然得到許多學問的要點。這許多學問的要點，並存於篇海裡，使我看見文化發展的普遍性，久而久之，使我覺得文化是多元融成的。我的腦海裡，不覺得有單元的文化。主張東西文化比較的人們，其基本觀念，在不知不覺中承認了文化是單元的，所以才有這一個文化與那一個文化的比較。

我濫竽的學校，是一個兼容並包的學府。各種學問，聽其自然競爭。除一二人外，我記不起有什麼人說中西文化比較的。我們只談某種學問有派別的不同，很少人囫圇吞棗的談中西文化整個的異同。

張之洞「中學為體，西學為用」的主張，我們只認他是歷史過程中某階段的一個現象。在當時的環境裡，想解決當時發生的思想問題。

中國史前文化，經發掘後確實有證的，是舊石器與新石器時代。這是和全世界文化發展過程相同的。其後有黑陶與彩陶之分，再後黑陶文化與彩陶文化混合。可以說就是中國文化多元的開始。

商為銅器時代，周朝則入鐵器時代。據新疆突厥種人某學者對我說，鐵的一個名詞，在突厥語為鐵木爾（元代鐵木爾可汗之名，其本義即是鐵）。中國譯名往往取第一音，故簡稱為鐵。鐵入中國後，即以第一音名之。

這解釋是很近理的。中國入鐵器時代，其鐵自何處來，史無記載，很可能是由西方來的。《孟子》裡說：「深耕易耨」，深耕是農業進步的開始，是靠鐵器的。農業進步，文化就進一步的發展。

我相信太古中國，是由遊農時代直接發展到定居的農業時代的，沒有經過遊牧。卡斯賓海附近的發掘，證明遊農先於遊牧。中國民族不飲牛奶，可以為中國文化的進程，不經過遊牧時代的一個證據。中國西南與北方都是遊牧民族，但中國民族之生活方式並沒受其影響，因為農業生產的生活方式與遊牧生產和生活方式不同。

但遊牧民族的貢獻，在我們生活方式中可以湊合的，我們還是要的。中國人的褲子，是戰國趙武靈王時從北方的突厥民族學來的。

「苜蓿隨天馬，葡萄逐漢臣」，這說明了苜蓿、葡萄都是從西域來的。唐朝宮廷裡有十種音樂，好幾種是從西域輸入的。

大凡漢代從外國輸入的東西，往往加上一個胡字；唐代則往往加上一個番字。廣東的語音近唐，故保存的名詞特多，廣東人在美國的都自稱唐人，聚居的地方叫唐人街，稱美國人為老番。番薯是在明代由廣東從南洋輸入的，所以稱番薯。近代除廣東一帶的對外國稱洋，如洋人、洋貨。近年來輸入的色白味淡的薯，叫做洋番薯。因為番薯已變成甘薯的別名，已忘其為番了。實則顧名思義，洋番薯者，外國外國薯也。

同樣的，我們如要解釋「凡亞令」[1]，只好說外國胡琴，乃是外國外國琴了。

有一天，我在重慶和幾個朋友談天，忽然聽見外面有人拉胡琴、唱京調。我的朋友說：「中國音樂是很好的，為什麼要學外國音樂呢？」我說：「中國音樂早關在孔廟裡了。胡琴者，外國琴之謂也。」朋友說：「外國音樂在中國久了，就成為中國音樂。」我說：「是了，洋樂在中國久了，就會變國樂，我們何必反對呢！」

我雖然不相信美國月亮比中國的好，但我也看不出美國月亮比中國的壞。

以上說的一番話，可以辯駁說：「那都是物質的。中西文化不同的地方，是在精神而不在物質。」

好了，音樂是物質的嗎？雲岡石刻，敦煌壁畫，不是精神從物質表現的嗎？那些番邦精神，我們祖宗在一千幾百年前已經接受了。

物質與精神，本不能分離。月亮是物質的，但入了詩句，就是精神的了。如「月落烏啼霜滿天」，如「舉頭望明月，低頭思故鄉」，如「故國不堪回首月明中」，如「月移花影上欄干」。工業革

1 violin，小提琴。

命是物質的，但後面的推動力還是靠精神。而工業革命的影響精神，比宗教和文學還利害。現在討論東西文化，糾纏不清，都是由於西洋工業革命以後，生產工具和制度發生絕大的變化所釀成的。

佛教是精神文明，來自天竺，盛行於唐代。當時也有學者如韓愈之流，痛罵佛家，其語氣和孟子罵楊墨兩家無父無君一樣。佛教因是番教，所以當罵，難道楊墨兩家也是番教嗎？但是憑你怎樣罵，佛教還是在流行。罵與不罵，實不在乎番不番。蜀犬吠日，其見少也。到了宋代，儒家受佛學影響，而盛倡理學。當時口雖罵佛，而心實拜佛，於是佛學與儒學混合。佛教之變為中國教，正如胡琴之變為中國樂器一樣。

我有一位朋友博覽佛書，口念阿彌陀佛。到印度去作親善使者。那知到了印度以後，除寥寥幾個蕭寺外找不到佛教。今印度地方無佛教，和今猶太地方無耶教一樣。耶教變了歐洲教，佛教變了中國及其他幾個亞洲國家的教了。

辜鴻銘在北平教書的時候，有一天對我大罵胡適之，罵他是洋迷。一個穿西裝的朋友坐在旁邊，辜先生就指他說：「你這位先生是中國人，為什麼穿外國衣服？」這位朋友起立了，指辜先生的髮辮說：「先生，您中國人，為什麼養滿洲辮子？」辜先生答：「呸，你的祖宗蓄辮三百年，你還說是外國東西。」

以上的舉例，足以說明無論物質文明與精神文明，原來雖是洋貨，但在中國久了，就會成為國貨。番薯和番教，日久以後，便不知其為番了。

當然也有略識西洋文化而不諳中國歷史的人，罵中國文化不值一太錢。此猶如外族武力侵入中國時，也有「漢兒學作胡兒語，爭向城頭罵漢人」的。

總之，中國今日的文化，來源複雜。早來者居主位，遲來者居客位。正和念佛經而罵耶教，吃番薯而罵洋糖，留辮髮而罵洋服，習敦煌壁畫而輕視洋畫，習宋儒理學而輕視西洋哲學一樣。

但是歷史告訴我們，客人來了相當時期，會成為主人的。初來的時候，一定有人懷疑反對。如有犬自鄰村來，村中的群犬，就會向牠狂吠。中國歷史如此，西洋歷史也是如此。反對者只管反對，客人還是要來的。只要環境適合，還是會成主人的。羅馬人屠殺耶教徒，把他們餵獅子吃。但現在全世界公教的教皇，卻坐在羅馬教宮裡的寶座上，君臨全世界幾萬萬的天主教徒。

歷史是一貫的，舊時綜合的文化吸收新來的文化就會進一步的發展。能被吸收的，經過相當時期，就會成為固有的，不能吸收的就會被棄置或排除。若用武力或警察國家的方式想消滅現存的文化，如秦始皇的焚書坑儒，以吏為師。則最後必為全體民眾所棄置或排除。彼時武力就會垮臺，警察國家，就會倒塌。

（原載於《衡生報》，一九五二年六月十五日）

中國文化所孕育出來的不朽論

一個自尊的人到相當的時候，總想求一個不朽。老太太念阿彌陀佛，想來世生極樂國。基督教徒做禱告，想靈魂得救上天堂。秦始皇送童男女到蓬萊，求不死藥，想長生不老。漢武帝好神仙，想求不死。道家煉丹，想發明一種不死藥。

齊景公登高山，望國之四境，對晏子說：可惜自古以來，人皆免不了死。晏子回答說：善哉古之有死也。若古之無死，則太公將永遠掌齊國的國政，君哪得有今日呢。晏子又說：善哉古之有死也，君子息焉，小人休焉。求仙既不成，不死藥吃了，有時還要速死，靈魂又渺茫而無蹤，於是只好求「死而不朽」。此即古之三不朽：立德、立功、立言。

總括起來，我們可有三類不朽的願望：一、靈魂的不朽——宗教的。二、肉體的不朽——道家和仙家的。三、功業的不朽——立德、立功、立言。靈魂不朽的信仰是舶來品，肉體不朽的妄想和功業不朽的信仰是國貨。

俗語說：種了竹子想長上天，做了皇帝想成仙。竹子長不上天，皇帝也成不了仙。這是通俗對妄想長生不老的諷刺語。這又可以說，一般老百姓不相信肉體是可以不朽的。

對於宗教的靈魂不朽的信仰呢，通俗有一句話：信者有，不信者無。這就是說：你相信你的，我相信我的。彼此互尊，各不相犯。所以中國自古無宗教的戰爭，如十字軍；亦無宗教的迫害，如羅馬人把耶教徒給獅子吃，如中古世紀宗教信徒的燒死異端。

孔子說：「未知生，焉知死。」又說：「得罪於天，無所禱也。」這是說明孔子只研究生的道理。他以為沒有知道生的道理，更不能知道死是什麼一回事。孔子不否認有神（神字是天之所申示的意思）。但是他很少講神，並且以為得罪了老天公，禱告也沒有用處。當然別人要禱告，孔子也不會阻止他們的，更不會用木柴堆起來，把他們燒死。中國人對於宗教的包容，在上古已打定基礎了。

中國人只問生，不問死，所以要想求「死而不朽」。想生前不朽的事業永遠留在人間，而不想死後不朽的靈魂永遠留在天堂。于謙[1]〈詠鐵詩〉說：

千錘萬鑿出青山，烈火燒來若等閒。
粉身碎骨渾不顧，留得清白在人間。

1 一三九八—一四五七年，明朝大臣。明景帝在餵食，太上皇明英宗發動「奪門之變」復辟成功，于謙在事變中遭到誤陷，被判謀逆而處死。

于謙沒有想留得靈魂在天上。

現在讓我們問一問，三不朽的來源是怎樣的呢？

春秋時有一位魯國的卿，名叫叔孫豹，於周靈王二十三年（時孔子方二歲）到了晉國。當時秉國政的范宣子問他古人有一句話，說「死而不朽」，這是什麼意思？問了以後，又誇耀了一番祖宗的歷史。叔孫豹答道：這是世代的官職，不是「不朽」的意思。他在魯所聽見的是太上立德，其次立功，其次立言，雖久不廢。這才叫做「不朽」。世代官職大的人多著呢，不能叫做「不朽」。

以上一段故事，見之於《左傳》。《左傳》這部書，近人相信是戰國時代記載春秋二百數十年間列國的歷史，是相當可靠的。

三不朽之說，聞之於魯。魯是當時中國文化的中心，孔子就是從魯國文化空氣中孕育出來的，故三不朽可說是中國傳統的信仰。

高官厚祿不是不朽，惟立德、立功、立言以為後世法，才是不朽。

宋文天祥〈正氣歌〉裡說：「於人曰浩然，沛乎塞蒼冥。」又說：「時窮節乃見，一一垂丹青。」又說：「是氣所磅礴，凜冽萬古存。當其貫日月，生死安足論。」我們在關帝廟或忠烈祠裡常見「浩氣長存」的匾額，就是這個意思。孟子說：「我善養吾浩然之氣。」後世所謂浩氣，就是從《孟子》裡來的。

這浩然之氣，萬古長存。當其磅礴塞天地的時候，一人之生死，不足論了。大難到了最後關頭，就可以看見一個人的節氣，其事蹟都記載在歷史裡，永遠傳至後代，這是不朽。

秦李冰築都江堰，使成都平原二千數百年來，為全國最豐收之區，民至今祠之，這是不朽。

東漢蔡倫造紙，使中國文化發展加速，這是不朽。

武訓是個乞丐，一生以乞來的錢，造了幾個義學，使貧苦的孩子們有書可讀。近人李宜之，以一生的精力，在陝西修築涇渭渠。他死後老百姓修了李公祠紀念他。

近世宗教家的態度與中古時代大不相同了，天主教神父之辦孤兒院、學校、醫院及各種慈善事業，其熱心服務，不討報酬的精神是令人欽佩的。

耶穌教人士之辦青年會、救世軍、學校、醫院等，以同樣精神為社會服務。從服務人群而達到靈魂的不朽。

我們在世做人一天，總要有貢獻於社會一天。事不管大小，人不分地位，只要努力為人民服務，為後世造福，都是不朽。

一個人對於社會有所貢獻，何以稱之為不朽呢？

因為人類生命的延續，好似不斷的流水，流水是由點滴所積成。人類積個人之點滴而成一個民族的文化，由幾百年或幾千年中積聚千千萬萬的個人貢獻而成。譬如現在的畫家由唐宋以來多少畫家積聚的貢獻而成，現在的書家受晉唐以來多少書家的影響而成。真如一條長流，從過去流到現在，從現在流往後世。一個人如對社會有所貢獻，他的生命就永遠在人類生命的血脈裡流動。這是死而不朽。我們現在的一舉一動、一言一語、一思一慮，哪一件沒有幾千年來先人的貢獻存在。不然，我們現在還像幾十萬年前的「北京人」一樣，不識不知的住在石洞裡過猿人生活呢！我們現在如有所貢獻，也將存在於千百年後人們的一舉一動、一言一語、一思一慮的裡面。

（原載於《新生報》，亦見《孟鄰文存》，一九五二年十一月十五日）

陽明學說之淵源及其影響

陽明學說有五個要點，我先把它們提出來說一說。一、心，二、理，三、性，四、良知，五、知行合一。

一、心、理、性、良知

現在，我們請問，他所講的心，到底是些什麼。他說：「心，即理也。天下又有心外之事，心外之理乎。」心以外無事，心以外無理。所謂事理，都包括在心裡，此心只要「無私欲之蔽，即是天理，不須外面添一分」，「以此純乎天理之心，發之於事父，便是孝；發之於事君，便是忠；發之於交友治民，便是信與仁。只在此心去人欲、存天理上用功夫便是」。

他又說，心不只是一團血肉。若是一團血肉，則剛死之人，血肉的心還在，為何不能視聽言動呢？心能知視聽言動，便是這個心的性。這個心能知是非善惡，因為它是知理的。這知理也是出於性的。性也者，乃天之所命，不能外求者也。此心、性、理，發於眼，便是視，發於耳，便是聽。這一切視聽言動，都是從心發生的，所以「心是一身的主宰」，是一切視聽言動的主宰者。

他進而又說，此心便是汝真己，這真己，即軀殼之主宰。無真己，等於無軀殼。有此心則生，無此心則死。故凡有知覺處，即有心。耳目之視聽，手足之痛癢，此知覺即是心。

他以為致知格物的格，乃孟子「大人格君心之非」的格。格者，在去其心之不正，全其本體之正。「聖人之心，如明鏡，重要的只是一個明。明則隨感而應，無物不照。」若欲此心光明，洞照萬物，只要去私欲、存天理便得。格者，乃理之動，心之運用。故心、理、性、良知，只是一件東西的各面，乃是天所生的，本來有的，無為而為的。儒家與佛家，對性之解釋並無多大差別。儒說天命之謂性，性乃天賦。佛家說「性名自有」，是自己所固有的。人心之知，本於天性，故曰良知。良知、理本之於天，為自己所固有，而不待外求，故曰性。

總括言之，心之體（本體）曰性，心之用（運用）曰理，心能循理而知曰良知。

二、知行合一本於一心

我們講到這裡，已知陽明所謂心、性、理，都是講這個心。推而言之，知與行也是講這個心。故其知行合一之說，不單從日常經驗中得來，乃是從其根本哲學上得來。知是心的運行，心的發動。

運行發動，已是行的開始。故知之始，即是行之始。從知到行，只是心的一條鞭的運用，故知與行不能分作兩段。知中包含有行，行中包含有知。知與行，為方便計，可有先後的分別。「知者行之始，行者知之成。」他進而又說：「知之真切篤實處，便是行。行之明覺精察處，便是知。知行功夫，本不可離。只為後世學者分作兩截用功，失卻了知行本體。」故發為合一之說。

要知道一件事，謂之知，要心與官覺合作才能知。也可以說，如欲知，心要能指揮官覺，或官覺能受心的指揮才可。如此，知已是行了。要做成一件事，謂之行，亦同樣的要心與官覺合作，由心指揮官覺，或官覺受心指揮才能行，如此，則行同時亦須知。

《中庸》裡說：「心不在焉，視而不見，聽而不聞，食而不知其味。」即日常經驗證明這幾句話是對的。不見不聞，知從哪裡來呢？不見不聞，行從哪裡下手呢？

依陽明先生的看法，知與行的指揮者，都是一個心。這心的運行，就是良知。這良知是知善知惡的，這良知是知行合一的，知善而行善，知惡而去惡。

三、陽明學說與孟子

我們現在看一看，他所稱的心，是根據什麼而來的。在儒家方面，他根據孟子。孟子說：「口之於味也，有同嗜焉。耳之於聲也，有同聽焉。目之於色也，有同美焉。至於心，獨無所同然乎？

心之所同然者，何也？謂理也，義也。」（《孟子‧告子》）所以孟子的心，乃人人所同然而識理義的心。孟子的知，乃官覺與心合作的結果。心與官覺合作，而知事物之理，此知，即是知識。此點與佛家之唯識論，有相似處。唯識論有八識，除最後之末那識、阿賴耶識兩者外，眼識即孟子之目之於色，耳識即耳之於聲，鼻識、舌識即口之於味，身識、意識即心之於理義。從眼耳鼻舌身意，而知色聲香味觸法，與我國之知識論相似，即心統合官覺而成知識。佛家言意識，即儒家所云之識理義。從此，我們可以知道陽明先生所講的心與知識淵源於孟子。

心能知聲香味觸，即孟子所說良能。心能知官覺的意義，即孟子所說良知。知與能都是天賦的，良知良能與生俱來。「不學而知是良知，不學而能是良能。」（《孟子》）

佛家求知之道，分性相兩條路。凡經官覺而可知，佛家謂之相，儒家謂之物，亦謂之器，均可從儒家所稱的「下學」而致的。凡不能經官覺而知的，佛家謂之性，儒家謂之道，亦謂之性。

四、下學上達

陽明先生講知，從器到道（從相到性），講得極為清楚。我們可從他講下學上達裡看出來。他說：「夫目可得見，耳可得聞，口可得言，心可得思者，皆下學也。目不可得見，耳不可得聞，口不可得言，心不可得思者，上達也。如木之栽培灌溉，是下學也。至於日夜之所息，條達暢茂，乃是上達。人安能預其力哉。故凡可用功，可告語者，皆下學也。上達只在下學裡，凡聖人所說，雖極精微，俱是下學。學者從下學裡用功，自然上達去，不必別尋個上達功夫。」下學是講相的功夫，上達是講性的功夫。在這裡先生講儒家之下學上達，已與佛家之從相到性融合了。

五、妙明真心

我們現在要把陽明先生所講的心和良知，與佛家所講的心來作一番比較。陽明先生說：「天地萬物，俱在我良知之發用流行中，何嘗有一物超於良知以外。」此意謂心包括一切萬物。故良知者，從心發出，乃心的運用，心的流動，而天地萬物均在良知之中，良知以外便無一物（心即理也，心外無事，心外無物）。天地萬物皆在心中。我們拿此心與佛經所講之心比較，即知陽明之心，實受佛家的影響。佛經說：「三界惟一心，心外無別法。心佛及眾生，是三無差別。」三界者：欲界、色界、無色界也。《楞嚴經》說：「汝身、汝心皆是妙明真精妙心所現物。」又說：「不知色身外洎山河虛空大地，咸是妙明真心中物。」即身心乃精妙光明心中所現之物，亦即宇宙一切皆是妙明真心中物。由此可知，陽明的良知雖本源於孟子，但實際與孟子所講良知已有很大的改變。此則因受佛教影響也。

我們已在前面講過，他之所謂心，非血肉之心，而是指知理之心。此心能知是非善惡，能指揮耳目五官而成官識，經過慎思明辨而成意識。此與佛教的關係又何如呢？佛教有兩個音譯詞，一是末那（Manas），一是質多（Citta）。他之所謂心者，乃《般若波羅密多心經》所稱之心，這心從梵文汗栗馱耶（Hrdaya）意譯而來。汗栗馱耶原意為草木之心，有時或指為肉團心（即陽明先生所云之血肉心）。此心後來演變為形而上的，超知識的心。所以他要指出知理之心非血肉之心，因此也可以推測陽明先生所云之心，實受汗栗馱耶之影響。這形上的心，不是認識與記憶的心，蓋此名質多，亦非末那，蓋此指辨別與考慮之心。因此，汗栗馱耶一名，有時譯為堅實心，或真如淨心，此心是一切眾生原有的，有時又稱真如法性。以上種種譯義，概括言之，此心堅固真實，常住不壞，乃眾生本有之性。陽明先生所說，心外無物，心外無事，即佛家所說，一切之法皆心所生之唯心論。

佛家謂心如畫師，能畫種種顏色，故一切色皆是由心所生。此心彌漫宇宙，在此外無他物。佛家所求即是此心，即《楞嚴經》所謂常住真心，永遠不變不壞，不生不滅的。陽明先生所說的心，亦似此心，由此看來，陽明先生的學說，受佛教的影響很深。從基本哲學上看是如此，同時他自己亦承認的。

六、超知識的智慧

陽明先生嘗謂：「吾亦自幼篤志二氏，自謂既有所得，謂儒者不足學。其後居夷三載，見得聖人（孔孟）之學，若是簡易廣大，始自歎悔錯用了三十年氣力。大抵二氏之學，其妙與聖人只有毫釐之間。」他後悔錯用了三十年功夫，是勸後輩學者不要再沉浸佛學。其意似謂佛學求超知識，不為修齊治平所必需，可以不必深入研究。所以他說：「只說明明德而不說親民，便似老佛。」此其意若謂佛老只在講明德而止，儒家要進一步講親民，方能進入修齊治平的一條大路。

話雖如此說，但他之能在明代性理之學方面獨樹一幟，卻還是靠他研究佛學的心得。中國受佛教的影響，以唐代為著，但佛教之真正影響我國思想，則始自宋代。大小程子、晦庵、象山、陽明諸先生之學問，蓋無不受佛教之影響，陽明先生更能指出佛學之要點，而融化於儒家。

佛教分性相兩宗，前已約略說過，現在再較詳的說一遍。性宗想直接達到超知識的知識與智慧，此知識與智慧與我國所稱之知識與智慧不同。我國之知識與智慧不是超知識的。相宗要從相入手，如手摸得到的，耳聽得見的，眼看得到的，都是相。從萬物的相裡去探討事物的理及其究竟，由此而達超知識的境地。宋儒（不一定指宋朝）分程朱與陸王兩派，陽明先生即屬陸王一派。程朱主張致知在格物（相），即從格物裡求知，故近相宗。格之既多，自然一旦豁然貫通。格物者，相也。貫通者，性也。當然，這貫通未必是超知識的。陸王主張格物即格心。心明則性見。象山先生嘗謂「東海有聖人出焉，此心同，此理同。西海有聖人出焉，此心同，此理同」，此則近乎超知識的。此心此理，彌漫於天地間，人的知識由心發生，當然，東海西海，此理相同。陸王之說重在心，故近性宗。由此可見，兩派俱深受佛教影響。

儒家對超知識（般若）的學問，本不喜深究。但主張知是由內心發出，是與佛家相似的。我們可以從「尊德性而道問學」一句話裡看出來，德性是發自內心的。因有此相似，宋儒乃能擷取佛教精義，融會而成一代性理之學。陸王與程朱，蓋有似佛教之性與相兩宗也。

七、陽明學說與《楞嚴經》

陽明先生研究佛學三十年，用力甚深。凡讀過《楞嚴經》者，俱覺陽明學說似深受《楞嚴經》之影響。《楞嚴經》講從相到心性之理。陽明先生所講之知與心性，和《楞嚴經》所講相近，並且他對禪宗極有研究。

《陽明年譜》載有一件趣事，可為舉例。

有一次，他在杭州西湖見一僧坐關，三年不語不視，先生喝之曰：「這和尚終日口巴巴說什麼，眼睜睜看什麼？」僧驚而起。先生問有親在否？曰，有親在。念否？哪得不念。翌日再訪，則僧已去。此僧三年不視，而陽明先生喝其為眼睜睜看什麼。此似根據《楞嚴經》盲人不失「見性」，故能見黑暗，目閉而「見性」仍在。這和尚雖閉目三年，當然眼前像走馬燈似的經過之形像不知多少了，所以一喝而便驚起。

《傳習錄》還有一段記載，足以為先生深識性相關係之理。茲請試舉一例。一友舉佛家以手指顯出，問曰，眾曾見否？眾曰，見之。復以手指入袖，問曰，眾還見否？曰，不見。佛說，還未見性。此義未明。先生曰：「手指有見有不見。爾之『見性』，常在人之心神……」

大凡一種學問，自外傳入，其內必有相似之物，並經相當期間才能吸收，否則就會格不相入。陽明先生將孟子之良知與佛家之智慧及真心聯合起來，成為包括宇宙一切的心，成為他學說的中心。實際，陽明先生的良知，已近乎《楞嚴經》的妙明真心或常住真心，與孟子原說的良知已大有改變。中國之知識論，止於五官與心合作而得之知識，對於知識以上（超知識）的問題是不去深究的。陽明先生的良知是知識以上的東西，已入超知識境界。人或列其為狂禪，禪則有之，狂則未也。

八、宇宙的透視

佛教傳入中國以後，對於講人倫之道的儒家最大的貢獻，是要我們站在人群以上，萬物以外看一看。這與老莊的哲學有些相似。但老莊的哲學只限於自然主義，教人能在海闊天空、魚躍鳶飛的大自然中逍遙自在，不受仁義道德的束縛。佛家教人，以這個世界不過是恆河沙數之恆河裡的一粒沙，真是渺小得不可思議，但是這心卻包含了這無窮盡的大千世界。這種氣象自然使儒家打開傳統的窗子，向無限的空間探望，窺見其間萬物，或如微塵蕩漾晴空，或如琉璃澄澈透明，不為「見性」的障礙。

佛經中之般若，是指超知識的智慧，汗栗馱耶是指包括天地萬物的心。性宗（包括禪宗）想直接達到此超知識之智慧的境界，相宗想從研究天地萬物之真相而達到般若。儒家受佛教影響以後，知道知識與智慧以上，尚有超知識的智慧存在的可能。中國思想受此刺激，便要想透過萬物去看個究竟。因為宇宙萬物都不是永久的，所謂有為者皆不永久。在此不永久的後面，尚有個無為的永久的東西存在。佛家所求就是這永久的東西，即《楞嚴經》所稱常住真心，或妙明真心，亦即《心經》所稱「無上正等正覺」。儒家雖受佛教影響，但知之而並不深求。因儒家不願離開現世的人類社會，另外創一「彼岸」世界，尋求超知識的智慧。儒家認為我們只要把這世界做好，則此世界便是極樂世界，從今日之小康可達將來之大同。天堂可以在塵世產生，不必另求。陽明先生勸後之學者不要再研究此問題——超知識的智慧問題。因為他以為佛家只注意正德，而忽略了利用厚生，故於國計民生無補。上面所說的「講明德而不講親民，便是老佛」，即指此。但是他的學生因受佛教影響，對此問題仍不肯放鬆，還要繼續探究，其中最重要的一部分是死生問題。

九、死生問題

講到死生問題，《論語》有樊遲問死。孔子曰：「未知生，焉知死？」問事鬼神。孔子曰：「未能事人，焉能事鬼？」這一思想，深入國人腦中。但死生大事，總有人想問個究竟。孔子知死生為一超知識問題，不是能靠學問與知識解決的。陽明弟子蕭惠嘗問先生死生之道。先生曰：「知晝夜，即知死生。……此心惺惺明明，天理無一息間斷，才能知晝夜，這便是天德，便通乎晝夜之道而知，更有什麼死生？」上面是陽明先生取《易經．繫辭》裡的一段話，來給學生解釋死生問題的。學生雖不再追問，但並沒有懂，現在的我們也仍是不甚清楚。陽明死後的六、七十年（萬曆二十四年，一五九六年），明高僧《憨山老人年譜》在那一年的〈自敘〉中說，「周公鼎石講陽明之學，率門人數十過訪（時憨山在粵）。周公舉『通乎晝夜之道而知』發問。余曰：『此聖人指示人，要悟不屬死生的一著。』眾皆罔然。再問，周公曰：『死生者，晝夜之道也。通晝夜即不屬晝夜耳。』」（《憨山老人年譜．自敘實錄》）現在我們想一想，通晝夜，何以便能知死生呢，到底還是有點含糊。大概而論，死生問題屬於超知識方面，即宗教方面。儒家主張在現世創造理想社會，在人群中求不朽（立德、立功、立言），所以對於超知識之死生問題不大深究。蓋中國社會本為一重人倫、重現世之社會，故不想在人群以外、或現世以外求不朽。所以死生問題，無論如何解釋，我們聽來總覺有些渺茫。這一問題若從宗教方面尋求解決，則又加一層超自然問題，故仍然遇著很多困難。

照以上的〈實錄〉看來，陽明先生死後逾半世紀，尚有一位陽明學者帶了幾十個再傳弟子們謁見對於《楞嚴經》研究有素的高僧憨山老人，向他請教對於陽明先生所未能痛快解答的死生問題。這又可為陽明學者們與高僧往還作一個例子。

可惜這個問題，佛家亦不能痛快直接解答。以下是摩楞迦多 (Malunkyaputta) 的一個故事，是作者從英譯佛經裡意譯出來的。照這個故事看來，釋迦牟尼答覆這個問題，也和孔子答覆樊遲「未知生，焉知死」同一精神。

佛的弟子摩樗迦多問佛，何以有許多問題沒有講給我們聽。佛聽後，既未承認，亦未否認。這些問題是：世界是永恆的，還是暫時的？世界是有限的，還是無限的？人的身體與靈魂是一件東西，還是兩件東西？人死後，是存在還是不存在？或不存在同時亦存在？或存在同時亦不存在？佛回答說，我之所以不解釋這許多問題，因為解釋起來就好像下面的一個例子。

有人受箭射傷，因就醫療傷，並對醫生說，你必須將射我者屬何等人，其膚色如何，黑色、白色還是黃色，及其所屬階級，農民、婆羅門，還是賤民等，一一講明，我才要你拔箭。

佛說，若是要這樣做，恐怕答覆還沒有完畢，這傷者早就死了。如果有人要我解答你們那些問題，恐怕沒有講完，這人也已經死了。人類的良好生活，不靠以上所說的種種教條。世界是否永久，知道也好，不知道也好，生老病死的苦始終存在。我為了要解除這種苦惱，所以我不講世界永久或不永久的那種教條。因為於事無補，於宗教的道理亦無補，所以不講。我所要講的，是如何解除痛苦。照這樣想，才有用處。只要記得，我講過些什麼事，什麼事我沒有講過。

十、佛學的估值

我們講陽明學說，所以要上溯孔孟，旁及佛老者，以此可以了解陽明學說之淵源與真義，並識先生融化儒佛之大業，以為吾人講中西文化之借鑑。儒家之學本為經世之學，而先生以明德親民而接「自己覺悟而具有救眾生宏願」之大乘佛教。

上面已說過，他以為只知明明德而不知親民，便似老佛。其意以為佛教之講般若，猶儒家之講明明德，自有真理存在。惟佛氏要從般若而渡到彼岸之極樂世界，從儒家眼光看來，不如在這世界作親民工作為是。這是要把佛學搬到這世界來謀人群的幸福。可是這也是大乘佛教菩提薩埵的本義。

他說大抵二氏之學（釋老），其妙與聖人只有毫釐之間。這毫釐之間，就是儒家講親民，而佛老不講親民，此其一也。所以他又說：「明德是此心之德，即是仁。仁者以天地萬物為一體，使有一物失所，便是吾仁有未盡處。」這是說親民之重要。此理甚明白，因為儒家之學，格、致、誠、正、修、齊、治、平是一貫的。佛家達到修身一段後，就想直接到涅槃世界去，這是儒家所不贊成的。

其二為關於著相問題。他說：「佛氏不著相，其實若相。吾儒若相，其實不著相。……佛怕父子累，卻逃了父子。怕君臣累，卻逃了君臣。怕夫婦累，卻逃了夫婦。都是為個君臣父子夫婦若了相，便須逃避。如吾儒有個父子，還他以仁；有個君臣，還他以義；有個夫婦，還他以別。何曾著父子君臣夫婦的相。」其三為其不可以治天下。陽明先生謂：「吾儒養心，未嘗離卻事物，只順其天則自然。釋氏卻要盡絕事物，把心看做幻相，漸入虛寂去了，與世間若無些子交涉，所以不可以治天下。」

上列三點，總括言之，儒家重經世，而釋氏主超世。此兩者從表面看來，似有千里之差。然如以超世之達觀，燭經世之宏謀，則於老氏無為而治與夫儒家修齊治平之妙道，實只有毫釐之間耳。

十一、《學》《庸》《論》《孟》四書之集合及其影響

宋儒因受佛教的影響，由佛家之三寶，自然會聯想到自家亦有至寶，歸而求之有餘師。於是把《大學》、《中庸》從《禮記》裡提出來，合《論語》、《孟子》而成「四書」，作為教人求學的宗旨與方法。這四書合起來的影響，籠罩了我國思想垂八九百年。宋儒思想的發展，即由其中的幾個基本思想演變出來的。其一為《中庸》之尊德性而道問學，其二為《大學》之致知在格物，其三為誠正修齊治平之一貫性，其四為明明德與新民（陽明先生作親民講），其五為孟子之性心與理義。後來宋儒的分派，亦由對於以上諸點各有所偏重而演變出來的。

偏於道問學與格物的，成程朱學派。偏於尊德性與致知的，成陸王學派。其所以如此分派者，未嘗不是受佛教性相兩宗之影響。

十二、陽明學派之分布

陽明先生卒後（一四七二－一五二九年），門人散居全國各地者，其分布情形與學說概要，據梨

洲先生《明儒學案》所集，全國共得六十六人。其中贛二十七人，浙十九人，蘇皖九人，魯豫陝七人，閩粵二人。梨洲先生說，他所搜集的，以可考證者為限。當然這不過是幾個重要的領袖，其無文獻足徵者，都不在內。前述帶了幾十個學生去見憨山和尚的那位周姓陽明學者，就為《明儒學案》所未載，由此可見陽明再傳弟子必相當的多。故梨洲先生《明儒學案．師說篇》裡，說其門人遍天下，而且從他們的語錄裡看，知道他們講良知，也大都同時講佛學的。

我們在前面已經說過，良知是近乎超知識的，近於佛教的般若。這超知識須從下學，始可以上達。但其再傳弟子們都未覺他們所求的良知是近乎超知識的，以為不從下學可以達到。故愈講而離真愈遠，而對儒家的修齊治平之道，自然相離更遠了。他們只是憑空虛想，所以愈想愈空了。

陽明先生想掃除宋以來專從書本中求真理的弊病，要用自己的心，自己的思想，來研究儒家修齊治平的道理。使學者把自己的思想從傳統的束縛裡解放出來，採取一種思想獨立的態度。他以良知為真己，自能權衡是非，不靠外求。蓋此頗近乎釋迦牟尼「當以己為光，以己為依」之遺言，他的弟子們一傳再傳，雖流於空虛，但卻能守思想獨立之遺風，眼光放大，不泥於古，為後來吸收新思想的張本。

十三、黃梨洲、顧亭林經世之學

這一遺風的流傳，我們可從黃梨洲先生（一六一〇—一六九五年）方面看出來。他在《明儒學案．自敘》裡說：「盈天地皆心也，變化不測，不能不萬殊。故窮理者，窮此心之萬殊，非窮萬物之萬殊也。是以古之君子，寧鑿五丁之間道，不假邯鄲之野馬，故其途亦不得不殊。奈何今之君子，必欲出於一途，使美厥靈根者，化為蕉芽絕港。先儒語錄，人人不同，只是印我之心體，變動不居。若執定局，終是受用不得。」

梨洲先生秉道並行而不相悖，萬物並育而不相害的古訓，搜羅各派學說，不問其正反。在《宋元學案》與《明儒學案》裡探源溯流，講的脈絡分明。並且他在作《宋元明儒學案》之前，曾把應讀的書讀過，如《十三經》，《二十一史》，百家九流，道藏佛藏，彌不究心。他說前人辟佛，不檢佛書，但肆漫罵。梨洲有鑑於此，乃精研佛藏，深明其說。

又著《明夷待訪錄》，講經世之學，以獨立的思想，講治國平天下的道理。他批評明代講學之弊說：「明人講學，就語錄之糟粕，不以《六經》為根據，束書不讀，但從事於游談。學者必先窮經，經術所以經世，乃不為迂儒。」又謂：「讀書不多，無以證斯理之變。讀者多而不求於心，則又為偽儒矣。」

顧亭林（一六一三—一六八二年）批評當時學風曰：「百餘年來之為學者，往往言心言性，而茫乎不得其解也。命與仁，夫子所罕言也。性與天道，子貢之所未得聞也。……今之君子則不然，聚賓客門人之學者數十百人，……而一皆與之言心言性。舍多學而識，以求一貫之方。置四海窮困不言，而終日講危微精一之說。……」這一段話，不只批評當時的陽明學派，也同時批評當時的程朱學派，因為宋儒都講心性的。至亭林先生自己，便反其道而行之，以經世之學，來代替性理之學。他的《日知錄》、《天下郡國利病書》皆是要解決國計民生問題。所以他批評當時學者，謂其置四海窮困於不顧，惟終日講危微精一之說，誠慨乎言之。

在梨洲以前，西洋天文算學已由耶穌教士傳入。他對天算很有興趣，所以雖當軍事危急時，尚坐船中，推究歐羅巴曆法。

作者在餘姚故鄉私塾讀書時，嘗聞父老言：梨洲於清初仍寓餘姚縣城，居恆不去冠，冬夏如一，蓋未剃髮也。雕木為儀器，以測天體。人恆見其彳亍虞宦街，攜儀器作測量。嘗謂鄉人曰，西洋之天算高妙，吾人與之相較，直如孩提之比成人耳。其後裔黃秉厚在宅建天文臺，至今猶存。距作者餘姚家宅，惟咫尺之隔耳。

梨洲《明夷待訪錄》，討論政治、經濟、田制、兵制、財制諸問題，不但切中明代時弊，且思為後世闢治國新途徑。迨至清末，其影響革命思潮至巨。

十四、顧亭林致黃梨洲書

亭林本屬程朱學派，批評王學不遺餘力，但於經世之學與梨洲志同道合。及讀《明夷待訪錄》，稱許備至，因致書曰：

> 辛丑（一六六一年，順治十八年，時先生年四九）之歲，一至武林，便思東渡娥江，謁先生之杖履，而逡巡未果。及至北方，十有五載，流覽山川，周行邊塞，粗得古人之陳迹。……年逾六十（是年應為六十四歲），迄無所成。……自中年以前，不過從諸文士之後，注蟲魚，吟風月而已。積以歲月，窮探古今。……而於聖賢六經之行，國家治亂之原，生民根本之計，漸有所窺，恨未得就正有道。……大著《待訪錄》讀之再三，於是知天下之未嘗無人，百王之敝可以復起，而三代之盛可以徐還也。……炎武以管見為《日知錄》一書，竊幸其中所論，同於先生者十之六七……附呈大教，倘辱收諸同志之末，賜以抨彈，不厭往復，以開末學之愚，以貽後人，以幸萬世。

這封信，足以表示宋儒性理之爭，已隨明室之滅亡而暫告結束，而有清一代之學術，遂統一於經世之學。歷史的、考據的、科學的研究，亦在此時奠其基礎。蓋亡國之痛，足以使學者猛省，不僅物極必反而已。

（原載於《文化的交流與思想的演進》）

基督教與中國文化

本文開始以前，讓我們先引《路加福音》（一〇章二五—三七節）所記的耶穌和猶太律法師一段談話：

有一個律法師（有責難的意思）問耶穌：「夫子，我該作什麼才可以得到永生？」

耶穌對他說：「律法上寫的是什麼？……」

他回答說：「你要盡性盡力盡意愛你的上帝。又要愛鄰舍如同自己。」

耶穌說：「你回答的是。你這樣行，就必得永生。」

那人……就對耶穌說：「誰是我的鄰舍呢？」

耶穌回答說：「有一個從耶路撒冷下耶利哥去，落在強盜手中，他們把他打個半死，就丟下他走了。偶然有一個祭司從這條路來，看見他，就從那邊過去了。有一個利未人，來到這個地方，看見他，……也過去了。惟有一個撒瑪利亞人……看見他就動慈心，上前用油和酒倒在他傷處，包裹好了，扶他騎上自己的牲口，帶到店裡去照應他……」

「你想這三個人，那一個是……他的鄰舍呢？」

律法師說：「是憐憫他的。」

「你去照樣行罷。」耶穌說。

這簡單而似乎平常的一段談話，內中卻包含了萬鈞的動力向世界人類不斷的推動著，將近二千年了。

我們如要得到永生，請教耶穌，他就會反問過來，最後也會很簡單的告訴我們：「你去照樣行吧！」

我們如能照樣去行，我們就懂得耶穌的教訓。也不必再讀下文了。

一、愛鄰如己與人文主義

在我們還要把上面所引簡單的談話，再簡括起來為兩點：㈠愛上帝高於一切，㈡愛鄰如己。這就是西洋通稱的耶穌兩條誡。這兩條誡和《舊約》裡的摩西十誡，為西洋道德原則的出發點。

從我國傳統思想看來，對於第二點當然能了解。因為愛鄰如己，是講人與人的關係，是合乎我國以人為文化本位的人文主義的。

講到第一點，是人與上帝的關係，是超自然的。這是我國思想傳統所不習慣的。反之，若講人與大自然（天）的關係，即所謂自然主義，那是我國思想所習慣的。

耶穌的「愛鄰如己」、「視敵如友」、「己之所欲，必施於人」等教訓，比較我國傳統的「以德報德，以直報怨」、「己所不欲，勿施於人」等教訓，其差別只有程度深淺、立論正反之分，而無類別不同之異。若在此辨異同，較優劣，則我國傳統思想中，亦有「己欲立而立人，己欲達而達人」的正面積極之論。但以上所舉都是支節問題，並無比較的重要價值，不必再加討論。

故對於人與人的關係問題，中國人接受耶穌的教訓，至少在理論上是容易的，而且有很多共同點存在。上面隨便報出來幾點，就可作為例子說明。還有一個實例，如戰後日本投降時，中國對日本的政策，是「以德報怨」，這個道德原則出於耶穌。但是沒有一個中國人不誠心誠意擁護我們最高統帥的這個決策。所以不但在理論上，而且在實際行動上，把中國的道德與耶穌教的道德融會貫通了。八年戰爭犧牲的痛苦，是不容易忘記的，但是全國竟服從了「以德報怨」的政策。這恐怕是許多所謂耶教國所做不到的。

誰是我的鄰舍呢？中國人是不會問的。中國人更不會像猶太律師，以此責難耶穌。

二、誰是我們的上帝

但中國人會誠心誠意的請問耶穌：「誰是我們的上帝？」耶和華是猶太人的上帝，在猶太人心裡是天經地義的，還有什麼問題呢？他們相信上帝造天地，造人類。他們相信摩西奉上帝之命領導猶太人逃出埃及，還賜給他們十條誡。他們相信流亡在巴比倫的時期，因為在苦難中，回復了對耶和華的信心，所以後來仍能重返故土。他們並且得到歷史的教訓，當他們遵守耶和華命令的時候，他們的國家就享太平，打仗就會打勝。反之，就會遭莫大的災殃。民族興亡盛衰全有先知宣示預兆。如穿駱駝毛衣禦寒，吃蝗蟲、野蜜充飢的施洗約翰，在猶太曠野傳道，說天國近了，你們應當悔改。當時人們承認這就是先知以賽亞所說的：「在曠野有人聲喊著說，預備主的道，修直他的路。」（《馬太福音》三章一－五節）總而言之，猶太人的歷史，自始至終是一部神治史，其靈跡活靈活現的在《舊約全書》裡詳細記載著，猶太人民好像魚生長在一池神水中，時時刻刻在耶和華的恩賜中活著。有時他們也會跳出池子，他們就枯死在乾土上。

三、神治、法治與德治

現在世界上有兩大宗教是奉祀一神的——耶穌教、回教。兩教同是從猶太人的神治史演變出來的。所以道地耶穌教徒和回教徒，都像神水裡生長的魚，無一刻不在上帝的恩賜裡活著！

若我們粗枝大葉的和羅馬史作個比較，羅馬人的歷史是一部法治史。我們讀《書經》、《詩經》、《左傳》，可以看出我國的歷史是一部德治史。

在西洋社會裡，法治史和神治史合流已一千數百年。現在仍象徵性的存在於西洋法庭典禮中。手按《聖經》，誓說真話，是法定的誓典。美總統就職時，也要向上帝立誓，遵守美國憲法。

中國的德治史怎樣呢？簡單言之，是要從立德、立功、立言三不朽中求永生。我們常在關帝廟或忠烈祠裡看見「浩氣長存」的匾額，就是這個意思，于謙〈詠鐵詩〉裡說：

千錘萬鑿出青山，烈火燒來若等閒。
粉身碎骨渾不顧，留得清白在人間。

神治國要留得純潔在天上，德治國要留得清白在人間。人生要以清白或純潔為目標，天上人間是一樣的。

從上面我們所講的看來，猶太人對上帝白有親切的觀念，所以懂得「盡心盡性盡力盡意愛你的上帝」是什麼意思。他們於數千年間從亞伯拉罕起，世代子孫都生活在神治的空氣裡。不如此，反以為怪。

但是他們過分重視高遠的神權，而對於切身的鄰舍，反視若無睹。所以猶太律法師問耶穌，「誰是我的鄰舍」，不一定是責難的話。耶穌講撒瑪利亞人的故事，使他自己明白而承認憐憫他人的人，才是人們的鄰舍。耶穌所說的祭司，為猶太人所尊重的。所說的利未人，是照料聖殿事務的，亦為猶太人所尊重。而撒瑪利亞人是他們視為世仇的。耶穌把這三個人並提是很有意義的。

我們若不明白猶太的神治史，不會了解愛上帝高於一切的意義。但猶太人的耶和華，是希伯來部族的上帝，猶太人為耶和華的選民。這是狹義的一神教。

四、耶穌基督的宗教革命

耶穌把耶和華引申為全人類所共有的上帝。自此部族的上帝變為人類的上帝。這是宗教史上的一次革命，影響全世界直至今日而來見其盡期。

上帝既為全人類的共主，故凡人們都是彼此的鄰舍，沒有外邦人與猶太人的分別。因此，舊時代的「以目還目，以牙還牙」的直道主張進化而為「你打我左頰，我請你再打我右頰」的不報復主義。希伯來的一神主義，若不經耶穌之重大改革，則耶和華至今還是一位部族上帝而不具世界性的。但是這種改革不是憑空而來的。

約在紀元前五百年，波斯軍隊進攻希臘，燒毀了雅典城，但遭希臘人強力的反抗，未能立足歐土而退。

希臘於此保衛戰勝利以後，在文化則百花齊放，在學術則百家齊鳴。百年之內，出了不少千古不朽的科學、哲學、雕刻、算學、物理、建築、戲劇、政治、法學等天才，打定了西歐文化的基礎。

到西曆前四世紀，一位青年將軍亞歷山大起於北荒，統御了希臘。他酷愛希臘文化，他的師傅就是哲學家亞里士多德。

因為酷愛希臘文化，他的雄心是要把他所愛的文化拓殖於世界各地。十餘年間，他的軍隊從尼羅河流域打到印度斯河流域。

五、希臘文化與猶太文化的合流

此後猶太就成了希臘的一省，猶太文化遂入了希臘文化廣大的包圍圈。於是猶太的神國思想，不復能局促生存於法利賽人狹窄思想之內。耶和華的象徵寶座，也不能長此局促於耶路撒冷了。當耶穌出世之際，猶太已入羅馬帝國版圖，其內部長期政治的腐敗，社會的紛亂，不能不有傳統的先知出現。「天國近了。你們應當悔改。」就是施洗約翰在曠野裡的呼聲。

耶穌長成在拿撒勒，這裡南面離耶路撒冷約有七八十里（約等於臺北至新竹），東面離漁船麇集的大湖叫做加利利海十四里（約等於臺北至淡水）。耶穌的門徒，有的是在那兒打漁為生的。西面離地中海三十里（約等於臺北至基隆）。拿撒勒地方雖小，卻是近在由大馬色到地中海的孔道之旁。各色不同的人種，常在街上經過。

在這種環境之下，耶穌的眼光自然射出猶太部族範圍以外，而深信人類的共同性。那時羅馬帝國已日就衰微。同猶太人一樣，其舊時道德標準已不能適應人民安身立命的需要。經耶穌改革後的新道德標準，因為具有世界性與人類的共同性，所以無論在地中海的東面或西面都共同適用。此後保羅於二十年的傳道生活中，以十年時光，作八千里長途跋涉，穿梭於地中海東西兩岸各地，歷盡艱苦，終於為道犧牲，就是本此信仰。

只要有一粒芥子那麼大的信心，便可使一座高山移動。（參看《馬太福音》十七章二十節）

照以上我們所講的看來，在耶穌教尚未醞釀以前，希伯來文化已入希臘文化包圍圈。而且我們還可以說，耶穌教就因此而醞釀，耶穌教醞釀既成時，羅馬人與猶太人的道德標準業已墜落而不適為安身立命之具，因此耶穌教乘時興起，以天國思想與信仰戰勝羅馬帝國。

六、傳教士的東來

於此我們可以想見耶穌教來中國，當是另一幅圖畫與成果。我們都知道，現在我們所讀的《四福音書》，除《馬太》以猶太語體文寫成外，都是以希臘語體文寫成的，而《路加福音》是專對外邦人而寫的。所謂外邦人，就是受希臘文化的人們，當然包括羅馬人在內。

《約翰福音》因為要把猶太的信仰與希臘的哲理調和，所以他的開場白就是以希臘哲學裡一個很重要的字為中心的。這字就是「羅格斯」(logos)，是我們現在所稱為「邏輯」的老祖宗。英文把這個字譯為「言」(word)，已覺辭不達意。而在中國譯為「道」，實在離原意更遠。請問以下的幾句話，誰懂得？

> 太初有道，道與上帝同在，道就是上帝。

這「道」是代表儒家的道呢，還是道家的道，或是法家的道呢？彼此涵義不同，故欲求以上一句話的明確觀念，是很難的。百餘年來，信徒與非信徒大家只好囫圇吞棗似的咽下去就算了事。外國傳教士通希臘哲學的，他的心目中所具的是一種觀念，中國以中文研究《聖經》的人們，其心目中又是另一種觀念。

希臘文字與中國文字隔離既遠，福音中心思想又不能與中國的中心思想相通，真是給來中國的「聖保羅」一件大難事。

七、耶教傳入中國三階段

景教（Nestorian）於唐代當七世紀時來中國，我們試讀景教碑文和景教殘經，從文字與術語看來，像是一種古怪的佛教，雜拌了玄妙的道教。吾國在唐代，文物方盛，遺傳的道德標準如金科玉律，為百姓所仰望。講超知識般若的佛教，足以供好學深思的研鑽而得到學問上的滿足與快樂，哪裡能讓古怪的「三一妙身無元真主阿羅訶」（景教碑語）來插足呢？

第二次在明清之交的十七世紀中葉。明朝的政治軍事雖已日趨下坡，但道德的標準仍舊維持，明亡時殉節之多，即其明證。清朝崛起關外，定鼎中原，對於關內的輝煌燦爛的文物，已使他們覺得進入了人間天堂，哪裡還想在青雲上層求天國去呢！

但是有幾件事是明清兩代都覺得有興趣的——耶穌士（Jesuits）傳來西洋的天文、算學、機械，這開了中國科學的先河。可是中國所報答西洋的是什麼呢？耶穌士以拉丁文譯成的「四書」，流播四洋，哪知道這類書裡，裝滿了和希臘文化相似的理性主義、自然主義、人文主義的種子，在十八世紀為法國革命領袖所利用，以此證明在他們想像中的希臘那三種主義，可在中國得到明證。這使他們打擊當時的超自然主義更為有勁。

來中國的「聖保羅」作第三次的光顧，時在十九世紀，那是弄得更糟了。這次「保羅」之來，有時似乎站在砲彈之前，有時似乎躲在砲彈之後，有時似乎騎在砲彈之上。十九世紀的帝國主義卻躲在「保羅」後邊發號施令，庚子義和團之變，就是想殺掉乘砲艦而來的「聖保羅」。

昔時白馬馱佛經而至洛陽，今日砲艦載「保羅」而打通五口。近百年來，耶穌教之不獲國人諒解，這也是一個重大原因。

八、西方文化的演進與中國文化的接觸

自亞歷山大東征勝利至盛強的羅馬帝國，在那段時期，希臘文化戰勝了東方（指近東）。耶穌教傳播歐洲以後，東方文化掉過頭來，戰勝了西方。

自五世紀至十七世紀一千多年，歐洲的歷史籠罩於東方天國文化之下，自十七世紀以後，希羅系的西方人國文化又掉過頭來，戰勝了東方的天國文化。

十八世紀的法國大革命，對於天國思想之摧毀，比一世紀羅馬軍隊毀滅耶路撒冷的聖座利害得

多呢！

至十九世紀，羅馬的帝國主義經兩百年的滋養已逐漸復活，至此登峰造極而成英、法、德、俄的帝國主義。流風所至，不獨使歐洲各國彼此廝殺，而東亞諸邦更大遭其殃。兩次世界大戰，兩次中日戰爭，都導源於十九世紀的帝國主義，而此則復導源於亞歷山大與羅馬愷撒的帝國主義。

中國雖經六朝五代蠻夷之侵略，以及遼金滿蒙之占據，而格致誠正修齊治平之道，仍繼續維持，以為安身立命之具，使人民養生送死無遺憾。故耶穌教之輸入中國，不能與輸入思想混亂的羅馬帝國相提並論。

但歷史的演變，有時是很難預測的，西洋的砲艦政策，既打通了我們沿海五個口岸，我們當然要研究砲彈砲艦製造法，以為抵抗的工具。從砲彈砲艦而到科學，從科學而到政治，從政治而到法學，從法學而到歷史，從歷史而到教育，從教育而到哲學……。我們從此離砲彈砲艦愈遠，然而離西洋文化的根源愈近，於是把坐在砲艦裡的「保羅」忘記了。同時從西洋史裡知道了那用砲彈打我們的不是「保羅」，而是講「邏輯者」和法治者的子孫們。

如同亞歷山大征服東方的情形一樣，中國自五口通商以後，已入了希臘羅馬文化系的包圍圈，近百年來我國關於一切思想與制度的變化，都直接或間接由此而來。

九、宗教思想與社會文化

世界歷史的演進是一貫的，在目前交流便利，消息靈通的時候，世界問題是整個的了。故耶穌教面對的問題，是世界整個的。耶穌教當面迫來的問題，是世界盛行的自然主義、人文主義與理性主義。

十八世紀時，希羅文化的三大主義得到中國同樣主義的幫助，使法國革命領袖對於反天國運動更為起勁。中國的三大主義得到希臘文化同樣主義的幫助，使中國的「聖保羅」碰到雙重的困難。五四運動時，提倡德先生與賽先生（民主與科學），發起於北平少數學者，而於最短期間得到全國青年熱烈響應，其故安在呢？因為科學適合我國傳統的自然主義與理性主義，民主適合我國的人文主義的。

講到屬於超自然主義的神治主義來，則是國人最難了解的。

我們今日欲講宗教思想與其他學術的關係問題應從三方面觀察。㈠歷史的，即是我們今天所講的。㈡社會的，當一個社會的經濟、政治、文化發生劇變時，傳統的信仰就會動搖或失其依據。因此不得不有一種新信仰來扶持或代替。㈢心理的，維持舊信仰，或更換新信仰，或從兩者取其調和，都有心理的因素存乎其間，當然這心理因素與社會的動盪、歷史的傳統都有密切關係。

今日為時間所限，我們只好暫告結束，且待來日再談罷。

（原載於《新生報》，亦見《文化的交流與思想的演進》，一九五七年十二月二十三日）

基督教與我國今日的信仰
——三教渾一的道教

作者於去年（一九五七年）耶穌誕辰，草〈基督教與中國文化〉一文，刊登《新生報》。因其義有未盡，茲復於復活節草此文，以求教於讀者。案此西洋盛行之節期，英文名Easter，德文係Ostern轉來，原為日耳曼民族迎春佳節，慶祝冬去春來，萬物更新的歌樂景象。故基督教傳至德國時，以其足以象徵基督待對耶穌復活之歡迎鼓舞，遂投民所好，假以為復活節，實與耶穌復活事無關也。讀書本文後，或能同意擇此節期發表此文，自有其用意也。

我們在〈基督教與中國文化〉一文裡，已從歷史方面把基督教自東到西，復自西到東的周遊傳播過程，大旨討論過了，現在讓我們把基督教與我國的信仰問題提出來討論一下，以就教於對此問題有興趣者。

一、教堂與工廠俱來

幾年來，我們看大大小小的教堂，樣樣式式的工廠，如雨後春筍，從平地裡鑽了出來。只要在臺北市近郊走一遍，沒有一個人會不覺得的。假如我們乘火車或汽車從臺北到高雄走一趟，沿路與各城市所見也是如此。

教堂與工廠，似乎是不能分離的。我們在大陸的時候，亦有相同的經驗。工廠來了，教堂會來。教堂來了，如工廠不來，洋貨店一定也會跟來的。

工廠與教堂，在西洋近兩百年似乎不斷地在打架。教堂代表基督誡條說，你要愛你的鄰舍；工廠代表經濟制度說，你要和他們競爭，然而兩者始終並存著。西洋人情緒易趨緊張，這或許也是一個重要原因。兩者並存，有時相反，有時相成，這是西洋文化的特徵，兩者缺一，就不成其為西洋文化。

在西洋，如有教堂（代表超自然主義）而無工廠（代表科學與技術），則教堂至今恐怕還逗留在中古時代，在那裡辯論一枚針尖上可容多少天使跳舞，或某一派的教徒把反對派的領袖燒死於大堆柴火裡，他們還以此為保教必要的運動。

工廠如無教堂，恐怕十一二歲的小孩，如同在十九世紀，仍會在煤礦挖煤，工人的住所也仍會像豬舍一樣。保障兒童康健，謀取工人福利，起初大都由受人文主義影響的宗教家發起。他如安撫囚犯，改進貧民窟以及制定謀勞工福利的法律等，大都與思想進步的教會活動有很大的關係。後來因為政府和社會把責任負了起來，所以教堂的工作就被沖淡了。

我們今天講基督教與我國今日的信仰問題，特地以具體的實例開始，使大家容易得到明顯的印象。

二、透過工廠和教堂看個底細

但是我們的眼光要透過這些具體的事物去看，才能明白他們所代表的意義。以粗枝大葉的話來講，透過教堂才能看見數千年的神治史，透過工廠才能看見數千年的科學史與數百年來工業化的過程及其在政治、經濟、社會等方面所生之影響。但這些問題並不簡單，關係著三百年來西洋整個歷史的演進。

現在我們要以社會學的眼光來討論由工廠製造出來的社會問題，並討論宗教對於這些問題的解決有沒有幫助。

工廠不獨直接製造了我們所知道的各種國防及民生必需品，而且間接製造出來了各種似乎無法解決的迫切與困難問題。

教堂講神與人的關係是其本分，但如專講超自然的道理，並不能對社會困難問題的解決直接有所幫助。正如前篇所引《路加福音》中的猶太律法師，只知誰是上帝，而不知誰是鄰舍。

三、平衡與分化

耶穌之教，愛上帝與愛鄰舍，雖似側意愛上帝，但兩者是相當平衡與聯鎖的。人們可以經過愛人類而達到愛上帝，也可以經過愛上帝而達到愛人類。一條路兩頭都通。知與行，雖似側重行，但知與行亦相當平衡而聯鎖。天國與人國，雖似側重天國，但兩者亦相當平衡而聯鎖的。

這或者是我們以儒家的眼光來看耶穌之教，所以看出平衡的道理來。但在《新約》裡，我們可以找出不少例子。

國人常以基督教派別眾多為病，可是在包含廣大的宗教或學派裡，哪一個宗教或學派不因內部見解不同而演變成為派別，這從歷史上看來已成慣例。如佛教之分大乘與小乘，大乘之分性宗與相宗。儒家之分漢儒與宋儒，宋儒之分程朱與陸王。基督教分東教會與西教會，西教會分通俗所稱天主教與耶穌教，耶穌教又分成很多的會。

這些分化不是壞事，不分化就沒有進步。如果硬性統一，教會本身就會漸趨硬化，而終至腐化。此更足以貽人類莫大之禍患。西洋史中有彰明較著的成例在，我們可不必在此討論。

四、幾經努力調和東西

總之，基督教文化已不能與西洋文化分離。早在一千九百年前，《約翰福音》想把兩個思想中心作一次調和，所以開宗明義就說太初有言 (word)，言與上帝同在，言就是上帝。實在講起來，上帝是希伯來的上帝，言是希臘的言。以希臘與希伯來的本義而論，兩者並非是一件事。當時《約翰福音》的作者，當然認為是一件事。實在把兩者認一件事，便把各事的本義修改了。五世紀時，奧古斯丁[1]進一步把柏拉圖哲學與基督教理作了一次調和。十三世紀時，聖多瑪[2]又進一步把亞里士多德哲學與基督教理作一次調和。這兩次調和就把希伯來與希臘思想湊合起來，從此以後，言與上帝真正能同在了。但希臘之言，並沒有變成希伯來的上帝。兩者並存，同床異夢的時候還是很多的。

故從表面看來，這種湊合似乎天衣無縫。但從實際而論，到底還是兩件事，有時還是會脫線的。後來十五世紀的文藝復興運動，十六世紀的宗教革命運動，十八世紀的大光明運動，到底把那件天

1 Augustine of Hippo (354–430)，羅馬帝國的神學家與哲學家，藉由希臘哲學理論來論證基督教信仰，著有《懺悔錄》(*Confessions*)、《上帝之城》(*The City of God*) 等著作。

2 St. Thomas Aquinas (1255–1247)，中世紀神學家，著有《神學大全》(*Summa Theologica*)。

衣扯裂了。

但在一般人民思想裡，兩者都已還不了原。所以到十九世紀，又勉強把他們縫了起來。此後我們若取這半件，那半件必定跟來。兩者不可分離的最重要原因，是西洋的行為（道德）標準，都靠摩西十誡與耶穌兩誡。離乎此，西洋人的道德便失其根據。

以上所講大都是基督教與其他文化因素的關係，現在讓我們談談宗教本身的問題。

五、宗教的信仰在潛意識裡

潛意識（subconscious）近來統稱無意識（unconscious），是福洛特[3]的「心理分析」裡所提出的。近年來，他的同志而異趣的雍恩[4]把重心移到研究人類的信仰方面去。有人稱之為幽邃心理學（depth psychology）。福洛特以人的知覺（意識）部分不過像一座冰山的尖頂，其絕大部分是沉在海水下面不知不覺的體積（潛意識或無意識）。雍恩以為人的信仰或宗教或其他的欲望都沉澱在此幽邃的不知不覺之間。然而有時會向尖頂竄上來的（這好像唯識論八識裡的第八識——阿賴耶識，意譯為藏識。其義

---

3 今譯為佛洛伊德（Sigmund Freud, 1856–1939），奧地利心理學家，提出了許多重要的精神分析概念，被譽為「精神分析之父」。

4 今譯為榮格（Carl Gustav Jung, 1875–1961），瑞士心理學家，分析心理學派的創始人。

為一切意識的種子，都藏在那第八識裡。一切意識的芽，都是從那種子發萌出來的)。

這從潛意識裡竄上來的東西，也可以說從藏識裡的種子抽出來的芽，有時會在夢中出現，有時會於無意中感覺到。或若霧裡看花，朦朧不明；或如曇花一現，瞬息幻滅。這種心理狀態，我們在日常生活經驗裡常感覺到的。人之欲望，如《禮記》裡所說的男女飲食之類，推而至於憂患恐懼，往往藏於幽邃的無意識中，或隱或現，人恆不知其所以然。人於憂患恐懼達於極點時，或遇大難而得倖免時，往往會向海底撈珠，頓覺上帝之存在。

永生，亦為人之欲望。如秦始皇之求不死藥，漢武帝之求神仙，都是從求永生的欲望裡來的。基督教對於耶穌復活的信念，正適合此種求永生的欲望。凡是宗教都是想滿足這種欲望的。這種欲望，潛在無意識深處，為人的理智(意識)所不了解。故欲單獨以理智辨明上帝的存在與否，則不信者很難以辯論使其相信，其信者亦難以辯論使其不信，其懷疑者亦將愈辯而愈覺懷疑。

儒家重理智，所以孔子便以「未知生，焉知死」了此公案。儒家重自然而避免談超自然。所以孔子說「敬鬼神而遠之」，以避免有神無神的爭辯。儒家重人文主義，故以仁義禮樂為立身治國之教，而孔子尤不語怪力亂神。

六、工業化改變全盤生活

儒家之自然、理性、人文主義，本與希臘的有相類似，彼此可以互相影響而俱受其益。但自工業化社會造成後，近世的自然主義成為科學的自然主義，推而至於科學的理性主義、科學的人文主義。對此種種，儒家學說便困於應付。然而現在我們所有的外來思想大都由儒家介紹進來的，因為其中好多地方是和儒家意氣相投的。

工業化是道地的西洋產品，不但使講超自然的西洋宗教家頭痛，講自然而不講科學的儒家對之，亦感覺徬徨。但這種現象之於儒家是暫時的，因其根本原則本不相衝突。故過了一些時候，就覺得科學有助於儒家學說的地方很多。

工業化迫使人們的生活在全盤改變著，人類現在所具的理智既拙於應付現在，自更難於預測將來。

七、所謂精神空虛

所以現代的人們，許多會覺得精神空虛，不知人生究為何事。因此或求安慰於信仰，祈神啟示；或託此身於命運，盡人聽天；或求妙有於真空，行深般若。凡此類別，均陳目前。各宜聽其性之所近，分道揚鑣，不必強為調和解釋，反致張冠李戴。「道並行而不相悖，萬物並育而不相害」，已久為儒家所信。

信仰的根既滋長於不知不覺的潛意識中，故徒仗理智，難以測知。此所以儒家立教，禮樂並重，情理兼顧。知飲食男女為人生之大欲（《禮記・禮運》），故以禮樂為疏導情欲之溝渠。《禮運》裡說：「禮義也者（禮包括樂）……所以達天道順人情之大竇（通空氣的大窟窿）也。」

八、禮不下庶人

但《禮記》裡又說「禮不下庶人」。古時禮制，其對象在士以上諸階層。士以下之庶人，不為制禮，但有時得參酌士禮行之。故「禮樂並重，情理兼顧」之教未達於全民。惟積之既久，禮教漸漸滲入民間。故遠在窮鄉僻邑，庶民雖不識字，而卻能知禮。即在古代，已有「禮失而求諸野」之說。但其影響，究已微弱。更因有「聖人以神道設教」之訓，故後世遂有所謂道教者取而代之。

九、平民以道教代禮教

儒家並不否認神之存在，而且主張「祭神如神在」。故祭天祀神，亦為儒家之要典。古者天子諸侯祭天，士庶民祭社。天為普通性，而社為地方性。現在民眾所祀的城隍土地之神，就從這社祭演化出來的。所以城隍廟通稱為社廟。自東漢張道陵根據當時流行的鬼神祭祀、服食修煉、符咒法術的信念創五斗米道，現在通稱的道教從此開始，延綿至今，已將近二千年了。今就地取材，舉臺灣今日之道教為例，蓋亦欲使讀者容易得到明顯的印象。據《臺灣風土志》（何聯奎、衛惠林）所載，臺灣道教所持之「經咒龐雜，往往由傳授者任意解釋，或以儒說附合，或與巫術合流，或依傍佛教」等語。道教自東漢以來，久已如此，不獨今日為然。本省道教所奉之神如玉皇大帝、太上老君、玄天上帝等等為數甚多。其廟宇之數，即以玄天上帝而論，計達一百九十餘處。本省最盛行之「媽祖拜拜」，當然亦是道教。全省媽祖廟約有三四百座之多。讀者如於拜拜之日，參觀北港之媽祖廟、木柵之指南宮，或見道士拜讖，或遇和尚念經，善男信女，隨聲虔祝。各地前來參拜者，不分道佛，動輒數萬人。可見其在民間潛勢力之大。他如通俗所稱的「城裡城隍廟，城外土地堂」，則遍地皆是，故道教為一般人民安身立命之所憑，而為士大夫階層所公認。

「五四」前後，青年因受了科學影響，一面空口喊打「孔家店」，一面實拳去打城隍廟，因此道教勢力頗受打擊。土地堂為數更多，但因廟座太小，而且散處鄉間，所以無人光顧。但土地公公與婆婆也頗受揶揄。有人在土地堂前寫了一副對聯說：

白酒黃酒皆勿論；

公雞母雞只要肥。

竟罵他們是貪吃懶做的老東西。

又閻羅王本為印度冥府獄王，中國道士請他兼管中國冥府。十殿閻王之第五殿的稱閻羅王，即婆羅門教閻摩羅社（Yamaraja）之簡稱。《七七寶卷》裡有以下的幾句：「一點靈光去，杳杳入幽冥，此番回首看，不見自家人。」又有「天大家私拿不去，一雙空手見閻王」等語。這是道士邀請印度鬼王兼理中國冥府獄事，以作中國人民死後的歸宿。

儒家把士大夫階級人文化，道教則把庶民階層鬼神化了。

十、道教影響深入民間

任憑居全國少數的儒家講天理說人情，絕大多數的老百姓（庶民）都拜神佞佛，經讖並舉，這早已成了我國的政治與社會問題，為我們向來所未曾注意的。試問歷史上自東漢黃巾之亂起（領袖張角為五斗米道），有幾次民變與革命，沒有一種似道非道的宗教混雜其間，為號召的工具呢？洪秀全之「天父、天兄、天皇」豈非把耶穌（天兄）披上道袍作革命的號召呢！名曰耶穌，實則道士也。一世紀東漢時，有「老子化胡」成佛的怪論，為後世道教吸收佛教的張本。在十九世紀的清代，當然可以把道士洋化，把耶穌教的上帝當作玉皇大帝，叫他天父；把耶穌代替張天師，叫他天兄；把自己作為通天教主，自稱天皇。

十一、儒釋道三教渾一

前清於新式學校未開辦以前，少數的官學及書院只講儒家修齊治平之道，不及佛教與道教。但絕大多數的私塾裡及課外家庭中，則儒釋道三教幾乎渾為一體。我們在那時所受的課程，課內課外合起來，屬於儒家者為《三字經》之「人之初、性本善」，《大學》之「在明明德」，《中庸》之「天命之謂性」，《孟子》之「道性善，言必稱堯舜」。屬於道教者為《太上感應篇》之「禍福無門，惟人自召」，並《文昌帝君陰騭文》之「報答四恩，廣行三教」（儒釋道）。屬於佛教者則《般若心經》之「照見五蘊皆空，度一切苦厄」。在幼年時期之教課，老師雖不為講解，但均能背誦。日後漸漸一知半解的懂了一些。等到約略了解的時候，已是三教渾一，不易分別了。我們自以為儒家的人們，千百年來，實際上已多多少少含有和尚道士的成分，不過我們不自覺罷了。

如於家塾以後，再向上求教育，則儒家之成分日重，道佛之成分日輕，最後則全為儒家教育。如略受初級教育後即入社會做事，則道佛之成分日重，儒之成分日輕。佛教向上則成以佛教為法之佛學，以釋迦牟尼及諸佛為聖賢。在宋以後，已不能與儒家分離。向下則以諸佛為神而與道教諸神攜手，並加道教諸神以佛號，如城隍菩薩，土地菩薩等類。

十二、科學知識打死了雷公電母

等到近幾十年來教育漸漸推廣，學校裡所採的科學知識已把庶民的知識逐漸理性化，而所奉神祇的勢力已漸縮小。一些初級物理學就把天上的電母帶了照妖鏡，從青雲裡推了下來，從此爬不起來。雷公亦連錘帶鑿的跌了下來，和電母同歸於盡。科學直接打死了雷公電母，間接予道教以莫大之打擊。這是幾十年來我們所目睹的。在此過渡期間，下一代不接受這一代的信仰，故思想失中心，行為失標準，詐欺犯罪等就此增加了。最近本省流行太保太妹式的不良少年在城市裡結群胡鬧，使治安機關與家長頭痛，亦未始非由新舊脫節，家庭教導無方，或環境不幸而滋養出來的。

無論迷信與不迷信，道教究為二千年來平民安身立命之具，此而破壞，平民精神上便覺空虛了。

十三、學耶穌向漁夫稅吏中找門徒

這裡是基督教的一個好機會，看臺灣教堂之多，似乎已在利用這機會了。好多牧師常常講耶穌以神力醫惡病，驅魔鬼，似在為精神空虛的民眾現象說法。不然，醫病趕鬼，在醫藥心理學與「心理分析」裡大都可以得到解釋的，不必盡歸之於超自然。

這確是基督教播道的一條途徑，但是也有他的困難的。

因為儒家所敬而遠之的鬼神，和道教所崇拜的鬼神，與希臘羅馬的神一樣，皆為宇宙所造。而耶穌教的上帝，根據希伯來人的信仰，卻是造宇宙的獨一無二的神。在這一層，猶太的漁夫稅吏都已視若固然。而中國民眾卻難於領悟。好在中國老百姓是講實用的。只要他們相信這一位神，他有靈驗能保護他們，宇宙造的神也好，造宇宙的神也好，都會歡迎的。漢魏六朝時代初期佛教之受人民歡迎，就根據這種求神賜福與保護的信念。故佛教一入中國，便漸與講煉丹求仙、陰陽五行、圖讖祭祀之方士趨向一致，形成一種道佛綜合的宗教，以供應當時統治者與人民信仰上的需要。（參考湯用彤《漢魏兩晉南北朝佛教史》）

這種道佛合一的信仰，實合乎先秦時代「道並行而不相悖，萬物並育而不相害」的傳統思想。故任何新信仰輸入中國，只要適合一部分人民需要，便會漸漸滋長。對於宗教大規模的迫害，要向西洋歷史裡去找，在我國則史無成例的。但這種對宗教上兼容並包的態度，也許對於排他性很強的基督教，反是一個難題。

當然，基督教還可以辯說，我們的神是造天地與人的，你們的神是為天地與人所造的。所以我們的神比你們的高明，但是效果如何，亦未可必。

還有一件事要明白，道教之漸漸萎縮，是因碰到了科學的理性主義和自然主義，與神之真假大小一神多神無關。在十八世紀的歐洲，打破天國思想就是這些主義。牧師們若不小心，恐怕在中國也會被打著的。況且教堂之內，無意中帶著不少這些主義的種子，一不留意，就像法利賽人的酵，會無意中蒸發起來的。

我們應該常常記得，工廠會跟著教堂來的。工廠一發達，以前所討論的各種問題，就會發生。

十四、需要深一層的研究

我們在停止討論以前，還有幾點要注意的。若我們要把宗教問題作進一層的研究，我們除歷史、社會、心理諸學外，還應該研究原始人種的神話，並應研究以世界各民族為材料的神話學(mythology)。在我國而論，道教史可以作我們的神話學研究。這類研究可以幫助我們了解宗教的意義。原始人種和我們先民的信仰，似乎有一部分仍沉澱在我們的潛意識或無意識裡，有時會竄到知覺裡來的。可是我們前面所講潛意識（或無意識）的幽邃心理學，現在尚在萌芽時期，尚未成熟。但是已經很可以幫助我們作宗教的研究。將來這門心理學成熟以後，對於人們信仰的了解將更有幫助。

還有這幾十年內新發展的語意學(semantics)，可以幫助我們把我們語言裡所用的符號和術語弄個明白。我們要曉得「上帝」或「神」是一個符號，裡面涵義在各時代各人心目中是頗有不同的。我們有一個觀念，必定有一個代表這觀念的符號，沒有符號我們的心就不能想，我們的心目中就不能生出觀念來。我們自己想或和人討論，都靠這些符號。有清晰的符號，才能成清晰的思想。上帝給我們的奇跡，就是給我們有製造思想符號的能力。明白這一些，就會覺得《約翰福音》開宗明義所說言與上帝關係的話，以近世眼光看來，還是很有意義的。這幾句話就是：

太初有言（word），言與上帝同在，言就是上帝。這言太初與上帝同在，萬物是藉他造的。凡被造的，沒有一樣不是藉他造的。生命在他裡頭，這生命就是人的光。

因此我們可以說，言與上帝，是一而二，二而一的，沒有言，人類就不能想，就沒有知識與智慧的光。凡由人類思想所造成的萬物，就都不會有了。

（原載於臺北《新生報》，亦見《文化的交流與思想的演進》，一九五八年四月二日）

第四輯

社會觀點

提　要

蔣夢麟年輕時跟隨杜威學哲學，然而他正式解釋杜威人生哲學的文章，卻是從社會的形成說起的。他所要呈現的人生哲學內涵是：「……既是講在社會做人的法兒，就要和社會的趨勢相合，所以人生哲學要跟著社會的進化走。」

這和我們一般所認知的「哲學」顯然有一定的差距，但卻符合杜威提出「實用主義」的基本精神，也符合蔣夢麟將杜威思想放入哲學流變中凸出其特殊性的用意。

他先將西方哲學分為「動機派」與「結果派」，然後定位杜威的貢獻在於調和這兩派。如何調和？杜威的人生哲學有兩面：心理面與社會面，將「動機」放在心理面，而社會則必然顯現、重視「結果」。心理面是「方法」(how)，社會面則是「實質」(what)，但這兩者彼此密切關聯。「方法」是講行為的手續、程序，「實質」是講行為的結果、成績。所以從心理方面看人生哲學，看的是個人對於道德下什麼樣的工夫；從社會方面看人生哲學，是看個人對於道德所定的價值，決定什麼是道德。個人是社會的一份子，離了社會便沒有道德。

蔣夢麟極為重視社會，他人生後半從事土地制度相關工作，更增加了對社會的體認。土地問題就是社會問題。土地不能任憑恣意買賣、無限制兼併，正因為土地所有權太過集中，必然產生社會動盪。從相反方向看，要處理土地制度，也必須從社會入手，不可能單純從政治、政策面進行。

也是這樣的社會關懷視野，使得蔣夢麟由處理土地改革注意到歷史上的相關人口變化，不只將人口因素加入社會的觀察、討論中，更進而對於人口增長提出警訊，並呼籲必須節制人口。在這方面，他是臺灣節育政策的先驅，對於臺灣七〇年代積極推動的「計畫生育運動」，有實質的引領之功。

此輯中另有一篇形式與內容上都別具意義的文章，那是蔣夢麟為吳稚暉而寫的新式祭弔文章。在吳稚暉死後，紀念文集出版之際，蔣夢麟以「一個富有意義的人生」定位吳稚暉，文章中從諸多面向（包括深帶感情的私人記憶）描述吳稚暉的一生，有傳統墓誌銘般的內容，並增添了更多現代散文式的情感。多條敘述渾然交錯，讀後令人對逝者留下了難以磨滅的深刻印象。

杜威的人生哲學

我們生在這個世界，逃不了和人相交。人和人相交，便成社會。我們講到人生哲學，就要講和人相交的道理。聚許多人，結合成一個社會。這社會的問題，是十分複雜。所以我們和人相交的景況，也是十分複雜。我們要在這個複雜社會中，求一個較為簡單的法兒，提綱挈領，把頭緒整理清楚，以便我們做人應用。我們講人生哲學，就是為這個道理。人生哲學既是講在社會做人的法兒，就要和社會的趨勢相合，所以人生哲學要跟著社會的進化走。照此看來，人生哲學是進化的，不是固執不動的。

人生哲學既是進化的，我們就知道講人生哲學的人，一定有來歷的，不是憑空構造的，不過照著社會情形，把他改良。要把他改良，必須先要把從前所有的學說研究分析。有了見地，就下斷語來。

所以我們要講杜威的人生哲學，先要把杜威以前的西洋人生哲學，略略研究。然後方知道杜威的人生哲學在西洋人生哲學界的位置，以及杜威對於人生哲學的主張。歐洲近世的人生哲學，照杜威看來，可分兩種學說，一是「動機」學說，一是「結果」學說。主動機說的說道：我們判斷善惡，不是從行為的結果為定斷，是從動機善良處下斷語。只要動機善良，我們就稱是善，其能否有好結果，是別一問題。這種主張，和董仲舒的「正其義，不謀其利，明其道，不計其功」相似。主結果說的說道：我們判斷善惡，若從動機上說起，他的動機，我們實在捉摸不到。若從他的行為上觀察，我們就可以知道他所行的是善或是惡。主動機說的說道：善是內的。善是德性，德性是內的。主結果說的說道：善是外的。行善是一種經驗，經驗是外的。

康德[1]是主動機說的代表，他說道：

> 在這世界內，除好意 (good will) 以外，沒有可稱無條件的善。智慧、機決、膽量、忍耐等雖很有用處，若無好意，這種天然的能力，就變了很危險的東西。……感情有節、自制功夫、慎重周密等，雖是很好，若無好意，就會變成極惡的。盜賊有忍耐功夫，反成一種更危險更可惡的人。

康德說這一番話，就是說我們若動機不好，種種才能美質，都會變作惡的利器，動機如同培養種子，這種子好，方才能獲好果；這種子不好，將來所獲的果也不好。

但康德所注重的，並不是在將來能不能獲好果。他所注重的，只在這個好種子，他說道：

1 Immanuel Kant (1724–1804)，德國哲學家，其學說對西方哲學影響甚鉅，著有《純粹理性批判》(*Critique of Pure Reason*)、《實踐理性批判》(*Critique of Practical Reason*) 和《判斷力批判》(*Critique of Judgment*) 等。

一個好意是好的，並不是因為從行為或效果上看，亦不是因為容易得到預期的好結果，這個好意是出於志願的，自己是好的。……如懷了好意，因為時機不好，雖竭盡心力，不能將這個好意發現於實際上，單單剩了一個好意（這個好意非但有一個空願而且極力去做）；這好意好像一粒寶石似的，在那邊自己發光，完全的價值，在他自己裡邊。有結果呢，不能增他絲毫的價值，無結果呢，也不能損他絲毫的價值。

康德的學說，和我們中國比較，是很有相同的地方。董仲舒的話，我們前已講過。他如曾滌生說「種瓜得瓜，種豆得豆。但問耕耘，不問收穫」亦是這個道理。《大學》的正心誠意，宋儒的存心養性，都是要這個心，沒有一毫私欲在裡邊，就是康德的存「好意」。與這個主張相反的一種學說，我們教他「結果」學說，我們可以講他的大概。

主結果說的代表，是英國功利主義一派(utilitarianism)。聽他們講什麼話：

邊沁[2]說道：

動機(motives)有善惡，都是從他的結果立論。得快樂的，或能免苦痛的結果，就是善動機。同一動機，有生出善的動作，有生出惡的動作，有生出無善無惡的動作。

2 Jeremy Bentham (1748–1832)，英國哲學家，提出功利主義之說。

邊沁用下文的比喻說明這個道理：

(一)一個童子，因為要解悶，拿一本興奮的書來讀。這個動機是很好的，無論如何，終不是壞的。(二)他把地黃牛（玩具名toy）扯動，在地上旋轉。這個動機也不是壞的。(三)他將一頭狂牛，放在人群中亂奔。他的動機，我們就叫他壞極了。然而做這三件事情的用意，或只是一個的：不過同是一個好玩罷了，別無他意。

斯賓塞說道：

倘若摸人錢袋裡的錢，使被摸的人的前程發生光明，使他覺得有一種愉快的感情，我們還叫偷是罪麼？

這「結果」學說，很像莊子的學說，莊子道：

臧與穀牧羊而共失其羊。問臧奚事，曰：讀書。問穀奚事，曰：博弈。

這兩個人中，一個是博弈，人稱他的動機是不好的，他失了他的羊。一個是讀書，人稱他的動機是好的，但他也失了他的羊。讀書和博弈，兩件相反的事，其結果同是一個失了羊。

莊子的道德論，以對於社會適合不適合為前提，就是對於社會有沒有好結果定道德的價值。他說：

水行無若用舟，陸行無若用車，以舟之可行於水也，而推之於陸，則沒世而不行尋常。古今非水陸耶？周魯非舟車耶？今蘄行周於魯，猶推舟於陸，勞而無功，必及於殃。夫禮儀法度，應時而變者也。今取猿狙而衣以周公之服，彼必齕嚙攬裂，盡去而後慊……

莊子的本意，以為聖人倡不適用於社會的仁義以治天下，天下反亂，故從結果上看來，聖人與盜跖同是亂天下的一種人，同是失了羊！

莊子和邊沁、斯賓塞的說法雖不同，都是欲講明重結果的理由。莊子的意思，仁義和不仁義他不管，凡亂天下的都不好。邊沁和斯賓塞的意思，用意好不好他們不管，凡是有害於社會的都是不好。

我們把上說的兩種反對的主義看起來，那「動機」派是注重發念一方面。那「結果」派是注重行為一方面。那「動機」派對於用意很仔細。那「結果」派對於行動很留心。

我們到這地方，就可以問杜威的見解如何。

杜威的意思，以為康德一番話，雖是有道理，卻是說了一半。康德不是說盜賊有忍耐功夫，反成為一種更危險、更可惡的人麼？因為更危險，所以稱更可惡，惡他什麼？惡他有危險，這不是暗暗兒便含了以結果定用意的價值一種意思麼？

杜威對於「結果」說的意見，以為人的善惡，雖然不能全以結果為斷，但有了善念，沒有結果，也不能稱完全的善。無善念得好結果，也不過一件偶然僥倖的事。

從前後兩說看來，他說道：

照我們普通的經驗看來，在某種狀況之下，兩種學說都是不差的，兩方面都可以同樣說得通。其中似因誤解而生爭端。兩方面共同的錯誤，是在兩方面都把一個單純和完全的自動的動作(voluntary act) 分作兩段。這一方面叫他是內的 (inner)，那一方面叫他是外的 (outer)。這一方面叫他是用意 (motive)，那一方面叫他是結果 (end)，實在只是一件事。一個自動的動作，是行為的人 (agent) 的一種態度 (disposition)（或習慣），發現於一種顯面易見的動作上，成一種結果。徒有動機，不發現於事實上，不管他成功不成功，這不是一種真動機，就不是一個自動的動作，從他方面看來，無動機的結果，不是自己要的，不是自己選擇的，也不是自己用力得來的，這和自動的動作完全沒有關係。內和外分，外和內離，就沒有自動（或道德）的性質了。內和外分，就成幻想。外和內離，便是僥倖。

他又說道：

……我們知道動機在一種完全的自動的動作裡面的位置，好像一種自動機的能力；一旦發動起來，若非為外來的一種大勢力阻住，一定有一種結果。我們也知道自動的行為中，有了這種結果，方才引起我們為善的興味，使我們用力把他做到。我們可任便分析自動的動作，無論從哪一端下手，我們若要完全分析起來，終免不了從這端達彼端。我們把一個動作分內外，實在只有時期先後的分別，沒有內外的分別。

照杜威這兩段文章看來，他所注重的有兩點，一點是道德是自動的動作，不是被動的。自動的動作，和道德是一件東西。不是自動的動作就不是道德。為善要出於自己的意思，這自己的意思若是真切的，若不為外來的大力阻止，便發現於動作上，成一種結果。第二點這自動的動作，無內外之分，有先後之別。先一段就是「動機」派的說話，後一段就是「結果」派的說話。先一段是動機，後一段是結果。

杜威這番話，好像是王陽明講的。

王陽明說道：

知者行之始，行者知之成。聖學只是一個工夫，知行不可分作兩事。（《傳習錄》第二十六節）

他又說道：

……行之明覺精察處便是知，知之真切篤實處便是行。若行而不能精察明覺，便是冥行……所以必須設個知，知而不能真切篤實，便是妄想……。（〈答友人問〉）

陽明說的知與行，就是杜威說的用意與動作，他說的始與成，就是杜威說的先與後。陽明又說「學無內外，講習討論未嘗非內也。反觀內省，未嘗遺其外也」（〈答羅整庵書〉），就是杜威說的沒有內外之分。陽明說的「若行而不能精察明覺，便是冥行」，就是杜威說的「外和內離，便是僥倖」。陽明的「知而不能真切篤實，便是妄想」，和杜威的「內和外分，就成幻想」是同一個意思。簡單說一句，陽明和杜威同是主張知行合一派。

我講到這裡，讀者請勿誤會陽明和杜威的學說都是一樣的，他們不同的地方很多。如陽明信良知是一種特別的機能，只有這良知能知善知惡，杜威就不信這個主張。他說：「我們要曉得道德不是武斷的，也不是形而上的。這道德一個名稱，不是指著人生的一特別區域，也不是特別一段生活。」陽明信良知是一粒百寶靈丹，近世哲學家沒有一個信一種學說可成一種萬應如意油、百病消散丸的。我們講中外比較學的，這種地方很要留心，因為很容易惹起誤會。黃梨洲因見西洋人的算學和中國有點相像，就說他們由中國偷去的，他就把「天子失官，學流四夷」為證據。豈不是大錯麼？

閒話少講，再讓我們講人生哲學問題，陽明的知行合一說，是從心理一方面著想，社會一方面是很少注意。杜威講人生哲學，是從兩方面看：一方面是心理，一方面是社會。他說社會一方面的人生哲學是定價值的，心理一方面的人生哲學是講推行法的。故心理一方面是方法 (how)，社會一方面是實質 (what)。這方法與實質，並非是兩件事，我們不可把他分離。心理學是講個人的動作，個人與社會不能分離，故講心理學也逃不了社會。社會是個人積聚而成的社會，個人是社會的個人。

方法是講行為的方法、手續程序。實質是講行為的結果、成績。故從心理方面看人生哲學，我們是講個人對於道德什麼做工夫。從社會一方面看人生哲學，是講個人對於道德什麼定價值，什麼是叫做道德。個人是社會的一分子，離了社會是講不來道德的。

杜威對於人生哲學的位置和主張，講到這兒，大家都已明白。簡而言之，他說道德是一個，沒有兩個，不能分作兩事，只好言先後的程序。動機是始，結果是終。存心是心理的，結果是社會的。心理的是方法，社會的是實質。杜威的人生哲學，我們已約略講明白，我們此後可以講他的道德教育。

（原載於《新教育》第一卷第三期，一九一九年四月）

杜威的道德教育

杜威把他的人生哲學為本，講道德教育。他說學校對於社會的責任，好像工廠對於社會的責任。譬如一家織布廠製造布匹，要先考察社會之需要。知道社會的需要後，照這樣需要去造各種樣兒的布。布廠不能造社會不需要的布。至於什麼樣造法最經濟，要布廠裡人自己設法講求。學校教學生，亦要先考察社會的需要。知道了這個需要，然後教他們，至於什麼專利法是最經濟、最有功效，要學校裡的人自己設法研究。

察社會的需求，就是社會方面的人生哲學，是實質的。研究什麼教法是最經濟、最有功效，就是心理方面的人生哲學，是方法的。

杜威最不信道德是可以和他課分離講授的，他說：『「道德」一個名稱，不是指著人生的一個特別區域，也不是特別一段生活。」照他的眼光看來，各種功課，都有道德的價值，都是道德教育（不能設那什麼叫做道德一科，在紙上談兵）。他舉了幾個例：

手工：教授，不是專教手工，也不是但增進知識。教了得當，能養群性的習慣，是很有社會的價值的（杜威把道德和社會聯合在一塊兒，照他的意思，講道德離不開社會，講社會的幸福就是講道德。他說社會的價值，就是道德的意思）。從康德至今，大家都知道藝術的利益，是要社會公共受享，不是個人所可私的。養成群性的習慣，就是道德教育。

地理：是能使學生知道物質和人群很有關係，如兩種民族，如何為物質環境所分離，以及河流道路如何能使各民族交通。湖、山、河、平原種種表面看來是物質的，究竟的意義，實在是人群的。我們大家知道，這是和人類發達和交通很有關係的。

歷史的道德價值，是講明社會的來歷，使學生對於社會種種形態、動作，都知道意義。社會如何發達，如何衰落，都可從歷史上講明白。其餘如文字為社會思想交通的利器，算術為比較社會各種事業好歹的利器，只要教師有眼光，哪一課不是道德教育呢？

杜威又十分反對學校中教授沒有理由的遺傳道德。他說：「格言（moral rules，遺傳道德）往往成一種和人生沒有關係的東西，變成一種律令，要人順從他。這樣就把道德的中心，移出人生的外邊。凡重文字，輕精神，重命令，輕自動的道德，好像用外面的壓力，把人裡面活潑的精神壓住了。」他又說：「命令式的遺傳道德，不過是一種過去社會的習慣，是過去的經濟和政治的景況所造成的。」

杜威的意思，以為現今社會的罪惡，並不是因為個人不知道德的意義，也不是因為個人不知道德上的普通名詞（如誠實、耐苦、貞操等），其實在原因，是個人不知社會的意義。因為現今社會是十分複雜，若非受正當教育的人，哪裡知道人生的真意，使他的動作、行為，都合社會的要求呢？多數的人，或被遺傳道德壓倒，或為一時感情所犧牲，或為一階級的人所欺騙。哪裡有機會識社會的真相？

杜威腦中，想著道德兩字，就想著社會的生活——現今社會的生活，不是古代社會的生活——道德的程度，就是人生的程序；道德的觀念，就是人生的觀念。人生以外無道德，社會以外無道德。他的道德範圍甚廣，不是在遺傳道德圈裡弄把戲的。

杜威說：「我們對於道德教育的觀念，實在太狹，太重形式，太像病理學。我們把道德教育和一種道德上的特別名稱緊緊抱住，和個人他種行為分離。至於個人自己的觀念和自動力，竟全然沒關係。這種道德教育，不過養成一種無能力、無用處的『好人』罷了。能負道德責任和能幹事的人，不是這樣教育法可養成的。這樣教育法，都是皮毛的，於養品性全沒有關係……。」

什麼樣才算是真道德教育呢？照杜威的意思，有三件事：㈠社會知識，㈡社會能力，㈢社會興趣。社會知識 (social intelligence)，是使個人知道社會種種行動，種種組織的意義。社會能力 (social power)，是個人知道群力之趨向及勢力。社會興趣 (social interests)，是使個人對於社會事業有種種興趣。學校中對於三件事有什麼原料呢？㈠使學校生活成一種社會生活，把學校造成一個社會的小模型。㈡學與行的方法。㈢課程。學校生活，是代表一種社會共同生活的精神。學校訓練、管理、秩序等，要和這精神相合。要養成自動的習慣，創造的精神，服務的意志。課程一方面要使兒童對於世界生自覺心，他們既生在這世界，和這世界有密切關係，要使他們知道世界事業的一部分，他們要擔負的。這樣的辦法，道德的正當意義就得了。

以上講的一番話，是社會一方面的人生哲學，這是實質(what)。對於這個見解不差了，我們就可以講心理方面的人生哲學，這就是方法。社會的價值一句話，對於兒童不過是一種抽象的意思。若不把這抽象變作具體的，他們小孩子便不能懂。做到這道德的地步，究竟是兒童自己的事，所以我們就要從兒童個人身上著想，要使他們個人的生活，代表社會生活的一部分。

心理一方面的人生哲學，是用什麼法兒推行呢？杜威說道：

> 第一步就是觀察兒童個人。我們知道凡是兒童都有一種萌芽的能力——本能和衝動(instinct and impulse)——我們要知道這種本能究竟做什麼，有什麼意思。講到這事件，我們就要研究這種本能有什麼結果和功用，怎麼可使他變為有組織的動作利器。我們講起這粗淺的兒童本能，就要記得社會生活。講那社會生活，我們就可知道這種本能的意義和陶冶方法。到了這兒，我們再要回到個人身上，找出來用什麼方法，把兒童自動的本能，達到社會生活的目的。又用什麼方法是最經濟的、最容易的、最有效力的。我們所應做的事，就是把個人活動和社會生活聯接起來，這只有兒童自己做得到，教員實不能越俎代謀。即使教員能勉強做到，亦沒有什麼人生哲學上的價值。教員所能做的，不過把環境改良，使兒童受了環境的影響自己動作起來（如兒童

沒有團結力，教員不能把他們勉強團結起來，只能改良環境，使他們自然團結起來。開運動會、遊藝會、展覽會等，就是改良環境的方法）。道德的生活，是要兒童個人知道自己的意義，動作的時候，又要有精神上的興趣。對於動作的結果，是自己用力得來的。到底我們逃不了用心理學的方法，研究個人的心理，找出一個法兒來，使兒童勃發的天能，和社會的習慣智慧相適應。

照杜威的見解，這心理學的研究是有幾個道理：㈠第一件要知道凡兒童的行為 (conduct)，基本上是從他們固有的本能和衝動 (instinct and impulse) 上發出來的。知道這個本能和動作是什麼東西，在什麼時候，有什麼本能動作發現，我們才能利用他，使成為有用的。不是這樣辦法，各種道德教育，都是機械的、外鑠的，和個人內部沒有感動的。若我們以為兒童天然的動作，就有道德的意義，便放縱了他，這就壞了，我們太嬌養兒童了。這種天然動作，是要利用的，或是要引導到有益的地方去，這是教育的原料，是給我們用他來造成一種有用的人。

㈡人生哲學要從心理方面看，因為兒童自身是教育惟一器具。各種功課如歷史、地理、算術等，若非從兒童個人經驗上著想，都是空虛的。

總而言之，照杜威的意思，我們講道德教育，是發展兒童的品性或人格 (character) 罷了。然而講起這品性一個名詞，大家就弄不清楚，所以杜威把他說明白。

杜威說品性是指兒童內部動作的程序。是動的，不是靜的；是心的原動力，不是行為的結果。

照這看來，發展品性一句話，有幾件事情，要講明白的。

(甲)他力 (force，行為的能力)。我們講道德的書，都注重存好心 (intention) 一句話。誰知道我們要講道德，不是存了好心便罷，我們還要有能力把這好心推行到實際上。若有了心，沒有力，便成一被動的「好人」，有什麼用處呢？所以我們要養成一種人，使他有肩膀擔負責任。不怕難，不怕苦，自動非被動，敢言又敢行，這才算一個有道德的人。這種能力，我們就叫他品性的原動力 (force of character)。

(乙)但有能力，還是不足。能力不善利用，就會變成危險的東西。有大能力的人，有時會把人家的權利摧殘。所以有了力，還要把他引到一條正路裡去，使他成有用的力，這種能力，方才可寶貴。照這看來，智力 (intellectual) 和感情 (emotional) 是要並重的。智力是具一種有判斷力的常識，看事能明白，知輕重大小，遇事能措置得當。抽象的是非，空懸的好意，是不能成這種判斷力的，要個人從實際上磨煉，方才能到這地步。

(丙)徒有智力，還是不足。我們知道很有判斷力的人，還是不做事情。這是因為沒有一種活潑潑抑不住的感情在裡邊發出來（孟子說惻隱之心，仁之端也，又說擴而充之足以保四海，都是講這道德感情之作用）。所以我們要講感情一方面，我們可知有判斷力，有忍耐力，不畏難的人，固然也能做好事情，但我們把「鐵面」與「婆心」兩種人相比較，覺得「婆心」的人是和藹溫柔的，是慈悲的。「鐵面」的人是形式的，是照格式做的。要養成和藹溫柔的品性，是要把感情注重。

學校中應該是什麼樣做法，才能養成有能力、有判斷力、有感情的品性呢？

杜威有幾句話，請列位聽：

(A)第一件，品性的能力是不能用抑制 (inhibition) 法養成的。我們不能從消極的抑制裡邊，找出積極的自動來。有時因為要將各種能力聚在一塊兒，使專心致志做一件事，我們不得不防制他的能力在他方面亂用。但這是引導，不是抑制。這是貯藏，不是塞住。好像園中一池水，我們要作灌花之用，便不能讓他東西亂流。這貯藏的時候，使有許多真正的抑制力在道德上是比較引導力為要緊，這好像說死是比生為貴，消極比積極為貴，犧牲比服務為貴了。有道德教育價值的抑制力，是包括在引導力裡邊。

(B)第二件，我們要問學校裡的功能，從心理上看來，是否為養成判斷力所必需的。識得比較的價值，就是判斷力。故欲養成這種能力，必須使兒童具有一種選擇和判別的能力。徒然讀書聽講，不能辦到。學判斷力的好方法，就是要兒童時時下判斷，任選擇。還要自己來判斷，自己來選擇。判斷選擇之後，自己去做，使他知道他自己行為的結果，或成或敗，有了結果，才能下判斷。

(C)第三件，慈悲心，或與人表同情的心，必須養成的。要養成這種感情，須要留心美的環境，使兒童受一種美的影響。若校中功課是形式的，學生又沒有社交生活團體集合的機會，感情的生機就會餓死，或從不規則的一方面去發洩，更把他弄壞了。有時學校以實用為名，使學生但習讀、寫、算三者 (Three R's)[1]，和其他乾燥的功課，把他的耳掩住，不聞好文學，不聽好音樂；把他的眼遮住，不見好建築、好雕刻、好圖畫；這樣辦法，我們就沒有把兒童的感情養好的機會。他的品性，就缺這一部分重大的要素。

（原載於《新教育》第一卷第三期，一九一九年四月）

1 指學校教授的三種技能：閱讀(read)、寫作(writing)與算數(arithmetic)。

法律與人權

民為貴，社稷次之，君為輕。——《孟子》

中華民國人民……在法律上一律平等。——《憲法》第七條

人民有言論……信仰宗教……集會結社……之自由。——《憲法》第十一至第十四條

在前篇討論宗教與道德問題時，曾指出吾國之道德觀念出於天道，基督教之道德觀念則根據神權。

我們現在討論法律與人權問題仍舊要從道開始。

禮與法本同源於道，到先秦時期，始分為禮治與法治兩派。

儒家講禮治，以「天生烝民，有物有則」，庶民則秉天賦而具美德。故曰「民之秉彝，好是懿德」。所以孔子說：「為政以德，譬如北辰，而眾星拱之。」孟子說：「民為貴，社稷次之，君為輕。」儒家以民為本，故主德政而重禮教。

法家講法治，以「道者萬物之始，是非之紀，明君守始以知萬物之源，守紀以知善敗之端」。

《韓非子・主道篇》）紀就是則，其意亦即有物必有則。本此則而立法，由法以取善去敗。

儒家由道而立德，由德以制禮，由禮而施政。法家由道而取紀，由紀而立法，由法而治國。法家由法以求社會之安定，而不顧個人在社會之地位。這是承認法律是外鑠的，是由外來的威權而強制的。這是歐洲中古時代的法律觀念。儒家由德而達社會之安定，而尊個人之德性。這是說個人具有道德的價值，在社會上有道德的地位。《中庸》說，尊德性而道問學。宋儒陸象山講學，常說要做堂堂的一個人，就是從尊德性而來的。承認尊個人之德性，即尊重個人有道德的價值。這與歐洲十八、十九兩世紀之法理哲學與政治哲學相合。

法家主性惡，以善者偽也（人為）。儒家主性善，以惡者習也（性相近，習相遠）。故儒家以禮教養其善，法家以法紀禁其惡。

禮治之要點，在以內在德性為基礎，養成良好的習俗，而不在以外在的威權，強制以規律。以移風易俗，莫大於樂，故禮樂並稱。以辭讓之心為禮之端，故不以法律保障物權。以仁義定人與人之關係，故不以法律保障人權。

法治在我國大抵屬刑法。自戰國時李悝制《法經》六篇，刑法始有成文。迨蕭何《九章律》包括戶婚之事，實質民法始見於法典。歷代以降，次第演變。戶婚、田土、錢債各門，自隋唐以後，規定漸詳。但仍民刑不分，故無形式的民法可言。唐代制律，禮教觀念，倫常制度，參人唐律。刑法遂亦為禮教倫常之維護者。蓋自漢武帝表章「六經」以來，儒家思想已成吾國治國之基本原則，法律自不能不受其影響。

刑法雖因維持社會安全需要而存在，並能補禮治之不足，但整個社會仍為禮治所籠罩。一般人民亦多以「打官司」為迫不得已之舉，士大夫尤以涉訟為可恥。「莫打官司」之石碑，在大陸內地至今猶能見之於通衢。吾家宗祠對族人有涉訟之禁，必須先經族中調解無效，方得訴諸官庭。是乃孔子「聽訟吾猶人也，必也使無訟乎」之遺意。

故根據西洋法理所訂之新民法，人民對之漠不關心，且不免仍抱往日「銀子多，官司贏」之懼。能免對簿公庭，終以免去為是。至通商口岸或商業發達之大城市，關係個人之財產與權利較巨，其情形自不相同。

至對於新訂之刑法，人民之態度與對舊刑法同。你犯了法，就會捉將官裡去。罰款、徒刑或死刑，按犯罪輕重而定。人民對此已有二千多年之習情，效視若固然。至刑罰較往日或輕或重，則非一般人民所注意，你犯了罪，你就倒霉。自作自受，不過不要冤枉罷了。

法律之基本原則和天道一樣，有普遍性，即是說有一貫的遍則，也可以說有通理（宋儒說宇宙萬物只有一個理）。法律講人與人的關係，雖有通理性，但同時還有歷史性，並地方性與時間性。後者三種特殊性，即所謂經驗。從現今社會學者的眼光來看法律，經驗是由通理而發展，通理是由經驗而證明的。

俗語說「王親犯法，庶民同罪」。是說法律的普遍性。這普遍性是我國法家從古就知道而應用的。韓非子以道為是非之紀，即指此。非待羅馬法之輸入而始知之。因為法律沒有普遍性便不成其為法律。有普遍性之通理而不適合於歷史性、地方性或時間性，這種法律就難實施。

羅馬法的普遍性起源於希臘哲學。古希臘哲學家鑑於希臘市國內部有少數統治者與平民之爭，市國與市國之間也爭鬥不已。想有一個普遍性之通則，以為共同遵守的是非標準。

羅馬的舊法律本限於羅馬市民及與羅馬有條約關係的其他市民。其後希臘商人來羅馬及羅馬人與他國商人接觸，需要一種寬大的法律來處理外國人。羅馬法律家受希臘哲學家之影響，所以後來羅馬共和國法律中採取了普遍性的調理而成為「萬民法」。

這是羅馬法具有普遍性的起源。

吾國當春秋之世，諸夏與夷狄共處，互相爭伐，想以文化來統一。諸夏之間，大致已有普遍性之禮教。故採「夷狄而行諸夏禮者則諸夏之」之政策。行之數百年，終於為秦奠定了大一統帝國的基礎。此後雖一時以法治天下，但不久仍回復禮治。故禮者，在原則上實吾國之「萬民法」也。但中國之禮治，行之垂二千年。到五口通商時，碰到了法治的外國人，禮治對那些外國人就行不通，治外法權之設，這是一個主要原因。此後吾國法律之改訂，好像羅馬人碰到希臘人一樣是受外來的影響的。

羅馬法之原理與吾國以禮治天下之根本思想，本有一貫的道理存乎其間，故改革不甚困難。宋儒說「東海西海，此心此理」，這句話是不錯的。

以近年來吾國根據西洋法理，斟酌國情所訂之民刑兩法而論，刑法較舊刑律大為進步。民法雖係新創，但並無重大的扞格難行之處。兩法與禮教亦均無刺謬，且可以說是禮教的成文化。經若干年施行結果，已知足以保障社會之安定，個人生命財產之安全。其相反之因素，不在法律本身，而在社會動盪時期，有各種特殊勢力作祟。且法律本身可隨時代而改進，即有缺點，經若干時期後，以經驗所得，並本於理性而加以修改，則自可漸趨完善。

現行之民刑兩法，自施行以來，已著相當成效。此後問題在於教育。古之禮教，禮與教並稱而成一專名，其中確有深意。因禮而無教，則禮治失其效。在前清時期，以作者所經驗，在省城則有木鐸老人，擎木鐸，走街坊。口念：「奉憲傳諭：孝順父母，友愛兄弟，敬重長者，和睦鄰里。」剁、剁、剁……。鄉間則有講鄉約的巡行村落，講孝弟忠信的故事。兒童環聚聽講，津津有味。還有戲場、祖廟、宗祠，都據禮說教，勸人為善。「忠孝傳家久，詩書繼澤長」的聯語是好多家庭裡採用的。至於在家塾裡，講仁說義，更不必提了。

入民國以後，此種普遍有效的社會教育，因鼎革而廢棄，禮無教，禮遂失效。法無教，怎能使人民知其意而自動守法呢！

現在大學法學院之注重點在養成法律家，這是不夠的。我們如要法律與時代並進，應兼養成法學家。法學家之學問，應有廣闊之基礎，對中西歷史、哲學、社會學及普通科學等，都應該有相當的素養。

自前清變法以來，遭遇困難最大的是憲法問題。因其中主要者為政治問題，故不易解決。在前清則有君權與民權之爭，君主立憲與民主立憲之爭。在民國則有政府與議會權限之爭，中央集權與地方分權之爭，府權與院權之爭。兵聯禍結，連年不休。王寵惠氏在《民國臨時約法》引言中有「憲法者，不祥之物也」之語，真是不祥呵。

憲法這個觀念和羅馬「萬民法」的基礎觀念一樣是導源於古希臘的。亞里士多德分法律為兩種，一為規定國家機關的組織及其權限，二為根據前項法律而規定各機關施行前項法律的手續。前者可視為憲法，後者則為普通法律。但古希臘憲法和現代英國一樣是不成文的。

吾國亦有相似的憲法觀念，即所謂祖宗成法。這祖宗所立的法，繼承的子孫帝王是不敢違犯的。當宋朝王安石變法的時候，反對新法的人們，以祖宗成法、天變、人言三者為口實。王安石曾作驚人之語稱「祖宗不足法，天變不足畏，人言不足惜」，舉國譁然。又如由歷代演變至明的六部九卿，中書行省等制度（清朝因之）亦具有憲法的意義。這種制度經取捨以後，已分別納入《中華民國憲法》之內而成文化了。考試院出於禮部，監察院出於都察院與御史臺，司法院出於大理寺與刑部，都與舊制度有淵源。國父五權憲法，即採取中國之古法而容納於現代之新法而成的。

故現今所施行的憲法，只要政府與人民共同信守，沒有不可以治國的道理。治外法權既去，只要防止法外治權發生就好了。

（原載於《新生報》，亦見《孟鄰文存》，一九五三年十一月十七日）

從日常生活經驗談民主自由

自由民主，不單是二十世紀人類政治與社會生活的最高原則，乃並是使人民日常生活無阻礙地進行的一種方式。

我國在此過渡時代，一般人常把最高原則和日常生活所需要的自由與民主，混成一體，糾纏不清，往往只從原則上著眼，而不注意日常生活的一方面。

某日在某一會議席上，發現了兩種相反的主張。一個主張說：「臺灣缺乏自由。」另一主張說：「臺灣太放任，若仍以民主自由的老套，帶回大陸去，還是要弄糟的。」

第一種意見，大概由於近月來某雜誌事件發生後所得到的感慨。此一事件，在美國鬧得相當熱鬧，誠是不幸。但我們從旁看來，此事關係言論自由的問題，成分並不太多，而其原因似乎在彼此之間缺乏相當的諒解，當時如有人從旁調解，此種糾紛可無形打消的。即或訴諸法律，亦是一個辦法。

第二種意見，大概根據在大陸時，目擊散漫、鬆懈、習於搗亂之狀態而發言的。這幾種弱點，實在從生活習慣而來，這種習慣，由吾國農村社會的「各人自掃門前雪，不管他人瓦上霜」傳統的思想養成的。等到近代社會生活必須幫助打掃他人瓦上霜的時候，且更進一步，政府必須干涉「不掃自己門前雪」的人們，這種弱點，就因之暴露了。

自由與民主兩詞，在西歐與美國，已成了生活方式。談起來已成了老生常談，不必解釋。故在他們，自由民主成了日常生活所必需的條件。他們知道幫助他人掃瓦上霜，也允許警察干涉不掃自己門前雪的人們。

他們在日常生活中，知道自由的界限，即風俗、輿論與法律所允許自由的尺度。

他們不會任他們的收音機放出鑼鼓喧天似的聲音，因為這是侵犯了鄰家的安靜自由。他們不會在戲院門外購票的時候，擁擠在票窗之前，搶先擠後。他們一定會魚貫排隊。因為他們知道放棄了擁擠的自由，才可得到魚貫而進的從容自由。推而廣之，警察在緊急事變時干涉行人行動的自由就是為保護秩序安全的自由。概括說來，我們能夠放棄比較低級的自由，才能得到比較高級的自由；不肯放棄比較低級的自由的人們，就得不到比較高級的自由。

因為要大多數的人們得到高級的自由，故不得不限制少數人低級的自由。

這種限制的辦法有三個：㈠禮俗的，㈡輿論的，㈢法律的。古人所說的「入國問禁，入鄉問俗」是禮俗而兼法律的。西諺「在羅馬照羅馬人一樣做」是禮俗的。譬如入國不問禁，你就會犯法受罰；入鄉不問俗，就會遭鄉人白眼。數月前本省有一鄉人，因貧病交迫，向媽祖借了金飾，因此犯了眾怒，他的眼睛被挖瞎了。這是因違犯了習俗。挖眼睛的人，被法律裁判處罰，這是因犯了法律。

至於輿論制裁，有時比法律的威權還大。民國十七年，杭州省府令市工務局放寬杭州市街道，拆除兩旁房屋。某清真寺以歷史關係，呈請保留。有人主張強制執行。我當時就說：「如此恐引起宗教方面的誤會釀成糾紛，不如聽其突出街中，日後必引起輿論的指責；然後可以商量拆讓，事半功倍。」街道放寬後，人人稱便，個個指責該寺，主持人也自覺難為情，把該寺大門自動拆除了。若當時我們堅持強制拆除，恐要犯信徒們的眾怒，掛起保護「宗教自由」的招牌來與政府抵抗。其實拆讓房屋與宗教自由有什麼關係呢！

我們現在要有身分證，不然警察就要和我們麻煩。起初我亦覺得討厭，但回想一次，知道這是防制間諜的一個好辦法。半夜裡警察敲門查戶口，這是何等麻煩，但一回想，知道這也是一個防制間諜的辦法。倘若間諜到處可以隱匿，我們終有一日會喪失我們安居的自由。以上兩個例子，就是說明我們要失去較小的自由，換取較大自由。

凡經商的都知道，賠點小本錢，然後可以有賺大錢的希望。只要有大錢可賺，賠點小本是值得的。反過來說，不肯賠小錢的，就不會賺大錢，不肯犧牲較小的自由，就不能得到較大的自由。

我們所要反對的是犧牲了較小的自由，仍舊得不到較大的自由；或更進一步，因此而喪失了較大的自由。如唐僧念緊箍咒，把孫悟空的頭一步一步的箍緊起來，終至於完全受唐僧制馭了。這就是鐵幕以內的辦法，那是要不得的。

所以政府要人們犧牲較小的自由時，不可忘了是因為要使人民得到較大的自由。

我們把日常生活的經驗和自由的關係，已在上文說明白了。讓我們談談幾個大原則罷！

㈠宗教自由：中國人對於宗教，在世界上是最寬大的。所謂「道並行而不相悖，萬物並育而不相害」。通俗所流行的「信者有，不信者無」就是上文的通俗化。所以宗教自由，在中國是本來不成問題的，竹幕[1]內的反宗教運動，是從俄國輸入的。

㈡言論自由：現在一般要求自由的人們，雖口頭上籠統的稱自由，其實際只是要求言論自由。但我們平心思之，政府對於言論自由的最高原則，並沒有不贊成，也沒有否認。不過在嚴重局勢之下，對於違反立國基本原則的言論，自不能容許，這也是應該的。美國為言論自由的國家，她可以容忍參議員麥加錫[2]罵杜總統[3]為母狗的兒子。此語報章宣傳，杜總統當然聽見，不過一笑置之而已（這種言論，在中國為禮教所不許，自然不會發生）。但對於推翻美國憲法之言論，則即受法律之制裁。我們主張言論自由的人們，當然不主張有推翻國家基本原則的言論自由，問題在邊緣或兩可之間的言論，在一出一入之間，可以成為犯法與不犯法之兩種解釋。對於這種事件發生時，最好交由法律解決，不要直接行動。保障言論自由，其焦點即在乎此。

1 西方國家在冷戰時期對亞洲資本主義和共產主義界線的稱呼。

2 今譯為為麥卡錫 (Joseph McCarthy, 1908–1957)，美國共和黨議員，擔任參議員期間最廣為人知的是其利用反共思想使美國人人人自危，被稱作麥卡錫主義。

3 即杜魯門 (Harry S. Truman, 1884–1972)，美國第三十三任總統。

要求言論自由的人，以目前中國情形而論，在全體人民中究係少數。當然教育程度愈提高，則言論自由之要求亦隨之而增高。其次則為選舉自由，其人數當然較多。其次則為免於匱乏之自由，其數當更多了，或竟至全數人口。茲分別討論如下：

㈢選舉自由：本省選舉，以前數屆而論，大致不差。下屆選舉，政府當局已三令五申，予以指示。一而禁止特殊勢力之干涉，而尤注意於選舉時的浪費。英美兩國，選舉費均有法律限制，並且要把數目公開宣布，逾限就是犯法。英國選舉費用較美國省儉的多，這是美國人最羨慕的。本省上數屆選舉，據社會上傳說費用太大，政府應嚴密調查，根據事實，予以法律上的限制，並依法予以指導。

㈣免於匱乏之自由：這是沒有人反對的。要免除匱乏，只有增加生產。二年來政府與美援機關之共同努力，於農業方面已有相當進步。於工業方面現正統籌設計，不限於恢復日治時代之舊觀。於二三年後，可望有相當成績，穩定本省經濟。即以恢復舊觀而論，工業方面經主持人之努力，二年來實做了不少的事。經合分署施幹克博士於視察若干工廠後，對新聞教育組說，這種努力的成就，應該使華盛頓知道。

我們如能得到免於匱乏之自由，則本省基礎奠定，其餘可逐步而致。《管子》裡說：「倉廩實而後知禮節，衣食足而後知榮辱。」我們在大陸上失敗的一個大原因，就是倉廩空而衣食缺。所以數十年來改制變法，終撲得一個空。

如我們能把農業與工業配合，工農生產與國內外市場配合，生產與整個經濟配合，本省人民，可以得到免於匱乏之自由。這是要靠大家努力去做的。言論自由，可以要求而得，免於匱乏之自由，要有計畫，要繼續不斷的努力。坐談空論，是無濟於事的。

余若免於恐怖之自由，以今日之世界而論，鐵幕以內之人民最為迫切需要。他若颱風地震，使人受極大恐怖，此是天災，非人力所能控制的。至若原子彈戰爭，則是全世界人民所同有的恐怖。

人類是很奇怪的動物。以前女子纏腳的時候，女子避免天足運動，如小偷躲避警察似的，寧願把足束縛，不願享天足的自由。所謂習慣成自然，凡已成習慣的惡俗，人民恆視作不可侵犯的自由。本省人民常以一年辛苦所得之積蓄，盡於數日之「拜拜」，使長年陷於匱乏之不自由。若政府加以干涉，在人民看來，好像摧殘他們的自由一樣。凡這種有關風俗的事，政府只可喚起輿論，逐漸改變，不可以法律制裁或政令壓迫的。

至於民主，即在法律範圍以內的有組織的自由，即三民主義的民治、民有、民享。這要逐步怖進，不能馬上成功。民主方式的進步，是浸的，不能一蹴即就。

我們要談自由，當以法律所付予的為範圍，所謂放棄較低級自由，以求較高級的自由。

談起法律的效用，我們只要記住一句我國的老話，「王親犯法，庶民同罪」。

（原載於臺北《新生報》，亦見《孟鄰文存》，一九五一年十一月十一日）

土地問題與人口

一、土地兼併與民變

土地問題，為吾國自漢朝迄今一個最感痛苦的問題。西漢土地兼併，形成富者田連阡陌，貧者無立錐之地。王莽知形勢嚴重，便想設法補救，於是收天下之田為王田，希圖將土地重行分配。但積重難返，卒致天下大亂。地主之拼命反對自是意中事，佃農因並沒有即刻得到任何利益，好像畫餅充飢，自然不會擁護。適值青徐兩州（山東、河南、蘇北、皖北一帶）發生嚴重的旱災和蝗禍，這真是切膚之痛，因此一觸即發，釀成大規模的民變。光武平赤眉，定天下。但經此一亂，人口大減。地主既遭摧毀，農民亦受大難。人口之減少，超過三千多萬人。承平以後，舊調重彈。土地兼併，一如往日，尋至黃巾亂起，天下三分。三國末葉，全國人口減至七百六十萬人。這是中國人口最少的一個時期。（錢穆《國史大綱》）

因土地兼併而造成一大群的貧農。黃巾之於東漢，猶赤眉之於西漢，都是農民的變亂，都是土地兼併的產物。大亂以後，國力削弱。雖經西晉的統一，而五胡乘虛，朝分南北。由兼併而招致民變，由民變而招致內亂，由內亂而招致外患，這種聯串的因果，可視為中國歷史的通律。

北朝開始，即以解決土地問題為重要的政策。當時人口既已大減，土地自有大量多餘。故北朝即以授田為解決土地問題的方法。其主要點為男夫十五歲以上授田四十畝耕種，另給四十畝休息。因為當時耕種技術比較幼稚，故不得不按年輪植，以保持地力。婦人則減半授田。又土地與賦稅不能分離，故立租庸調三稅法。租是地稅，因人皆授田，故租按人而不按地。庸是為國家服勞役，調是每戶出織物若干以貢獻政府。

㈠授　田

隋朝統一南北，其授田方法，與北魏相似。男八十畝，女四十畝。若以半種植半休息而論，卻與北魏相同。

唐乘隋起，其授田制為丁男中男給田一頃，以二十畝為世業，餘為口分。其稅法亦採取北魏的租庸調。唐代制度，凡納稅人各圖其貌，以便稽查。與現在的身分證要貼上照片同一意義。

唐代田制與稅制，其影響及於日本。日本當時朝野都是儘量輸入中國文化，和明治時代輸入西洋文化一樣的徹底和熱誠。她在平安時期（七九四－一一八五年）亦採取授田方法，和唐代相似，其

稅法亦為租庸調。(《日本近代史》第一章〈緒論〉，胡錫年譯)

中唐以後，兼併又起。更以朝政腐敗，藩鎮作亂，使農民不能生活。黃巢乃應時而起，輾轉十年，靡爛全國，摧毀了文化燦爛統治中國三百年的唐朝。黃巢之於唐，猶黃巾之於東漢。此後復經五代之混戰，損失了三千多萬的人口。唐天寶時，有人口五千三百萬，到了宋開寶時，只剩了一千五百萬。

宋朝初興，沒有推行授田政策。此後歷元明清三朝都不再談授田了。宋王安石只談方田，防止漏賦，並沒有限田的意思。

授田政策之放棄，大概因為墾地面積減少，分配困難。以墾地面積與人口相比較，唐代平均每人可得二十七畝，宋代只可得十九畝，而明代且減到十四畝了。所以明太祖洪武元年令州縣人民開墾荒田，不論有無原主，都歸墾荒人所有，作為永業。這是間接的按勞力而授田。

或者還有另一個原因。授田之後，經若干年人事的變遷，就漸漸的破壞了。兼併之風又起，如唐中葉以後的現象。當局的人們或者覺得徒勞而不能垂久遠，何必多此一舉呢。

(二)人民逃亡之原因

富者田連阡陌，貧者無立錐之地。這兩句漢朝人的話，為中國一治一亂的大原因。元朝趙天麟說人民逃亡有五個原因：(1)天——天災流行，飢餓乏食。(2)官——官吏苛刻，賦稅繁重，富人納賄得免，貧人擔負獨多。⑶軍——軍費浩繁，民不堪命。⑷錢——借錢救急，重利盤剝。⑸愚——愚笨無知，謀生困難。請讀者瞑目一思，中國近幾十年來的農村狀況，有沒有與這五點相似？這幾句簡單的話是不是可為大亂原因寫照？

㈢明末流寇

明末流寇之起，種因於晚明政治之黑暗。神宗的怠政聚斂，熹宗的昏憒荒淫。內亂外患，相迫而來。兵戈不息，軍費浩繁。加派重徵，日甚一日。縉紳豪右從中漁利，在稅役方面包攬詭寄，設法逃避，把一切負擔都加在平民身上。（李文治《晚明民變》）

陝西省常常發生旱災。萬曆四十八年間，有災荒記載的占二十五年。崇禎二年繼續旱災，陝北延安、慶陽一帶，是災情慘重的中心。「炊人骨以為薪，煮人肉以為食」。張獻忠就是在延安北面的米脂發難的，李自成也生長於陝北，發難於甘肅。

李張二人率領了流民，橫行天下，靡爛全國，顛覆了明朝二百多年的基業。赤眉、黃巾、黃巢、李自成、張獻忠先後相隔一千四百多年，其起事之原因相同，其結果亦相同。其原因為民變，其結果為每次死了幾千萬的人。歷史上的教訓，兼併者被摧毀、被兼併者也被摧毀，玉石俱焚，同歸於盡。我們讀歷史，不可但看漢唐之燦爛文化，而忘卻了牛馬生活用血汗來生產的農民。一部燦爛文化史的背面是一部悲慘的血汗史，是中國文化的摧毀史。

㈣人口加於土地之壓迫

我們但看中國有四萬萬五千萬的人口，而忘卻了從漢朝到清初中國人口從未超過六千六百萬人（明永樂時）。在這一千六百多年的期間，在承平時，從漢至明，人口之平衡數為五千萬人。每人平均之墾地，漢代為十四畝，唐為二十七畝，元代為三十三畝，明代為十四畝。據光緒十三年的統計只剩了兩畝半。最近據大陸方面來人說，廣東潮汕一帶土地分配，每人只分得了七分，浙江嵊縣每人只分得了一畝一分。我們從人口與土地關係看來，這是何等嚴重的問題。在大陸上不論何人當政，這問題終是一個致命傷。（歷代人口估計，大部分採自金兆豐《中國通史》。墾地估計大部分採自劉大鈞《中國農田統計》，為章柏雨等《中國農佃問題》所引。）

我們談到這裡就要想到一個問題。中國在清代以前一千六百多年間，人口平均數為五千萬。何以到了乾隆六年會增至一億四千三百萬呢？

據明史所載，天啟元年人口為五千一百萬人。經崇禎年間李自成、張獻忠殺戮後，人口損失了多少，史無記載。若我們假定以雍正二年所記載的二千五百萬人為明末人口之數，則明末之內亂可假定損失人口為二千五百萬人。明末至乾隆六年，為時計九十七年。若以二千五百萬人為基數，又假定每四十年增一倍，則第一個四十年為五千萬，第二個四十年為一億。第三個四十年為二億。乾隆六年《東華錄》記載編審天下戶口畢，共大小男婦數一億四千三百萬人。（見蕭一山《清代史》）乾隆五十年人口為二億八千八百萬。適為第三個四十年以後。若假定三千萬為明末人口基數，則第三個四十年當為二億四千萬，與乾隆五十年之計算相近了。中國人口之編審，其正確性本是一個問題，充其極不過大旨而已，有時離大旨或亦相遠。但除此以外，別無依據。若說估計與假定，其價值亦不過等於估計與假定而已。

二、清代人口何以激增

徐光啟在《農政全書》裡說：「生人之率，大抵三十年而加一倍，自非大兵革，則不得減。」明代在徐光啟時，人口為五千一百萬，耕地為七億四千萬畝，每人平均得十四畝四，故其人口生長率之估計是對的。在歷史上看來，中國人口之大減均在大亂後，故其理論亦是對的。徐氏去世不久，即是明末流寇之大兵革，十餘年間，人口死去一半，是徐氏知之而不及親見者。清代人口果四十年而加一倍，是又徐氏推論所及而不及親見者。

乾隆時代的人口統計，其數似屬驚人，但以各種原因推測之，似頗近乎事實。而丁稅併入田賦，使匿報者少，也是人口數忽然增加的理由之一。

人口之增加：(1)需要耕地。(2)增加產量。(3)比較清明的政治。(4)相當的治安。其(3)與(4)兩點為漢唐宋明清五朝盛時所共有，何以清代以前，人口終以五千萬為平衡數呢。若以耕地而論，清光緒時代的墾地，超過洪武時代不過一億畝，何以能容人口比洪武時代超過六倍以上呢？（洪武十四年，人口六千萬，墾地八億畝。光緒十三年人口三億八千萬，墾地九億畝。）我們分析理由如下。

(一)農業技術之進步

東晉時江南種植法為火耕水耨，何以叫做火耕呢？即用火燒去田草，何以叫做水耨呢？田草燒去後灌水種稻。草稻並生，去草留稻，再灌以水，草死稻長。這種耕法產量自然薄弱，且一年只能一作。到南宋時，據史傳所載，浙人治田，深耕熟犁，土細如麵，插秧緊密，上田收五六石。諺謂「蘇湖熟，天下足」。這與浙江現時種植法幾乎相同了。又謂江東人（揚子江下游）治田耕地不熟，地力不盡，稂莠雜生，不耨不耘。土地雖然膏腴，收穫常得中平。又謂廣西人不知移秧，不加肥料，又不耘耨。

乾隆初年上諭總理事務王大臣說：「至北五省之民，於耕耘之術，更為疏略，是以一穀不登，即資賑濟，其應如何勸戒百姓，或延訪南人之習農者以教導之……即會同九卿，詳悉定議以聞。」（宋希庠《中國歷代勸農考》）

這是乾隆帝把江南農業技術推廣於北方的政策。

㈡甘藷之輸入與推廣

甘藷（或稱番薯）有人於萬曆間從南洋輸入其種。海外人禁不令出境，此人取薯藤絞入汲水繩中，遂得渡海，因此分種移植，略遍閩廣之境。（徐光啟《農政全書》）

甘藷所在，居人便足半年之糧，民間漸次廣種。凡有隙地，悉可種薯，即市井湫隘，但有數尺地，仰天見日者，便可種得石許。至於蝗蝻為害，草木無遺。惟有薯根在地，蝗去之後，又復滋生。故農人之家，不可一歲不種，此實雜植中第一品，亦救荒之第一義也。（同前）

故甘藷於晚明已逐漸推廣於閩廣間。乾隆四十年陳宏謀主陝政，以勸種甘藷為六大農政之一。可知甘藷已推廣至北方邊省了。（宋希庠《中國歷代勸農考》）

據中農所民國二十年至二十六年統計，全國甘藷每年平均產量為一千八百萬公噸（米為四千五百萬公噸）。此想係大量生產者為根據，他若隙地之小量種植作一家糧食之用者，恐無法統計，其數想甚巨也。故甘藷之輸入及推廣，可稱清代人口大增之重要原因。

若以臺灣而論。去年產米一百四十萬公噸，而甘藷之生產達二百二十萬公噸，乾隆之際，其比率或較此為更高。因當時人口日增，惟甘藷足以濟其窮，且遇荒年，更可以救急而不致於餓死。

甘藷與人口滋長的關係，證諸歐洲也是如此。不過為洋薯 (Irish potato) 而非甘藷。據說德國工業化以前，人口之滋長就是靠洋薯的。據比利士人估計，如該國四周受包圍，只要廣植洋薯，就不會餓死。

番薯於江戶時代之享保年間（一七一六—一七三六年，清康熙末葉），自中國經琉球傳入日本薩摩地方。當時幕府為增收重稅，亟思開源增產，因令各地栽培番薯為增產方法之一。謂其生性水旱無妨，能在饑饉之年代替食用。提倡人青木昆陽因此獲得「番薯先生」之別號。（胡錫年譯栗田元次《日本近代史》）

但日本雖遍植番薯，人口未見增長。享保七年（一七二二年，康熙六十一年）統計人口二千六百餘萬（十五歲以下及服役武家者不在內），至弘化三年（一八四六年，道光二十六年）為時一百二十餘年，而人口不過二千六百九十萬餘。每年約增千分之〇．二五，而中國則於此時期自數千萬增至四萬萬。蓋清代此時正為黃金時代，而日本則政治不良，民變迭起，天災流行，哀鴻遍野，農民盛行墮胎與殺害嬰孩，且多山之島國土地不易拓展，故番薯推廣之效果，盡為禍亂、天災、殺嬰、土地四者所抵銷，不能於人口生長起絲毫作用。日本人口滋長至八千萬為工業化以後之事。

我們若採取明末人口為二千五百萬至三千萬之數，日本享保七年距明末為時不過八十年。後之一百二十餘年，人口未見增加。其前之八十年，人口或已離二千六百萬之數不遠。果爾，則中國廣大地域內所有之人口，略與日本幾個小島上之人口相等，這真是驚人之事。即以此時期以前而論，中國人口不過五千萬左右，約為日本人口之一倍。濱海居民，其數當不過與日本人口相若。

自明嘉靖（一五二二—一五六六年）以後，中國沿海屢遭倭寇之侵略，恐與日本人口膨脹之關係不小，這是我們歷史家所未注意的。琉球首次被日本侵略，為萬曆三十七年（尚寧王二十三年，西曆一六〇九年），亦即在此時期。

㈢棉花之推廣

有食必有衣，絲麻不足應人口激增之需要。棉子於元初輸入中國，惟須以指取子，費工太大。後軋花機發明（或輸入），植棉之面積推廣，方能適應人民之需要。嘉慶元年諭廣植木棉，二十三年甘肅高臺縣知縣周硃，竭力獎勵人民植棉，並教人民從吐嚕番來人學彈花之法，又使四川人教人民織布並仿製紡車百二十架，鐵錠百二十枚，使人民學紡。（宋希庠《中國歷代勸農考》）

棉花之生產，浙江之餘姚，在明代已聞名於全國，其種係由海道輸入。西北之棉產，其種係由陸路從吐嚕番輸入。清代東西兩面推廣棉花，以應數萬萬人民之需要。日本非棉產國，不能大量生產棉花，亦為人口限制原因之一。

中國文化自東晉以後，逐漸南移，而贍養文化之資料，當然要靠農產，故南方農業技術隨時代而改良。到南宋時，種植方法在浙江之發展，已為全國冠。乾隆帝竭力提倡推廣南方農業技術於北地，以期增加生產，解救人口滋長之壓迫。

生產與人口之滋長，常互相競爭。生產增加，人口必隨之增長。人口增長，人民必設法增加生產以解飢餓之壓迫。人口愈增，則每人平均之耕地面積愈縮小。耕地愈小則人口之壓迫愈甚，使多數人民常在飢餓線上過生活。中國近百年來之民生凋弊，國力衰弱，其總因在乎此。韓戰中之人海戰術之可能，亦在乎此。但是人海戰術終不能與機械精良、火力猛烈之現代軍隊相久持。常在飢餓線上之民眾，亦不能與工業化國家在生產上競爭。

據民國七年之統計，人口為四億三千八百萬，墾地為十二億畝，比唐代少兩億畝，而人口則比唐代盛時增九倍（唐天寶時人口為五千二百萬）。唐代文化向上發展，現代中國文化成膠著狀態，其根本原因在乎此。若我們永遠膠著在甘薯文化之中，任何主義都無法找得出路。

三、節制生育

臺灣人口年增百分之三，若以本島人口六百五十萬為基礎，則十五年後當增至一千萬，二十四年後當增至一千三百萬，即為現有本島人口數之一倍。如此則現在平均每戶一甲半之耕地於二十四年後將減至七分半（合十一畝二分五）。比較福建龍岩縣之每戶十五畝還要減少三畝七分五，彼時臺灣農民生活程度必將降低一倍，無論如何增加生產，如耕地面積不夠，生活程度必然降落。

若現在我們多所避諱，不敢談生育節制問題，將來必蹈大陸上耕地不足之覆轍。

印度首相尼赫魯，於本年七月十三日在國大黨演說，極力主張以科學方法節制生育。又據本年七月十五日《紐約時報》記載，印度人口三億五千五百萬人，每年增加五百萬人，七十五年後，印度人口將增加一倍（每年增加千分之十四）。故由尼氏主席之國家計畫委員會已提出一「五年經濟改進計畫」，內包含一節育計畫。該計畫將在全國各地普設節育中心以實施節育。然因甘地曾反對節育，故各方反對頗為強烈。但人口專家認為印度如不實行節育，則人民生活水準將江河日下，所有資源將盡為增加之人口消耗。

日本上議員加藤夫人，於本年七月十七日在美國紐約演說，謂日本上院將於明年提出一生育節制法案，彼預料將無人反對。據中新社本年十一月六日通訊，日本年有墮胎事件至少一百萬起。與其墮胎，不如節育。故日本節育之普通化，不過時間問題而已。

日本《每日新聞》於本年舉行抽查關於生育節制之輿論，調查城鄉各階層夫婦三千對（婦女在四十九歲以下），計六千人。其中百分之六十贊成發起節制生育運動，由國家予以指導與技術上之協助。其詳見：Population Problems Series No 3, *The Mainichi Shimbun*, Tokyo, 1951。

中國近年來，凡論土地與人口之書，多嘗暗示節制生育。如金兆豐《中國通史．戶口消長》一章裡說：「民數不多，固難致富，民數過多，又易際窮，是所望於有斯民之責者。」即官書如國民政府主計處統計局所編之《中國人口問題之統計分析》裡說：「……淑種優生之注意講求（即包括節育）尤為今後自力更生致富圖強之重要原素。……」

大陸上人口之壓迫為近二百年來新發生之現象，前文已一再言之。我國歷史家與政治家但見二千年來歷史之教訓，以為限田與均田足以打消兼併之害。不知現在我們的限田政策不過救目前之急，非長久治安之道。因為耕地太少，人口太多。不限誠有大害，限亦只能達到吃不飽餓不死的苦境，無論如何增加生產，有其一定限度，且只能救一時之急。無論政治如何改良，租稅如何減輕，兼併如何限制，土地如何分配，此問題如不解決，人民生活程度無法大量改進，全民文化無法提高。這人口加於土地的壓迫是從漢到明所沒有的問題，現在放在我們眼前了。

四、森林問題

人口滋生過速還有一個問題，就是把森林毀壞了。清代解決了衣食問題，可是沒有注意到燃料問題，於是二百年間把森林燒成了灰燼。到近幾十年中，南方燒掉了森林，只好燒稻草，北方甚至燒馬糞。還有造房子、製棺材，都要用木料的。臺灣六百五十萬人口，每年燒掉五十萬公噸木柴，此外還燒掉五萬公噸木炭。其他造房子製家具等尚不在內。如以臺灣為比率，四萬萬人口，每年只木柴一項，要燒去三千萬公噸。一百年之中，要燒去三十億公噸。所以明代每百年平均水災次數為三十八次，到了清朝，驟增到三百二十八次。

明代每百年水災次數較元代大減。因明初五十年間，全國廣修堤壩。只就洪武二十七至二十八兩年而論，全國修堤計四萬餘處。黃河經五代之亂而失修，至北宋而始有河患。其根本原因為北方森林久經毀壞，河道逐漸淤塞所致。明代旱災，並不因大量築堤而減少。因旱災多在北方，亦為森林久經毀壞所致。築堤可防水災而不能禦旱災。恢復森林，非五十年不能見效。燃料問題不解決，森林甚難恢復。用煤則須開礦，運煤則須鐵路，治河則須大規模的機器和資本。這都是屬於工業範圍。

五、糧食產量與可能之增產

中國所產糧食，據中農所統計，米麥兩項，每年（一九三一－一九三九年）平均產量共計六千七百萬公噸。以其營養價值而論，可養活二億四千萬人。其他雜糧如大麥、高粱、玉米、豆類、小米、花生、甘薯等類，共計亦六千七百萬公噸，亦可養活二億數千萬人。

甘薯營養價值，因其含水量太高，只等於米的三分之一，但每畝產量較米多四倍弱。而甘薯之種植，凡隙地荒山多有之。安得按戶而調查，故為統計所不能及。是則其年產決不止二千八百萬公噸，前面已說過了。

故中國糧食產量，足以供給全國四億幾千萬人口。若無天災流行，糧食是夠的，但以交通不便，不能移有餘補不足，故沿海大城市，常由外洋輸米入口，供給民食。如廣築鐵道公路，則有無可通，自不必費去此不必要之外匯，此又屬於工業範圍了。

又糧食加工、絲棉紡織、煙酒釀製，凡此等等，均屬於工業範圍。他若交通運輸、國際市場，與農產品之價值有密切關係，此又屬於商業範圍了。

農業與工業須血脈相通。合則俱榮，分則俱衰。至於整個經濟問題，須全盤籌畫，已在前篇說明了，在此不必贅述。

中國生產以農為大本，但向來政策，取之於農者多，還諸於農者少。若以國際與國內專家共同對於中國農業問題，以近世科學方法作有系統的調查、研究、試驗、推廣、實行，實為破天荒的第一次。農復會成立以來，將及三年。在此三年來，在大陸及臺灣的工作，供給了我們不少的原則和方法。

農復會之工作，已詳該會第一期報告（四八年十月至五〇年二月）及該會工作簡報（四八年十月至五〇年十二月）。該兩種報告為農復會正式宣布之政策、方法及成果。本冊諸篇，為本人對於農復會工作之檢討。

至生育節制問題，未列入農復會政策之內，因此事反對者頗不乏人。農復會所注重者，為謀目前生產之增加與農民大多數之福利。至百年大計（除臺灣森林問題已著手研究與補救外），本非在農復會工作範圍之內，故只討論而不列入政策。時機未熟，不願以一時做不到的遠景而害目前所急需的近謀。其對於政治問題，亦抱同樣態度，因農復會的責任並不在此。該會並非不知整個政治和經濟問題為解決農村基本問題的先決條件。《大學》說：「物有本末，事有終始，知所先後，則近道矣。」終始先後，是農復會同人所知道的。農復會工作，不過始其所急，先其所能。其終其後，則是國人共同的責任。

農復會工作的原則與方法，本來在大陸上已形成。在臺灣所推行的，不過略為改動，以適應環境罷了。

本篇之作，在為前途示一遠景，俾不致因近視而碰壁。歷史的教訓，可使人的眼光透出目前環境以外。歷史的演變，可以人力來利導和補救，但不能以人力來阻止或使它回頭。

人口過剩問題，節育不過是一個方法。即使無人反對，在多數不識字或貧苦的民眾中間推行是比較困難的。只要多數民眾有受中等教育的機會，節育就很容易辦到。這就牽涉到教育問題了。其他則為工業化，工業化本身，就是減少農業人口的好辦法。人口聚於工業化的城市裡，因人口與生活的壓力比較明顯，節育的方法容易獲得，所以都市人口較能接受和實行節育。贊成既可不必，反對亦屬無效。兒童過多，生活無法維持，反對節育者，其勢亦不得不暗中實行。久而久之，人人不談，個個實行，美國就是一個好例子。

人口關係國防，為反對節制生育者之最大理由。但我們贊成節育，並非片面的要把中國人口減少。我們贊成人口與土地應有適當的調劑與配合。否則生活不能提高，內部易起變亂，而國亦終不能強。

漢唐兩朝為中國拓疆極盛時期。彼時人口不過五千多萬，何以拓疆後，其版圖廣闊，幾與目前中國之疆域相等呢？可見國家之強盛，不僅靠人口之眾多，還有很多其他原因呢。

吾國在大陸方面，每千人每年生育率為三十五人，死亡率為三十人。故每年增加率只五人。這是人力何等的浪費。所以吾人應改良衛生以減少死亡率，節制生育以限制生育率。我們不要多生多死的天然調劑，而要少生少死的計畫調劑。

大陸方面，如推行種子改良，據農復會專家估計，可增產百分之十。是米麥兩項以年產六千七百萬公噸為基礎，年可增產六百七十萬公噸。如治害蟲生效，可增產百分之十，亦是六百七十萬公噸，如普遍修築水利，若以百分之十增產計算，則又可增加六百七十萬公噸。以上三項，即可年增二千萬公噸（這不過是根據已往實施所得平均結果，表示有此可能。實行起來，當然還有其他種種條件和因素）。

這裡所說，不過是米麥兩項，當然其他雜糧的生產，亦會因選種、防除蟲害及興修水利等而相應增加。但是增產要與工業配合，否則穀賤傷農。產愈增，農民愈沒有辦法。聽來好奇怪，事實實在如此。貴州農民以多少米掉多少鹽多少布為米價標準。臺灣農民以多少米掉多少布多少鹹魚為米價標準。米少而掉得製造品多則樂，米多而掉得製造品少則憂。「只要農產品多，食品就豐裕，生活就便宜。」這是我們住在城市裡的人們的話，鄉下人的話正和此相反。

所以農業生產要和工業生產配合進行。我們實行增產，應先在大城市附近或交通便利的地方開始。如是則農產品可以供銷城市，工業品可流入鄉間，城鄉兩得其利。如交通不便或離大城市較遠的地方，只要人民吃得飽就行，硬使他們增產是沒有用的。本來窮鄉僻邑，自產自食是夠的。除非交通搞好，能運得出來，要他們增產做什麼呢？

第二步為推廣交通。交通到的地方，才可以講增產，同時要注意加工和銷路及製造品之供給，如是則始可富國而益民。

日本人治臺灣，以造路為發展農業之基礎，鄉村電力化為農產加工之基礎，即是這個道理。

再次一步，則為墾荒。我國可墾未耕之荒地，究竟還有多少呢？據各家估計，未能一致。主計處參酌各家之言，估定了一個數字，全國二十八省及外蒙古地方可耕而未耕地面積共為七、〇〇九、〇〇〇、〇〇〇公畝。如除去外蒙古四三〇、〇〇〇、〇〇〇公畝，則為六、五七九、〇〇〇、〇〇〇公畝，折合一、〇七〇、〇〇〇、〇〇〇舊畝。（主計處民國三十七年出版之《中國土地問題之統計分析》）據蕭一山《清代史》所載，一九四一（民國三十年）我國已耕地為一、三九七、〇〇〇、〇〇〇畝（當為舊畝）。則我國可耕地約為已耕地之百分之七十．二。

對於此點，主計處說：「……此種可耕而未耕地之品質，較已耕地為劣，或土壤瘠薄，或氣候不調，或地處偏僻，開墾之費用浩大。今後如何應用新式方法以墾殖此廣大之富源，則吾人所當詳為研討者也。……」

墾荒之困難，主計處已言其要。即使如願以償，則每人平均不過二．四四畝。加上已耕之每人平均三．一九畝（根據一、三九七、〇〇〇、〇〇〇畝推算而得），共計不過五．六三畝，合一英畝弱。要想大多數人民生活至相當於先進國家之程度是不可能的。十八世紀（清代）以前，我國平均每人所得已耕之地，最低為十四畝，上面已經說過了。即使荒地盡墾，尚不及一半。如要農民生活提至相當標準，五口之家須有四十五畝才行（每口九畝）。據童潤之《鄉村社會學綱要》，我國農民人口占全國人口百分之七十三・三，即三億二千萬。即以此數計算，如荒地盡墾，加上已耕田，每一農民平均所得耕地亦不過七・七一畝。

以現在的人口，如不增加，只要把生產技術改良，如選種、防治蟲害、興修水利及施用肥料等。增產百分之五十是辦得到的，但此不過把生活略加改善罷了。如要達到建設鄉村高度文化，則仍不可能。十九世紀以前，世界任何文化，都建築在少數有閒階級身上。漢唐如此，希臘羅馬也是如此。絕大多數平民，除供給血汗以外，別無享受。在歷史上看來，平民之血汗不過為建築文化之資料，好像工蜂釀蜜，蜜成而享受者另有其人。

二十世紀思想已經發生大變化。我們要講全民文化，要提高全體人民生活，不能再視平民作工蜂。所以我們要講民主，要謀大多數人民之福利。

（原載於《孟鄰文存》，一九五一年七月）

「拜拜」是一個社會問題，社會問題要科學的研究

我們三年來盡力講求增產，已有相當的效果。因為講增產，就聯帶到節約問題，節約就是反浪費。因反浪費引起的是反「拜拜」運動。人們說，本省「拜拜」每年虛耗兩億元，又有人說是十億元，所以要反對。

兩億元與十億元相差很遠，顯然是靠不住的。這要依據社會科學的方法，經切實調查統計後，才能得到可靠的實數。若以彷彿感覺為事實，人云亦云，是很危險的。即使真費了兩億元，或竟至十億元，這些豬孝敬菩薩，菩薩不過聞一聞肉香罷了。最後還是到人民肚子裡去的。農民終歲勤苦，難道不許他們一年之中痛痛快快的大嚼幾次肉嗎？

他如人民以共同信仰寄託於「拜拜」，豈不是一種安慰，豈不是社會一種向心力？聚集成千成萬的人民，歡天喜地，求感情上的發揚，忘記了終歲的勞苦，豈不是一樁好事？所以孔子對「鄉人儺，朝服立於阼階」。這是說周朝鄉人「拜拜」的時候，孔老夫子還穿著大禮服，必恭必敬的立在階上觀

禮。因為他老先生知道「民之所好好之」的。

我們這幾十年，在大陸上打城隍廟、打土地堂，最後打孔家店，有什麼好處打出來呢？幾十年痛苦的經驗，都忘記了嗎？

「拜拜」是本省最顯著的社會現象之一。是否浪費，要以社會的價值而定。這社會的價值，有時不可以金錢數量估計。人民感情的發揚，宗教信仰的安慰，社會向心力的維持，不是金錢可以買得到的。

我們講社會問題，要用科學的方法來處理。我們講「拜拜」，就是為需要科學的研究舉一個例。鄉下有一種傳說，臺灣回到祖國懷抱以後，因為沒有干涉「拜拜」，菩薩保佑，所以連年沒有颱風。信不信由你。這種傳說，給鄉村社會很大的安慰，也是很大的安定力。

一個社會生產技術進步，生產增加，社會的變化必隨之而來。其變化趨勢必先露端倪，有遠見的人們可以彷彿感覺，這就是通俗所謂有先見之明。但如以彷彿的感覺來定施政的方針，輕則無效，重則還要貽患無窮。

「拜拜」是一個舊存的社會現象，並非因生產技術進步、生產增加而新生的，所以我們可不必過慮。我所要時時注意的，是新發生的社會變遷的趨勢。

我們要先見人之所未見。但有了先見之明還不夠，我們還要進一步用社會科學的方法去證明它。如發現的趨勢是有好處的，我們可以不要管他，任他自然生長。如發現有壞處，才應該設法補救。

新發生的各種趨勢，往往非人力所能抑制。但是兩害相權，我們可取其輕，兩利相較，我們可取其重。輕重的選擇，我們可以做得到的。可是這種選擇力，能在日後發生重大影響。

「三七五」減租與肥料增加、水利改良後，生產增加。因此民間住房新、衣服新、買耕牛、送子女入學等，是生活水準提高的好趨勢，我們可以不必管他。但是子女受教育的人數增多，將來影響「拜拜」的情形如何呢？這是很有趣的一個問題。因生產增加，人口是否也跟著增加呢？因此將來是否要仍舊回到吃不飽的舊路去呢？這是一個很重要的問題。

扶植自耕農的政策實施後，城鄉經濟都將發生變動，將來整個經濟的趨勢怎樣呢？

這些問題以及其他種種問題，都靠科學的研究。現在我們不過舉幾個例罷了。

如果經過實地調查，各種「拜拜」確有浪費或影響農村經濟的情形，自可予以相當的限制，但把它取消則是不必的。

以前在大陸上的政策，我們想先把政治搞好，但是沒有成功。現在政府的政策，是先從經濟生產問題入手。接著，我們應該研究與解決社會問題。最後，讓我們解決政治問題。筆者相信這是一條正路，照實際講起來，在解決經濟和社會問題的過程中，政治本身就在不知不覺中在那兒改進了。

（原載於臺北《新生報》，一九五二年八月十五日）

試為蔡先生寫一篇簡照

光緒己亥年的秋天，一個秋月當空的晚上，在紹興中西學堂的花廳裡，佳賓會集，杯盤交錯，似乎蘭亭修禊和桃園結義在那盛會裡雜演著！

忽地裡有一位文質彬彬，身材短小，儒雅風流，韶華三十餘的才子，在席間高舉了酒杯，大聲道：「康有為、梁啟超，變法不徹底，哼！我！……」

大家哄堂大笑，掌聲如雨打芭蕉。

這位才子，是二十歲前後中了舉人，接連成了進士、翰林院編修，近世的越中徐文長。酒量如海，才氣磅礴。論到讀書，一目十行；講起作文，斗酒百篇。

一位年齡較長的同學對我們這樣說：

這是我們學校裡的新監督，山陰才子蔡鶴卿先生。孑民是中年改稱的號。

先生作文，非常怪僻，鄉試裡的文章，有這樣觸目的一句：「夫飲食男女，人生之大欲存焉」。他就在這篇文章中了舉人。有一位浙中科舉出身的老前輩，曾經把這篇文章的一大段背給我聽過，可惜我只記得這一句了。

記得我第一次受先生的課，是反切學。幫、〇、旁、茫、當、湯、堂、囊之類，先生說，你們讀書先要識字。這是查字典應該知道的反切。

二三十年後先生在北京大學校長任內，學生因為不肯交講義費，聚了幾百人，要求免費，其勢洶洶，先生堅執校紀，不肯通融，秩序大亂。先生在紅樓門口揮拳作勢，怒目大聲道：「我給你們決鬥。」包圍先生的學生們紛紛後退。

先生日常性情溫和，如冬日之可愛。無疾言厲色，處事接物，恬淡從容。無論遇達官貴人或引車賣漿之流，態度如一。但一遇大事，則剛強之性立見，發言作文不肯苟同。

故先生之中庸，是白刃可蹈之中庸，而非無舉刺之中庸。

先生平時作文適如其人，平淡沖和。但一遇大事，則奇氣立見。「殺君馬者道旁兒，民亦勞止，汔可小休」，這是先生五四運動時出京後所登之廣告。

先生做人之道，出於孔孟之教，一本於忠恕兩字。知忠，不與世苟同；知恕，能容人而養成寬宏大度。

先生平時與梁任公先生甚少往還。任公逝世後，先生在政治會議席上，邀我共同提案，請政府明令褒揚。此案經胡展堂先生之反對而自動撤銷。

我們中國人可以說沒有一個人在不知不覺問不受老子的影響的，先生亦不能例外，故先生處事，時持「水到渠成」的態度。不與人爭功，不與事爭時，別人性急了，先生常說「慢慢來」。一位在科舉時代極負盛名的才子，中年而成為儒家風度的學者。經德、法兩國之留學，而極力提倡美育與科學。在教育部時主張以美育代宗教。在北京大學時主張一切學問當以科學為基礎。

在中國過德時代，以一身而兼東西兩文化之長，立己立人，一本於此。到老其志不衰，至死其操不變。敬為挽曰：「大德垂後世，中國一完人」。

（原載於重慶《中央日報》，一九四〇年三月二十四日）

一個富有意義的人生

他是我國學術界一顆光芒四照的彗星。

吳先生江蘇無錫縣人，原名眺，字稚暉，後改名敬恆。先生嘗自述身世云：「曾祖母早寡，吾祖為獨子，生吾父亦獨子，十歲喪母，吾母十八嫁吾父，曾祖母與吾祖，切望吾母生子，不料吾母至家之年，為同治二年（一八六三年），曾祖母近九十，祖父六十，先後去世。至同治四年（一八六五年），吾母生我伊方二十歲。二十五歲死時，遺吾六歲，及吾大妹四歲。時洪楊之亂已平，外祖母本無子女，故撫吾兄妹二人如己孫，同回無錫北門老家。外祖母養我至二十七歲（時光緒十九年，西曆一八九三年），而彼死，其恩至篤。」

照此身世看來，曾祖母壽近九十，祖父六十，外祖母養先生至二十七歲，其壽當在八九十之間。是先生之血液中含有長壽之血統，故先生之長壽，亦非偶然。

他零丁孤苦的身世，從小養成了他安貧向學，意志堅定的習慣。此實奠定了他一生安貧樂道，生活儉樸的基礎。

他早年是科舉出身，二十三歲（一八八九年）考進縣學，二十五歲（一八九一年）考進江陰南菁書院，二十七歲（一八九三年）中了舉人。

他治《皇清經解》很有功力，長於史論，學桐城派古文筆法。就在戊戌（一八九八年）年的元旦，候左都彌史瞿鴻禨朝賀回宅，上前把轎拉住，送上摺子。瞿看了一個大概就說：「唉！時局到了如此，自然應該說話，你的摺子我帶回去細看再說，你後面寫有地址，我有話，可通知你，你們認真從事學問，也是要緊的。」

戊戌（一八九八年）年春天，先生在北洋學堂教書。六月康梁在北京變法，他已回無錫，不久就到上海南洋公學任教，每月薪金四十兩，比在北洋學堂多了十兩。

辛丑（一九〇一年）三月，他到東京去留學。壬寅（一九〇二年）赴廣州，又自廣州帶了二十六個少年再回日本。後因事率領學生大鬧公使館，諸人被日本當局驅逐出境。先生憤而投水，為警察所救，得不死。

壬寅（一九〇二年）五月回上海，十月愛國學社成立。以後《蘇報》案起，捕房到處捕人，先生出亡英倫，約同人創《新世紀報》於巴黎，鼓吹革命。

（以上事實節錄張文伯《稚老閒話》。先生常與我談往事，大致相同，惜我未曾筆錄。）

我於民國六年（一九一七年）在上海環球中國學生會演說會中初次碰到吳先生。那年我剛從美國留學畢業回來，好多地方請我演講，那時我的言論，大概都是講西洋文化的根源並和中國比較。

大意是西洋文化起源於希臘，重理智、重個性、重美感。中國思想則重應用、重禮教、重行為。因此常常蘇格拉底、亞里士多德幾個希臘哲學家的名字，並提到科學的發展，是從希臘重理智而演化出來的。中國科學不發達，是因為太重應用。我們現在要講工業，根本要從科學入手。

我這套理論為當時輿論界所不欣賞。有一張報紙，畫了一幅插畫，一個戴博士方帽，面龐瘦削的人，滿口吐出來蘇格拉底、亞里士多德兩個西洋名字在空中蕩漾。

我想這條路走不通，所以我就講要中國富強，我們先要工業化，並講工程學對於工業發展的重要，工程學是要根據科學的。工程是應用科學，是要以理論科學或自然科學做基礎的。那幾個希臘名字就從此不提了。

那天演說的晚上，我所講的話，大概就是最後一套。

演講以前，我照例坐在第一排，旁邊坐了 位約莫五十餘歲，不修邊幅的人士，著了一件舊藍布長衫，面龐豐裕，容貌慈祥，雙目炯炯有光，我暗想這人似乎「此馬來頭大」，決不是一位俗客。

一忽兒主人朱少屏先生站了起來，為我們介紹。說一聲吳稚暉先生，吳先生站了起來，笑容滿面，活像坐在大寺門口的那尊眯眯像（彌勒佛），非常謙恭的說了幾聲「久仰」，我雖覺受寵若驚，但是心裡卻很高興。

大概我講了一個小時，走下講臺來，回到原座以前，吳先生又站起來了，笑容可掬的說了幾聲

「佩服」。那個晚上大概我所講的是工業和科學，撥動了他老先生的心弦。在這次講演裡，我給他老先生一個好印象。

五、六年後（民國十一年），我在法國里昂，一個借法國舊砲兵營房為校舍的中法大學裡講演，時先生任校長。我想在外國留學，讀中國書的機會不多，我就說幾句鼓勵他們讀中國書的話。我講完後，他老先生急遽的大步踏上臺來，圓溜溜的兩眼似乎突了出來，迸出兩道怒火，這眯眯佛頓時變成了牛魔王，開口便說某先生的話，真是亡國之談。這次世界大戰以後，沒有坦克大砲，還可以立國麼？那些古老的書還可以救國麼？望你們快把那些線裝書統統丟到茅廁裡去。

我好似在靜悄悄的雲淡風清的環境中，驀地裡碰到了晴天霹靂。講完以後，他雨過天晴似的頓時平靜起來了。漫步下臺來，慈祥的走向我這裡來，我站起來謙恭的向他服罪。他笑眯眯的說，沒有什麼，不過隨便說說罷了。

以後在北平、在上海、在南京、杭州，時時有會面機會。他的長篇大論，一談數小時，總是娓娓動聽。戴季陶先生曾對我說，先生更樂與談天的人，並非我們，而是不曉得什麼角落裡的老先生們。但他對我們的態度，也老是春風時雨似的和藹可親的。只有民國十九年（一九三〇年）在教育部裡那天晚上，他老先生像在里昂一樣，又向我示威了一次。在拙著《西潮》裡有記載如下：

我以中央大學易長及勞動大學停辦兩事與元老們意見相左，被迫辭教育部長職。在我辭職的前夜，吳稚暉先生突然來教育部，雙目炯炯有光，在南京當時電燈矇矓的深夜，看來似乎更覺顯明。他老先生問我中央、勞動兩校所犯何罪，並為兩校訴冤。據吳老先生的看法，部長是當朝大臣，應該多管國家大事，少管學校小事。最後用指向我一點說道：「你真是無大臣之風。」我恭恭敬敬站起來回答說：「先生坐，何至於是，我知罪矣。」第二天我就辭職，不日離京，回北京大學去了。劉半農教授聞之，贈我圖章一方，文曰「無大臣之風」。

提起劉教授，就會使我聯想到他在舊書攤裡找到的一本大約於同光年間出版的一冊老書，他印了出來。這書長於以粗俗文字寫出至理名言。書名《何典》。卷首有一句粗話說：「放屁放屁，真是豈有此理。」半農為這本諷刺書設計了一張封面插畫，也很不雅馴的。一個鄉下老口含短煙筒，蹲在道旁，一縷輕煙，從煙斗裡嬈繞上升。他的背後蹲著一條小狗，向他凝視著，希望飽食一頓。

劉教授在序文裡說，吳丈嘲笑怒罵的作風，是從這本書裡得到的法寶。我不見吳老否認，大概半農先生序中所言的是有根據的。

此後余常在北平，吳先生則在南方，故不常見面。抗戰期間，我在昆明，他在重慶，只偶一會晤。以後我任職行政院，事忙亦不常往訪。至民國三十七年（一九四八年）在任職中國農村復興聯合委員會，常乘飛機視察南北各省鄉村，彼此更不相見。只有在臺北於總統府紀念周時，因並肩而坐，得稍事寒暄，當時笑容可掬的表情，至今猶存於我的想像中。但是他的體力似乎已走向衰退道上去了。

在我於民國十九年離教育部以前，彼此多見面之機會，故常得聆教。

先生在北平時（當時稱北京，民國十二年），寓石達子廟。他住在舊式東側廂房，花格長門而無窗，在紙糊的花格裡透入了光線。一張板床，兩張桌子，幾張凳子。在一張桌子上放了一雙火油燈，他自己燒飯吃的。另一張是放書籍的。看書寫字就在這裡。此時此地，他寫成了他的一個新信仰的宇宙觀及人生觀，他老先生的重要思想就在這篇文章裡發表的。他外出常步行，不坐人力車。日常不在家，用兩條腿走向各角落裡，探訪北京的古跡。

後來在北平，他邀集十幾個小學生，都是當時國民黨領袖的子弟們，由他親自施教。蔣經國先生就是其中之一。

據蔣經國先生說，有一天，有人送他老先生一輛人力車，先生要他拿一把鋸子來，把這輛車子的兩根拉槓鋸掉。他以為先生在開玩笑，不敢動手。後來先生說：「我要你鋸，你就鋸。」鋸了以後，先生看看槓子鋸斷，哈哈大笑。就同他把這輛沒有拉槓的車身抬到書房裡。他老先生一面坐上去，一面對他說：「你看舒服不舒服？我現在有了一張沙發椅了！」接著他老先生又說：「一個人有兩條腿，自己可以走路，何必要別人拉。」（蔣經國紀念先生文，一九五三年十二月九日臺灣《新生報》）

在抗戰時期，他老先生住在重慶上清寺一間小屋裡，和在北平時一樣簡陋。他的臥室兼書房，最多不過十尺或十一尺見方。一張木板床，掛上一頂舊蚊帳，床上一襲藍布被，一個古老式的硬枕。

對著一張小書桌，桌旁牆上貼了一張自己寫的「斗室」兩字，每字約三四寸長方形。（陳伯莊紀念先生文，《今日世界》第四三期）

有人問他，政府為他蓋上了一所小房子，為什麼不搬過去住。他回答說，他生平不修邊幅，壞房子住慣了，好比豬玀住豬圈裡，住得很舒服。如果有人把豬玀搬到水門汀的洋房子裡去，豬玀反而要生病的。救救他的老命吧，他是住不得好房子的。（羅敦偉紀念先生文，《暢流》第八卷第七期）

這種簡陋的生活，人以為矯情。我知道他並不如此。他以為一個人當逍遙於宇宙之間，縱橫萬萬里，古今萬萬年，短短的人生寄居子斗室之中或高軒之內，是沒有多大分別的。只要讀過先生所著《上下古今談》的人們，都會知道先生之思想，常以無窮盡的天體，無限數變化萬千的星辰為對象。無論高軒大廈，在先生看來，直與蝦房蟹舍等耳。而且他住慣了斗室，要他搬入大房子，好像鄉下佬入城，自而覺得有些不自然。豬圈的比喻，不是完全說笑話。

我在昆明的時候向先生乞書，先生以篆書為我寫小中堂一幅，信筆拈來書《莊子．逍遙遊》篇中的「背負青天，而莫之夭閼者，而後乃今將圖南」句以賜余。讓我將這句話譯出來，使大家容易懂得。

這句話的上文，為描寫一隻大鵬鳥，牠的背長，約摸有幾千里，發怒飛上天空，牠的兩翼像從天垂下來的雲朵，颶風一起，就會乘風飛向南冥去。南冥是天，牠飛的時候，擊動水面三千里，旋轉而上九萬里，於是憑藉風力，「背負青天，一無障礙，乃乘風向南冥飛去」。（原句意譯）

這幅小中堂裡所引莊子的寓言，可以代表先生的人生觀。像大鵬鳥一樣縱橫萬里，任風所至而至。自由自在，逍遙天地間。先生一生行動，脫胎於此種觀念，這是橫據老莊的自然哲學。故其行蹤所至，必遊山玩水，力避塵囂，不受繁文縟禮的羈絆。獨來獨往，視富貴如浮雲，縱觀山高水長，游目林泉之勝，使他在大自然中度生活。

抗戰前夕，最高軍事領袖駐節廬山，這時戰事氣氛濃厚，人們心緒緊張。他老先生還獨自一個人步登漢陽峰，這是廬山的高峰，海拔六千多尺。那是一位貴州礦師諶湛溪君說的。那次天色將黑了，諶君步到峰頭，卻見吳先生一個人正在那裡賞玩暮景。（陳伯莊紀念先生文）

我在牯嶺的時候，有時也碰見先生獨自緩步，踏登青苔滑步的石級，穿雲霧，涉松林，聽鳴泉。他襟上常掛著一只計步表，表針每步一跳。返寓後看表而知所行之步數。這小小的一個儀器，可以為先生欣賞近世機器之象徵。

先生之篆書頗具獨特風格，但他說：「裝飾牆壁與其掛字畫對子，不如掛鋸子、掛斧子。」（董作賓紀念先生文，《中國一周》第一八五期）因為這些工具，是機器的簡單代表，可用以製造物質文明的。

先生雖極力提倡科學，並相信在物質方面，人工可補天工之缺陷。但對於近世衛生之道，不甚講究。對於自己身體，仍採用順天主義，不以人工補救人體的缺陷。大概因為先生體力健康逾常人，自己認為得天獨厚，既無缺陷，無須補救。他牙脫不肯鑲補。他說人老齒落，是個天然的警告，告訴你體力和消化力都衰了，不要再饞嘴了。你該用那疏落的餘齒，慢慢地細嚼食物，自然節減食量，適應那衰退的需要。（陳伯莊紀念先生文）這幾句話當然有一部分的理由，但信之過度，是危險的。

我在浙江大學任內，請他住在校長公舍裡，和我的臥室間壁。知道他在那時候夜間但假寢，不脫衣。黎明不吃早餐就出門去了。夜間回來才知道他獨自信步漫遊西湖，欣賞湖山林泉之美。吃飯也不按時間，餓了就在小食鋪裡胡亂吃一頓，花不了幾個銅板。

他像一位苦行僧，雖然他不信超世主義，也像一個遊方道士，雖然他不相信由自然主義變質而成的道教。到了晚年他病了不願就醫，就醫不肯吃藥。

李石曾[1]先生曾對我說，吳先生如能略講衛生，以他的體力之健，今日必尚健在。

中國學者往往把老莊哲學和孔孟學說融化為一。經世則孔孟，避俗則老莊。當然後者也吸收了不少釋家超世哲學。不過各人有不同的成分罷了。

先生卻反對釋道混合的超世主義，尤反對儒釋混合的宋儒心性之學。後者即為清儒所一致反對者。清儒之反宋儒，就是這個道理。

他的人生觀是任自然的人生觀。海闊天空，上下數萬年，縱橫數萬里。人生其間，自由自在。先生之思想行動，實為老莊哲學之本色。前面所述的《莊子．逍遙遊》中語，足以為先生寫照。世人不察，以為其行為怪僻，誠如莊子所說的「蟪蛄不知春秋」也。

先生自己的思想裡存有兩個古今相隔三千年的觀念。以今之機械文明教人，以古之老莊哲學處

1　一八八一—一九七三年，社會教育家，為國立故宮博物院創辦人之一。

世。因此我們看不懂他的生活習慣。我們若把先生看作手操電動機器，製造近世應用物品的一位道人，就相去不遠了。先生要把線裝書抛入茅廁裡，但他的腦袋裡卻留著兩部線裝書——《老子》和《莊子》。他的宇宙觀開始的幾句話，就是老子「有物混成，先天地生」的一個觀念，輳合了近世的進化論——宇宙不斷的在變化中。現在讓我們把他自己的話引在下面：

在無始之始（此係由佛家「自無始來」改編而成的），有一個混沌得實在可笑（採取《老子》「有物混成，先天地生」的觀念），不能拿言語來形容的怪物（即「名可名，非常名」的意思），住在無何有之鄉（借莊子語），……自己不知不覺便分裂了（如細胞的分裂），……頃刻變起了大千宇宙，至今沒有變好。（這是說宇宙永遠在變化中）……這是我的宇宙觀及人生觀。（〈一個新信仰的宇宙觀及人生觀〉，《吳稚暉學術論著》三十頁）

先生又說：

人便是宇宙萬物中叫做動物的動物。……後面兩腳直立。……（這樣雖）止剩兩隻腳，卻得了兩隻手。（他的）內面有三斤二兩腦髓，五千零四十八根腦筋，比較占有多額神經系的動物。（同上三十三頁）

人以宇宙作戲臺，玩弄他的把戲。所以先生說：

生者演之謂也……生的時節就是鑼鼓登場，清歌妙舞，使槍弄棒的時節。未出娘胎是在後臺，已進棺木，是回老家。（同上三十四頁）

這裡說「舞槍弄棒」是一個比喻，猶如說用雙手製造機械，又以機械幫助雙手製造物品，所以先生又說：

物質文明為何？人為品而已。人為品為何？手製品而已。……手之為工具，能產生他工具。（同上四十五頁）

用兩雙手去做工，用腦力去幫助兩隻手製造機械，發明科學，製造文明，增進道德。（錢思亮引先生話，《中國一周》第一八五期）

為什麼物質文明會增進道德呢？先生說：

吾決非（只知）崇拜物質文明之一人，惟認物質文明為精神文明所由寄而發揮，則堅信而無疑。……物質備具，充養吾之精神……而後偶任吾個體之返本自適，遂有若天地甚寬，其樂反未央耳。（《吳稚暉學術論著》一四五頁）

廣義的道德，即屬於精神文明。物質具備，始能使個人返本自適，得優遊自在之機會，欣賞大自然之美，享精神上之快樂。先生之主張發展物質文明，其用意在此。先生之刻苦自持，實因中國物質未具備，以節儉作「返本自適」之代價耳。

先生認東西之所以不同，以物質是否具備為標準。所以他說：

以東方不能備物之民，與西方備物甚富之民較，固無異由人力車夫之短垣，以窺吾室，備物同與不周而已。（同上一四五頁）

東西之所以不同，雖不能說如此簡單，但不能不認此為最顯著之對照。

吳先生上承顧、顏、戴實事求是之餘韻，下接近世西洋物質文明，而以發展科學為人生之要圖，救國之大道。主張把線裝書拋入茅廁，為舊日學問暫時作一總交代。

他於民國三十年自己宣布他的信仰是（同上八十三頁）：

(一)我堅信精神離不了物質。

(二)我是堅信宇宙都是暫局，然兆兆兆兆境沒有一境不該隨境努力，兆兆兆兆時沒有一時不該隨時改進。（這是說宇宙永遠在進化。）

(三)也許有少數古人勝過今人，但從大部分著想，可堅決的斷定古人不及今人，今人不及後人。（因為永遠在進化，所以今勝於古，後將勝於今。）

(四)善也古人不及今人，今人不及後人，知識之能力可使善也進，惡亦進，人每忽於此理，所以生出許多厭倦，弄成許多倒走。（這是說善惡均在進化之中。）

(五)我相信物質文明愈進步，品物愈備，人類的合一，愈有傾向，複雜的疑難亦愈易解決。（此所以使先生信仰物質文明。）

現在讓我們談一談先生經世的功績。一個是「語同音」的工作。即是現在我們所熟知的「注音符號」的製成。

我們先討論注音符號之製成與效果。先生有一度曾很熱心的贊成採用世界語，後來卻不談了。只一心一意向注音符號的一條路走。

據梁容若[2]先生在《中國一周》一八五期裡所說，先生在國語上的主要貢獻有六點：(1)主持民國

2 一九〇四—一九九七年，文學家，《國語日報》創辦人，後任總編輯。

二年的全國讀音統一會，制定注音字母（以後改稱符號），審定常用字讀音，手編第一部《國音字典》，為國語統一奠定基礎。⑵從民國八年（一九一九年，即五四運動那一年）起以三十年的長期領導教育部的國語統一會。⑶審定各種國語重要書籍，如《國音常用字彙》、《中華新韻》、《國語羅馬字拼音方式》等。⑷設立國語師範學校，並於師範學校增設國語科，訓練推行國語人才。⑸倡導語文的科學研究。⑹注意平民教育教材，使其通俗化、簡易化。

國語教育在臺灣推行於全部中小學校，在短短十數年中，使臺灣與北平同為國語區域。這是於將來使全國「語同音」立了一個好榜樣。兩千幾百年前秦李斯作小篆，使「書同文」奠定基礎。以後繼續改進與簡化，使成一種比較簡便的標準字體，即現今通行之楷書，沿用至今已二千餘年了。民間雖代有減少筆畫之簡體字流行，但官書之標準未改。

「語同音」的影響，我們不相信將來會比「書同文」為小。我們在臺灣只要和青年人談天，就知道他們說一口標準的國語。有一天黃季陸[3]先生在鄉間對幾位本省青年說話，最後向他們問「你們懂我的國語麼?」其中有一位搖搖頭笑了一笑，答道：「先生說的不是國語。」誠然，黃先生說的是四川官話，本來是很接近國語的。注音符號使每字讀音標準化，因此造成了標準的語音。我們在廣播裡聽小姐們說話和歌唱，我們就聽到更漂亮的標準國音，使我們分不出那一位是臺灣或廣東姑娘、江蘇或山東姑娘、新疆或東北姑娘。

3　一八九九—一九八五年，曾任中華民國教育部長，晚年擔任國史館館長。

「語同音」現在已經達到標準化了，我們不得不感謝吳老先生三十年領導之功，我們希望歷代民間所用的簡字，也使它標準化，並因時代之需要，增制新簡字。這事比較容易辨，只要民間有一團體發起研究，最後政府自會採用的。這種成就，不能不歸功於先生三十年長期的領導。

說到注音符號與漢文的結合，先生更取韓文、日文來評較一番。他說：把留聲機字濟急，實係聖品，然竟把他代用文字，又變痴愚。文字之所以著變化，異狀貌，設繁多之條例，乃隨事類繁賾，學理艱深而滋乳，出於不得已，非故為其弔詭。朝鮮人造著有音無別的諺文，欲適用於平民教育，初意或亦有當。然竟與漢文嚴劃鴻溝，諺文亦不入漢文一字，漢文亦不入諺文一字，且使諺文所任職務，未免過重。非但算留聲機器，竟且認為普通文字置漢文為高等。於是高等的漢文，自然變成敬鬼神而遠之。而諺文遂牝雞司晨矣。從此高深之學問，即停滯而難治（按越南亦犯同病。某日，農復會為吳廷琰總統作簡報，譯人說越語，余見其所筆記者，純為漢文）。

就文字功用說，日本的文字，可以說是世界上最占便宜的文字。因為一、它居然也可算拼音，好在幾乎聲母韻母都不分。在文字上失資格，固即為此，而在拼用上十分簡便，亦即為此。二、假名獨用，諺文的功用，即已包括在內。三、倘若要陳說高深學理，或要分別契約條件，他老了面皮，竟夾入漢文，也不顧非驢非馬。所有諛墓頌聖，吟風弄月，裝飾品的文字，又能也請漢文撐場，無朝鮮之蠢而有其雅。日本有如是最占便宜的文字，所以幫了他，能夠學理精造，仰企歐美各國，知識普及，遠高西班牙、俄羅斯了。

我國今以注音符號與漢文結合，在文字功用上，未嘗不可更占便宜。即可利於平民教育的進行，亦無妨於高深學問的研討，無損於漢文固有的優美狀貌。總之，離之則兩傷，合之則雙美，倚此雙美，最輕便的解決二百兆平民大問題。（《稚老閒話》）

……

先生秉性倔強，凡他認以為是的主張，不肯輕易放棄，但一旦認為非是，即毅然決然的改變。我好幾次聽見他所講的兩個故事，就是兩個實例。他說他赴日本留學，臨行以前，有人勸他剪辮髮。他勃然大怒說：「留學就是要保存這條辮子，豈可割掉！」

在日本留學時，好多人勸他去看中山先生，他又勃然大怒說：「革命就是造反，造反的就是強盜，他們在外洋造反的是汪洋大盜，你們為什麼要我去看他！」後來一見中山先生，聽其談論，就五體投地的佩服他。可見吳老一旦知其所見非是，就會立刻改變。但不作模棱兩可的調人。

吳先生有一良好習慣，幾十年來，他把人家寫給他的片紙隻字，包括請吃飯的請帖在內，都分類歸檔。汪精衛給他的信，沒有一封不入檔的。所以他與汪辯論起來，汪所忘了的，他偏忘不了。所以兩人打筆墨官司的時候，汪總吃了虧。有時我與汪談起先生來，他常嗤之以鼻，有時會急遽的說一句「這個人我不理」，同時右手在空中掠過作勢，表示輕蔑他的意思。

經過了八年抗戰，數年復員以後，……吳先生經友人力勸，始離滬赴臺，於離滬的前夜，在寓中燒了大批文件，就是那些檔案的一大部分。胡適之先生深以此種史料之毀滅為可惜。這是人所同感的。

先生愛國情切，於此時又親筆寫了兩千三百多字長的〈敬告僑美全體同胞書〉，勸僑胞在美效秦庭之哭。該稿已由臺北中央文物供應社影印出版，此恐係先生最後之長篇文也。

他老先生於四九年二月到了臺灣以後，健康日趨下坡。於五三年十月三十日逝世，享年八十九歲。

先生有一篇遺囑，內容都是講的家事，但很富有意義。他把幾年來的賬目算得很清楚。到臺灣以後，先生的全部收入是薪水一萬四千元，總統府撥給的醫費四萬九千元，寫字收入的潤資共計一萬七千元。這些錢除了開支以外，本有些剩餘；但是因為存在合作社裡，結果被倒掉了。所以在結賬的時候，寫上「恰當」二字。後來，先生身邊又餘了一點錢，這是他在寫遺囑以後的少數收入。他希望把這點錢送給親戚；並在遺囑上寫了一句：「生未帶來，死乃支配，可恥。」（蔣經國紀念先生文）

後來，他又親筆為政府擬了一道命令，開頭寫著「總統府資政吳敬恆」字樣，其餘的話，都是用先生平日的語氣寫成的，所以未完全為政府所採用。這道手擬的命令是狄君武先生當時給我看的，因為狄君是始終陪伴著先生的。

先生認為死是「回老家」，來自大自然，仍向大自然回去。所以處之泰然。

後來政府尊重吳先生的遺意，把他的遺體火化，又把骨灰裝入一個長方形的匣子裡，由蔣經國先生等諸位乘一小船伴送到金門附近海上，在海軍艇上所奏哀樂悠揚中，沉入海底。時在一九五三年十二月一日。

這顆彗星乃悄然投向天邊地角而去，倏忽幻滅了。五千年之期到時，果如他老人家所說，無政府主義實現了。在一個滿天星斗閃鑠，一道銀河耿耿的長夜裡，人們會看見一顆光芒萬丈的掃帚星，橫掃天空而過，那是他老人家的化身，來慶祝無政府社會的成立。

讓人們等著吧，只短短的五千年！

最後請以先生之宇宙觀及人生觀綜合的兩句話作本文的結束：

悠悠宇宙將無窮極，願吾朋友，勿草草人生。（吳著〈一個新信仰的宇宙觀及人生觀〉）

（原載於《傳記文學》第四卷第三期）

中國古代思想史論

李澤厚／著

本書從剖析孔子仁學開始，論說了自先秦至明清的各種主要思潮、派別和人物。其中著重論證了中國的辨證法是「行動的」，而非「思辨的」。
秦漢時期的「天人感應」宇宙觀；莊子、禪宗對人生作形上追求的美學；宋明理學則作為道德形而上學而具有重要價值，以及在明清時期思想中「治人」與「治法」已出現分離，象徵著傳統中國的政教合一制度動搖，思潮逐漸向近代靠近。

中國近代思想史論

李澤厚／著

本書收錄作者對近代中國自太平天國至辛亥革命時期各主要思潮和重要思想人物，如康有為、譚嗣同、嚴復、孫中山、章太炎、魯迅等的系統論述和細緻分析。首篇即從思想角度剖析，太平天國為何「其興也勃，其亡也忽」，指出農民革命戰爭諸多規律性的現象，慨乎言之，深意存焉。其後數篇乃對戊戌變法維新思想和人物的詳盡分疏，於康有為大同思想和托古改制策略，評價甚高。此外，對嚴復在中國近代思想史的特殊地位，章太炎的民粹主義的突出思想特徵，本世紀初知識者由愛國而革命的心路歷程，以及梁啟超、王國維等人的獨特意義，都或詳或略地點明和論述。

中國現代思想史論

李澤厚／著

本書以「啟蒙」與「救亡」的雙重變奏，作為解釋中國近現代思想史上許多錯綜複雜現象的基本線索，在學術界引起了巨大討論。
此外，本書以數十年的新文學歷程，以及「現代新儒家」等哲學論題，深入淺出地探討現代中國思想的爭議與價值，並或明或暗地顯現了本世紀中國六代知識分子的身影與坎坷的命運。

中國文化與現代變遷

余英時／著

自十九世紀以來，中國遭受了「千古未有之變局」，在西潮的衝擊下，中國傳統文化有了那些變化？知識分子又如何肆應此一變局？作為一個思想史學者，作者對這些問題展現了深刻的觀察和思索，彙集成為本書。書中文字和觀念均力求雅俗共解，輔以作者清通之文筆，讀者當更能深入了解這段變遷的過程，及面對未來的因應之道。

猶記風吹水上鱗——錢穆與現代中國學術

余英時／著

本書為紀念錢賓四先生逝世周年而作，但其意義並不僅在於感舊傷逝。作者企圖通過對錢先生的學術和思想的研究，勾劃出二十世紀中國學術思想史的一個重要側影。錢先生論學具有極其鮮明的觀點，與中國現代學術界的一切流派都有顯著的異同，因此一方面和各流派都有所不合，另一面又和各流派都有很深的交涉。本書特別著重地分析了錢先生和「五四」主流派（以胡適為代表）、馬克思主義派（以郭沫若為代表）、以及新儒家（以熊十力為代表）之間的錯綜複雜的關係。

陳寅恪晚年詩文釋證

余英時／著

本書是作者四十年來研究陳寅恪史學觀念和文化精神的總集結。一九四九年以後，陳寅恪已成為中國大陸上唯一未滅的文化燈塔，繼續闡發「獨立之精神」和「自由之思想」。但在文字獄空前猖獗的時代，他的史著不得不儘量曲折幽深，詩文也不得不用重重「古典」包裹「今情」，因此形成了一環套一環的暗碼系統。

本書作者在八十年代破解了他的暗碼系統，使他晚年生活與思想的真相重顯於世。本書所激發的爭議不斷擴大，最後演成所謂的「陳寅恪熱」，引出了大批有關他晚年的檔案史料。作者充分利用新史料增寫了〈陳寅恪與儒學實踐〉和〈試述陳寅恪的史學三變〉兩篇長文，更全面地闡明他的價值系統和史學思想。

現代中國學術論衡

錢穆／著

中國重和合會通，西方重分別獨立，一切人生及學術，無不皆然。遠自《漢書．藝文志》，下及清代《四庫全書》，讀其目錄，中國學術舊傳統大體可知。近代國人一慕西化，大學分院分系，乃及社會學人論學，門類風格，煥然一新。即如宗教、科學、哲學諸名稱，皆譯自西方，為中國所本無。既無此名詞，亦無此觀念，又何能成此學術？今國人乃以新觀念評舊學術，遂見其無一而當。

本書即就近代國人所承認之學術新門類及其新觀念，還就舊傳統，指出其本屬相通及互有得失處。使讀此書者，一則可以明瞭中西雙方學術思想史之本有相異處，再則可以由學術舊傳統，迎合時代新潮流，而創開一新學術之門戶，以待後人之繼續邁進。

中國文化叢談

錢穆／著

本書為錢穆先生有關中國文化問題之講演，經其整理而成。內容分為上下二編，上編就中國歷史，指出中國文化之演進與文化復興運動之主要途徑所在；下編則分述中國文化之各個層面，如宗教信仰、道德修養，並兼及海外移民等等。凡錢穆先生對中國文化之看法，大體完備於此，其精闢之見解，值得反覆細品。

民族與文化

錢穆／著

「民族」與「文化」兩名詞，乃近代國人所傳譯之西方語，但在中國上古實早已有之，民族乃中國所謂之「血統」，文化乃中國所謂之「道統」。由此民族創造此文化，但非此文化，亦無由完成民族。中國人主張文化之意義與價值實更高於民族。本書內分講義與講演詞之兩部分，書中涵義宏深，仍有值今我國人重讀研討之價值。

先秦諸子繫年

錢穆／著

「孟子見梁惠王，究竟是在梁惠王幾年？」這個自古以來中國史家從未解決的問題，啟發了賓四先生撰寫本書的動機。先秦諸子年世問題實多，前人多據《史記．六國年表》加以考訂。然〈六國年表〉僅據秦史，本身即多闕漏。先生乃透過考證汲冢《竹書紀年》，改正《史記》之牴牾；兼之遍考諸子著述，博採秦漢古籍，對先秦諸子之生平思想，各家學派之傳承流變，一一論證。其廣度與深度，為當時的學術圈開創了一番新境界。

本書取材之廣博，考證之綿密，俱值得當代治中國學術思想者，反覆細品。而作為賓四先生早期最重要的著作，本書體現了先生對史料爬梳抉剔、條分縷析之治學精神，亦為研究其思想者所必讀。

兩漢經學今古文平議

錢穆／著

清代乾嘉學者，窮研古籍經書稱治漢學，以與宋明理學家之宋學有別。到了道光、咸豐、同治、光緒時期，乃至於民初，兩漢的今古文之爭又再次引發學者討論，康有為主張今文，認定劉歆是偽造古文經的罪魁禍首；章炳麟主張古文，認為劉歆對經學的貢獻足以媲美孔子。

本書首章收錄〈劉向歆父子年譜〉，一一指出上述兩派學者的錯誤，第二章為〈兩漢博士家法考〉，說明兩漢博士治經之所以有今古文之別的真相；第三章〈孔子與春秋〉闡明公羊家的理論，符合孔子春秋的精神；最末章〈周官著作時代考〉則在於證明《周官》乃是後人偽作。錢穆先生此書替晚清以來的經學今古文爭論，畫下一個句點，實為研究中國經學史首要研讀的一部經典之作。

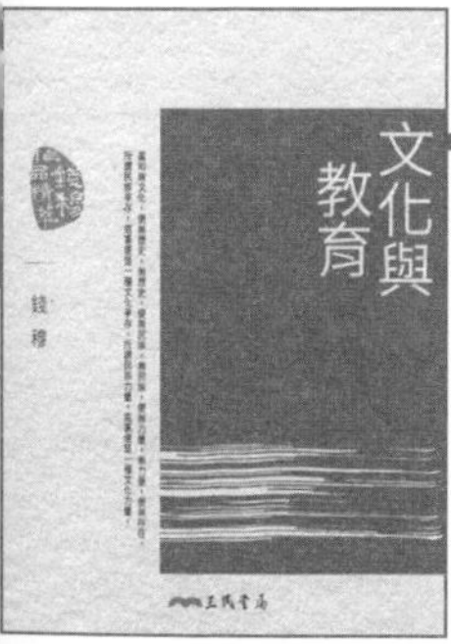

文化與教育

錢穆／著

本書彙集了錢穆先生在抗戰時期於昆明、成都兩地所寫，分別刊載在報紙及期刊上之專論、講演詞，計二十篇，民國三十二年曾於重慶出版。後經先生親自校閱，乃以全新版本面世。

全書分成上下兩卷，上卷探討文化與學術趨向；下卷則談論教育、政治等。各篇所討論之議題，儘管歷經數十載，今日讀來，不僅一無過時之感，反有歷久彌新之致，先生思想之洞見，由此可見。

全新巨獻　重新發掘民國學思的精粹與價值，
照亮現代社會蒙昧不明的暗處

「展讀民國人文」系列叢書

楊照　策劃｜主編

◈ 解讀梁啟超　（中國近代思想家）
◈ 解讀章太炎　（國學大師）
◈ 解讀陳垣　（「國寶」史學家）
◈ 解讀呂思勉　（寫作第一本白話通史）
◈ 解讀王國維　（國學大師）
◈ 解讀歐陽竟無　（佛學研究的先鋒）
◈ 解讀蔣夢麟　（代表作《西潮》）
◈ 解讀馬一浮　（一代儒宗）
◈ 解讀張君勱　（新儒學代表）
◈ 解讀熊十力　（新儒學的奠基者）

三民網路書店

百萬種中文書、原文書、簡體書
任您悠游書海

領 200元折價券

三　民

打開一本書
看見全世界

sanmin.com.tw

國家圖書館出版品預行編目資料

解讀蔣夢麟／楊照策劃、主編.－－初版一刷.－－臺北市：三民，2024
面；　公分.－－（展讀民國人文）

ISBN 978-957-14-7721-3（平裝）
1. 蔣夢麟 2. 教育 3. 學術思想 4. 文集

782.886　　112019318

展讀民國人文

解讀蔣夢麟

策劃、主編｜楊　照
責任編輯｜翁子閔
美術編輯｜黃孟婷

發行人｜劉振強
出版者｜三民書局股份有限公司
地址｜臺北市復興北路 386 號 (復北門市)
臺北市重慶南路一段 61 號 (重南門市)
電話｜(02)25006600
網址｜三民網路書店 https://www.sanmin.com.tw

出版日期｜初版一刷 2024 年 1 月
書籍編號｜S782660
ISBN｜978-957-14-7721-3

著作財產權人©三民書局股份有限公司
著作權所有，侵害必究
※ 本書如有缺頁、破損或裝訂錯誤，請寄回敝局更換。

三民書局